親切的、活潑的、趣味的、致用的

實用歷史叢書

遠流出版公司

國家圖書館出版品預行編目(CIP)資料

中國知識分子淪亡史：在功名和自由之間的掙扎與抗爭
/ 周非作. -- 初版. -- 臺北市：遠流，2012.04
面; 公分. -- (實用歷史叢書)
ISBN 978-957-32-6959-5(平裝)

1. 知識分子 2. 學術思想 3. 中國

546.1135　　101003401

中國知識分子淪亡史

作　者——周　非
主　編——游奇惠
責任編輯——陳穗錚
發 行 人——王榮文
出版發行——遠流出版事業股份有限公司
臺北市10084南昌路2段81號6樓
電話／2392-6899 傳真／2392-6658
郵撥／0189456-1
法律顧問——董安丹律師
著作權顧問——蕭雄淋律師
2012年4月1日　初版一刷
行政院新聞局局版臺業字第1295號
售價新台幣 350 元（缺頁或破損的書，請寄回更換）

ISBN 978-957-32-6959-5
YLib 遠流博識網
http://www.ylib.com　E-mail:ylib@ylib.com

實用歷史叢書

中國知識分子流亡史

在功名和自由之間的掙扎與抗爭

《實用歷史叢書》

出版緣起

王榮文

・歷史就是大個案

《實用歷史叢書》的基本概念，就是想把人類歷史當做一個（或無數個）大個案來看待。本來，「個案研究方法」的精神，正是因為相信「智慧不可歸納條陳」，所以要學習者親自接近事實，自行尋找「經驗的教訓」。

經驗到底是教訓還是限制？歷史究竟是啟蒙還是成見？——或者說，歷史經驗有什麼用？可不可用？——一直也就是聚訟紛紜的大疑問，但在我們的「個案」概念下，叢書名稱中的「歷史」，與蘭克（Ranke）名言「歷史學家除了描寫事實『一如其發生之情況』外，再無其他目標」中所指的史學研究活動，大抵是不相涉的。在這裡，我們更接近於把歷史當做人間社會情境體悟的材料，或者說，我們把歷史（或某一組歷史陳述）當做「媒介」。

·從過去了解現在

為什麼要這樣做？因為我們對一切歷史情境（milieu）感到好奇，我們想浸淫在某個時代的思考環境來體會另一個人的限制與突破，因而對現時世界有一種新的想像。

通過了解歷史人物的處境與方案，我們找到了另一種智力上的樂趣，也許化做通俗的例子我們可以問：「如果拿破崙擔任遠東百貨公司總經理，他會怎麼做？」或「如果諸葛亮主持自立報系，他會和兩大報紙持哪一種和與戰的關係？」

從過去了解現在，我們並不真正尋找「重複的歷史」，我們也不尋找絕對的或相對的情境近似性。「歷史個案」的概念，比較接近情境的演練，因為一個成熟的思考者預先暴露在眾多的「經驗」裡，自行發展出一組對應的策略，因而就有了「教育」的功能。

·從現在了解過去

就像費夫爾（L. Febvre）說的，歷史其實是根據活人的需要向死人索求答案，在歷史理解中，現在與過去一向是糾纏不清的。

在這一個圍城之日，史家陳寅恪在倉皇逃死之際，取一巾箱坊本《建炎以來繫年要錄》，抱持誦讀，讀到汴京圍困屈降諸卷，淪城之日，謠言與烽火同時流竄；陳氏取當日身歷目睹之事與史實印證，不覺汗流浹背，覺得生平讀史從無如此親切有味之快感。

觀察並分析我們「現在的景觀」，正是提供我們一種了解過去的視野。歷史做為一種智性活動，也在這裡得到新的可能和活力。

如果我們在新的現時經驗中，取得新的了解過去的基礎，像一位作家寫《商用廿五史》，用企業組織的經驗，重新理解每一個朝代「經營組織」（即朝廷）的任務、使命、環境與對策，竟然就呈現一個新的景觀，證明這條路另有強大的生命力。

我們刻意選擇了《實用歷史叢書》的路，正是因為我們感覺到它的潛力。我們知道，標新並不見得有力量，然而立異卻不見得沒收穫；刻意塑造一個「求異」之路，就是想移動認知的軸心，給我們自己一些異端的空間，因而使歷史閱讀活動增添了親切的、活潑的、趣味的、致用的「新歷史之旅」。

你是一個歷史的嗜讀者或思索者嗎？你是一位專業的或業餘的歷史家嗎？你願意給自己一個偏離正軌的樂趣嗎？請走入這個叢書開放的大門。

〈序〉在功名和自由之間的掙扎

賀雄飛

當我打開周非的這部新作時，想起了這樣一句猶太諺語：「如果你想在冬天躲雨，就造一個茅屋；如果你想在許多個冬天躲雨，就造一個石屋；如果你想讓後代記住你，你就造一座環繞城市的圍牆；如果你想永垂青史，就寫一本書吧。」我為周非先生的另外兩本專著《拷問歷史》和《非議歷史》也曾做過「接生婆」，但幾乎沒寫過任何文字，儘管那兩本書也寫得非常不錯。在審讀這部書稿的時候，我的內心油然而生出一種強烈的自豪感，這本書將使作者名垂青史。

古希臘的「歷史學之父」希羅多德在他的代表作《波斯戰爭》中，所說的第一句話就是，「他的事業的目的在於，保存那由於人而存在的東西，使其不致為時間所湮沒，賦予希臘人與野蠻人光榮，賦予令人讚歎的行為以充分的頌揚，使後世能夠紀念他們，並使他們的榮耀光照數個世紀。」這句話告訴了我們這位西方「歷史學之父」的主要史觀，但並不是歷史學要告訴我們的全部。亞里斯多德曾明確的向我們保證，人類作為一種自然存在的物種來說，擁有通過生命周而復始循環的不朽性，在生死變換之間體現了他們的永恆存在。但是，中國歷史書中出現的許多人物都被無限放大了，而且體現的並非人類的偉大品格和智慧，正如凱瑟琳・莫蘭（珍・奧斯汀小說《諾桑覺寺》的女主角）在談論歷史時說道：「我總認為，要說歷史是枯燥無味的，那就怪了，因為大多數歷史是編造出來的。」中國的史書尤其如此。這回周非先生反其道而行之，用輕鬆的筆墨從中國知識分子的思想起源和座標點談起，不費吹灰之力就把主流知識分子的蛻變過程說得一清二楚，從士到策士，再到謀士、進士和名士，不僅闡釋了知識分子的功能和精神追求，還揭示了他們的痛苦和迷惘，以及在功名和自由之間的掙扎與抗爭，並在瀟灑之後自甘墮落。同時還揭露了二千多年來，統治者對思想異己的殘酷鎮壓和無情打擊，以及通過「焚書坑儒」和「文字獄」，把他們從「百家爭鳴」弄到噤若寒蟬，直至徹底沉淪與墮落，變得只會說大話、謊話、牢騷話和馬屁話，大多沉溺於「酒色溫柔鄉」與「白日夢」，最後由歪門徹底拐入邪道。與此同時，中國的學術思想也一直在衰退，從「百家爭鳴」到「獨尊儒術」，從儒學到理學，從「格物」到「致良知」，從經世致用到我注六經，再到對經典的捨棄、篡改、偽造和歪曲，不僅沒有新思想的影子，連基本的底線都沒有守住。這是中國歷史和中國知識分子莫大的悲劇，也是對古希臘歷史追求人類不朽光芒的巨大反動。

中國許多史學家所謂的「史學」，其實是對中國歷史細枝末節的娛樂化演繹，唯獨缺少的是獨特的史觀和用自己的眼睛看世界的特別視角。周非先生的這本書則不同，他穿行在過去與未來之間，彷彿一頭闖進古董店的公牛，用牠尖利的犄角頂撞了傳統的堡壘，不僅是對中國歷史的另類解剖，也是用理性的光芒反思中國知識分子的墮落與沉淪，既是一曲悲壯歷史的輓歌，也是一首中國知識分子的安魂曲。正如吳思先生在他的新作《我想重新解釋歷史》一書中所言，「創造理論好比是蓋房子，理論的地基要打到單細胞生物，因為在根子上所有的生物都源於單細胞。單細胞生物存在的問題，生命展開後出現的問題，最終都可以歸結到那個根源。順著單細胞生命演化的思路，物質問題、社會問題、經濟問題都能得到解釋。」中國知識分子最缺乏的就是對絕對真理價值觀與生命信仰的捍衛。知識分子最核心的靈魂就是：人生的終極意義在哪裡？怎麼安身立命？怎麼樣讓人生意義最大化，怎麼樣走入人類精神的永恆和不朽。知識分子的真正功用，就是為社會提供他們觀念的產品，這些產品有助於人們更準確的把握事實的真相和建構新的價值體系。

每一個知識分子最終都會在歷史的審判臺上接受檢驗，一切的盛世繁華和功名利祿都彷彿過眼煙雲。誠如耶穌所云，「凡有血氣的盡都如草，它的美榮就像草上的花，草必枯乾，花必凋謝，唯有主的道路是永恆的。」後來，馬克思的女兒燕妮問一位歷史學家：「您能用最簡明的語言，把人類歷史濃縮在一本小冊子裡嗎？」這位歷史學家回答說：「不必，只要四句德國諺語就夠了。一、上帝讓誰滅亡，總是先讓他膨脹。二、時間是篩子，最終會淘去一切沉渣。三、蜜蜂盜花，結果卻使花開茂盛。四、暗透了，更能看得見星光。」用一句猶太聖典《塔木德》中的格言說就是：「人的眼睛是由黑白兩部分組成的，可是神為什麼要讓人透過黑的部分去看東西呢？因為人生必須透過黑暗，才能看到光明。」而要用佛教來解釋所發生的一切的話，那就是世界萬物皆有因果。中國歷代的思想者和知識分子都將接受歷史和上帝的審判。沉淪意味著新生，當代的知識分子站在先哲的肩上，應該給出更加滿意的答案。

是為序，與周非先生及廣大讀者共勉。

二〇一一年十一月二十六日於北京

（本文作者為中國著名出版家、猶太教育研究專家，南開大學文學院客座教授）

〈前言〉

關於知識分子

周非

知識和知識分子都是外來詞。所謂知識（英文knowledge），一般是指人類在實踐中獲得的認識和經驗。人與動物的不同，是人能在本能之外，不斷獲得知識、積累知識、傳承知識、運用知識。人類文明進步的標誌，就是對知識擁有和運用的程度。

那麼，簡單地說，知識分子就應該是知識的探索者、承載者、傳播者和運用者。

由於對知識的價值認識有差別，對知識的運用就有了選擇。認定知識的價值、選擇知識的運用，往往是統治者。這樣，西方的一些知識分子就提出來一個「知識分子良心問題」。即知識分子從人類真、善、美的立場出發，應該對知識的價值有一個認定，當這個認定與統治者、世俗者的認定有矛盾時，知識分子應該堅持自己的認定、反對統治者的認定。這種堅持與反對，就叫做知識分子的良心。

如此一來，我們就應該在上述定義上，加上一條：捍衛者。

這樣，知識分子的定義就應該是：知識的探索者、承載者、傳播者、運用者和捍衛者。

知識分子在漢語裡有許多相似的稱呼，卻沒有完全相應的辭彙。最接近的詞是文人。但這個詞歧義很多。比如，文人與武夫就是一個對立的詞，漸漸地，軍事家就不為文人這個概念所容。如今，人們在文人的基礎上，又創造了一個文化人的概念，文人似乎就是指文化人。但文化這個詞，外延也在不斷縮小，先是將政治、軍事排除在外，繼而又將科學技術等排除，最後似乎只剩下文學藝術了，因而，文化人往往就只能特指那些文學藝術工作者了。

除了文人、文化人之外，古代還有讀書人、書生這兩個詞。顯然，讀書人和書生也是不能等同或接近知識分子的。因為讀書人、書生，最多只能指知識的傳承者，更何況中國古代多數讀書人，專門讀儒家聖賢書，他們中的多數人，讀書的目的，並非是探索、傳承知識，而是通過科舉去獲取功名。

漢代以後，中國人又用儒生一詞，泛指文人和讀書人。我們當然不能用儒這個詞，來對應知識分子。

現在國內最流行的關於知識分子的說法是「社會的良心」或「社會的良知」，其中呼聲最高的是關於所謂「公共知識分子」。這些概念，一般認為是起源於十九世紀的俄羅斯。以色列的康菲諾（Michael Confino）曾在此基礎上，將知識分子特點歸結為五條：一是對於公共利益的一切問題（包括社會、經濟、文化、政治等諸方面）都抱有深切的關懷；二是有自覺的責任感，因此認為上述各種問題的解決，都是他們的個人責任；三是傾向於把一切政治、社會問題看作道德問題；四是無論在思想上或生活上，他們都覺得有義務對一切問題找出最後的邏輯的解答；五是他們深信社會現狀不合理，應當加以改變。從這個意義上看，中國歷史上出現的士、士大夫，倒是最接近知識分子概念。可是，這樣定義知識分子，也把概念弄得太狹義了，而且，在現實生活中，這種知識分子畢竟只是極少數，不具有普遍性。

實際上，上面這種觀點，涉及到知識分子品格問題。作為一個知識分子，在對知識進行探索、承載、傳播、運用和捍衛中，需要的條件相當多，其中就個人品格而言，首先要有強烈的責任感，僅僅從個人的欲望出發，在對知識的探索、承載、傳播、運用或捍衛過程中，就會發生價值的偏差：在探索中，會不關心人類的幸福、社會的進步，在承載中會選擇性地取有利於自己的知識、捨棄不利於自己的知識，在傳播和應用中亦然，當然，對真善美的知識也就不會捍衛。其次，要敢於張揚個性，推崇創造。第三，要敢於、善於與不利於知識的探索、承載、傳播、運用的外在環境做抗爭。

世間有許多違反知識的因素，要而言之，有五種：人類過度的欲望、統治者的自私、生產資料占有者對利益無止境的追求、世俗享受者一味追求感官刺激、消極者對生命無視。因此，知識分子有五大責任：批判人類對自然的破壞、統治者的獨裁、生產資料占有者的貪婪、世俗者的墮落、消極者對生命的無視。批判的同時，一定要建設，要鋪設人與大自然和諧發展的康莊大道、創立人間治理的民主方式、建立實現財富增長的合法手段、有利於身心健康的娛樂享受以及尊重個人愛護生命的信仰。

所以，評判一個知識分子的歷史地位，要看他探索知識的程度和對人類發展的價值、承載知識的廣度和厚度、傳播知識的受眾面和受眾的接受程度、運用知識的深度和效果、捍衛知識的態度和力度。其中，第一條中，獨創性最重要；第二條中，建立知識體系最重要；第三條中，影響力最重要；第四條中，對文明進步和人類幸福的貢獻最重要；第五條中，具有特立獨行的品格最重要。

目錄

全面淪亡的時代

李贄形成不了新思想體系

黃宗羲們無法設計出新制度

方以智無法創立新知識體系

四大救國存亡運動必然失敗

新文化運動的實質只是複製，而不是復興

中國知識分子淪亡史

在功名和自由之間的掙扎與抗爭

第一章

座標點

春秋戰國時期，諸子百家們不僅創造了輝煌燦爛的文化成果，而且，他們獨立之精神、自由之思想，竟然成了此後中國知識分子一座難以企及的高峰。毫無疑問，我們應該將這個時代作為中國知識分子史的一個座標點。

遠古的記憶　偉大的傳統

在中國遠古時代，人們對發明創造特別推崇，發明創造者享有極高的榮譽和地位。這個結論，是我在研究中國神話時發現的。

在中國神話裡，受讚美、尊崇、頌揚的天神和英雄們，絕大多數都具有非凡的創造力，是偉大的發明家。這些天神和英雄們，都被先民推舉為領袖；被後世尊稱為天皇、地皇、人皇和聖王。

我們按歷史時序，把這些零散的神話和傳說整理出來，竟然能發現一幅完整的人類文明進步的階梯圖。

人類從混沌裡站起身來（盤古開天闢地），有了智慧，就開始了不斷的發明創造。自「盤古開天」之後，到夏啟「家天下」的私有制確立之前，人類一共經歷了十個「進步的階梯」，這十個「階梯」，分別都有一些天神、英雄級的大「知識分子」作為代表。

第一個階梯：石器時代，代表人物是女媧。

人之為人，在於人會使用工具、製造工具並運用工具去改造大自然。女媧在「摶黃土造人」之後，面對不太適宜人類生存與發展的大自然，便「煉五色之石以補蒼天」。女媧氏實際上就是打磨石器、運用石器的大知識分子，她帶領先民進入了「新石器」時代。

第二個階梯：安居，代表人物是有巢氏。

安居，是人類基本生存條件之一。有巢氏構木為巢，使人類與其他動物在居住上有了本質區別，人類從此可以主動地選擇居住地。

有巢氏造房子，實現了人類最早的安居工程，人類安居以後，可以進行適當的分工，可以進行更多的文化創造！

第三個階梯：人工取火，代表人物是燧人氏。

燧人氏鑽木取火，使人類與其他動物在食物上有了本質區別，人類從此告別了茹毛飲血的時代。

人工取火方式的發明，是人類進步史上最具劃時代意義的大事。有了火，人類可以取暖；可以驅逐猛獸；可以在夜晚進行勞動，延長了工作時間；可以住進幽深的洞穴裡，擴大了生存空間；可以煮熟食物，使智力得到更好的發育；最重要的，是可以通過冶煉、鑄造，獲得金屬勞動工具！勞動工具的進步，是促進人類文明進步的根本動力！

第四個階梯：認知工具，代表人物是伏羲。

人類開智以後，就開始了對知識的探索、傳承，這就需要有認知的工具即文化符號。最早的認知工具，可能就是「結繩記事」。再發展下去，終於有了伏羲氏畫陰陽八卦。

伏羲氏仰觀宇宙、俯察萬物，以陰陽為核，畫八卦以推演自然、社會的發展規律。陰陽八卦，是中國最早成型的文化符號，是形象思維與抽象思維合一的認知工具，從此，人類又進入一個嶄新的文明階段。

伏羲本身還是一個集大成的發明家，他發明了漁網、矛等漁獵工具，把人類帶入漁獵時代。我們也可以這樣認為：人類在漁獵時代，就發明了文化符號，掌握了認知工具。

第五個階梯：農耕時代，代表人物是神農。

神農氏是傳說中中國最早的天子，實際上應該是中原地區的部落聯盟首領。他通過觀察鳥兒銜來種子、落在地裡可以長出稻穀的現象，探索了一條發展農耕之路，結束了人類的漁獵時代。神農不僅發明了種子，還製作了一系列農耕工具，開始開鑿水井，有了水利工程的雛形。中國的農耕文明，正是從神農時代開始的！

神農還通過嘗百草，創立了中醫藥學，進一步促進了人類健康事業的發展。這樣，人不僅可以活著，還可以健康地活著。

第六個階梯：青銅時代，代表人物是蚩尤。

在中國歷史上，蚩尤曾長期作為反面人物，原因是他憑藉了青銅兵器的優勢，對神農等其他部落發動侵略戰爭。其實，在人類早期，戰爭是常事。

蚩尤時代大約略遲於神農時代。蚩尤氏是銅冶煉、鑄造的創造者，以他為核心的、大約由八十一個部落組成的部落聯盟，能在山川中開出銅礦，然後冶煉青銅，進而製作多種兵器。青銅器的製造和使用是人類文明史上的又一次大飛躍！

第七個階梯：創立制度，代表人物是黃帝。

軒轅氏幫助神農氏打敗了蚩尤氏，自身也強大起來，並得到各部落的推崇。最後，他又打敗了神農氏，成為中原的新天子，並取名為「黃帝」。黃帝的最大功業，就是創立制度。黃帝創立的制度有：敬天的宗教制度，分封的政治制度，設官的行政制度，掌兵的軍事制度以及組織發明創造、推廣技術的文化制度。

在黃帝時代，中國的發明創造特別輝煌燦爛。黃帝時代實際上是中華文明的第一個軸心時代。

第八個階梯：道德感召，代表人物是堯。

堯，在古籍裡，被描寫成「太陽一般」的領袖，他是道德的楷模，他的形象，使人看上去，就有如沐朝陽、潤甘露的感覺。他完全是以德治天下。中國人塑造的「堯」這個天子，表明中國在那個時期，已經進入道德時代，人們知道了道德的力量！

道德是知識的重要內容之一，是調控人類欲望、調節人類關係、調濟技術力量、調和人類情感的文化力量。一個時代，僅有技術的發達，還不能稱之為文明；只有道德的完善，才能擔當得起文明二字！

第九個階梯：組織管理，代表人物是舜。

舜在歷史文獻裡，是堯的接班人，也是一個道德楷模。但是，舜的成就，不僅是道德感化，舜更應該是一個傑出的產業管理者。傳說，舜在年輕時，極有組織管理能力，他居住於水邊，很快就能把漁業發展壯大；他居住在山邊，就能將製陶業發展壯大；他居住在曠野裡，很快就能聚集人氣，進行市場交易，一年形成一個大村落、兩年形成一個小集鎮、三年就形成了一個城市。總之，舜應該是一個集農工商於一體的管理型領袖人物。

舜還非常能知人善任，重用了一大批專業性管理人才，其中最著名的例子就是對待鯀和禹：堯用鯀治水失敗，舜處罰了鯀，但卻啟用鯀的兒子禹繼續治水，終於成功。最後，禹繼承了舜的天子之位。我們現代人都知道，知人善任，是管理上的第一學問。

舜還是經營家庭、經營愛情的高手。傳說堯曾把兩個女兒（娥皇與女英）都嫁給舜做老婆。兩個老婆不僅對他百依百順，盡力做好賢內助；而且在舜出巡期間，死於南方蒼梧之後，兩人追尋到湘水，傷心、哭泣而死。她們的眼淚把竹葉都染得斑斑點點！如果沒有深摯的愛情和親情，這樣的結局是不可想像的！

第十個階梯：國家時代，代表人物是大禹。

大禹將洪水治平後，為了科學地治理天下，將勢力範圍按山川形勢劃分為九州，並鑄九鼎，在九鼎上刻下各州的地域、出產、貢賦等，這是最完整的國家形態與治理模式。

以上這些神話傳說，都得到春秋戰國時代的諸子百家們認可。我們完全可以這麼認為：即便上述這些神話故事都是虛構，也足以證明，對發明創造的推崇，是春秋戰國時代諸子百家們的共識！換句話說，在我們的「座標點」時代，知識分子的地位崇高無比！

知識分子的樂園

根據中國歷史文獻記載，自人間有了統治之後，統治者就十分重視知識的創造、傳播和應用，為此，他們把知識分子囊括在自己身邊，設立了相應的機構，提供相應的條件，讓他們超越生活之憂，專心從事知識的創造、傳播與應用工作，並通過這樣的工作，獲得相應的榮譽、地位。

這個構想，首先表現在黃帝的傳說裡。黃帝建立的「官制」，包括設立了創造知識的專門機構，把所有的知識分子都放到相應的「官位」上。

根據《史記》等有關文獻記載，黃帝時代，設官很多，而且很成體系，大體上分為三大類：第一類是「監國」，即「置左右大監，監于萬國」，同時還派官員到諸侯國裡，直接代表中央來監督。只是這種監督到底有什麼樣的規則、什麼樣的方式、力度有多大，今天已經不得而知。第二類是在中央政府裡設立管理各種事務的機構和官員。「有天、地、神、祇、物類之官，是謂五官。各司其職，不相亂也。」第三類是技術性的官員，主要研究各類知識，為中央決策、為造福天下服務，如：羲和占日（測太陽運行規律）、常儀占月、臾區占星氣、伶倫造律呂（音樂）、大撓作甲子（日曆）、隸首作算數（相當於古希臘大數學家畢達哥拉斯，只是據說我們的這位隸首是位史官，但從這名字看，似乎不像，應該是位工匠的頭兒，隸就是體力勞動者，首是頭的意思。他們很可能因為搞建築、運輸一類的事，需要用數字，遂有些發明創立）、嫘祖養蠶繅絲、伯益掘井取水、后羿製作弓箭、夷作鼓、尹壽作鏡、倉頡造字、岐伯研究養生與醫藥，等等。按當時的文化水準，黃帝設立的這些文化機構，可謂體系完備，基本上把所有知識分子一網打盡了。

夏、商的歷史，今天多不可考，但西周的歷史，我們以撥雲見日的方式，或可見一些端倪。在那個時代，關於知識分子的生存狀態，最重要的是周公建立了一個「王官」制度，而這些「王官」，也基本上包羅了所有的知識分子。根據「三禮」之一的《周禮》（又名《周官》），原為周公主持編定。如今我們所見的文本，是經過春秋戰國和西漢儒生的加工）記載，周王室設立的大小官名三百六十個，分為六大部類，即天官冢宰，總理政務及王室事務；地官司徒，管民政教化；春官宗伯，管祭祀禮樂；夏官司馬，專門管軍事；秋官司寇，管刑獄之事；冬官司空，管工程。各部類的組織關係和職權都有極為詳細的規定。我們現在讀到這大篇文字，不僅會發現「官」幾乎包攬了天下所有的事務之管理，即現代意義上的政府各部門公職和軍職、神職、教職以及各種事務所——即公用、公益、公證事業單位和中介服務機構；還會發現這些任職人員包括了所有的知識分子，即現代意義上的政治家、軍事家、經濟學家、科學家、教育家和文學藝術家等。這些王官，用今天的知識分類法，大體上有天文曆法的研究者、歷史典籍的整理者、建築工程的設計者、禮樂制度的制定者、祭祀活動的辦理者、民俗民風的採集者、王室事務的執行者、諸侯事務的代理者、朝中事務的顧問者、生產技術的推廣者、軍事兵法的參謀者、外交事務的出使者、財政稅收的管理者、養生醫病的諮詢者，等等。諸侯國裡的知識分子，重要的、與王室相關的方面，也都是王室所派，其中包括史官，禮官，曆法、卜巫之官等。

當然，諸侯國裡，也有一些知識分子，我們可以把他們想像成小王官，待遇當然也差得多。因而，絕大部分知識分子，是要擠進王官隊伍的；王官隊伍裡的知識分子，知識程度也相對地高。

我們今天看到的「六經」中的《尚書》、《詩經》、《周禮》、《易經》等，其最原始的版本，都出於這些王官之手。西周時的知識，也就在他們手中，才最完備、水平最高。

從黃帝任用知識分子為百官起，到西周結束，中國知識分子們可謂都活動在「樂園」裡：天子提倡知識、重視技術、鼓勵發明創造，知識分子們各就其位、各展其才，不為生活苦、不為生計謀、不為條件愁、不為成果的推廣煩惱。知識所指的範圍也相當廣，包括天文、地理、水利、建築工程、工具製造、紡織、農耕、醫藥等，也包括文字、制度、刑律、音樂、美術、舞蹈，還包括道德、情感。他們生前為官、封侯，死後，英名流傳千古。

這個「樂園」表面上看上去，似乎有利於文化的發展，其實，它又從另外一方面阻礙甚至破壞了文化的發展。首先，他們將教育權交給貴族子弟，讓這些子弟們受三方面的教育：思想上，要樹立為王室盡責，他們還將「為王室盡責」上升到「為天下盡責」這個高度——這是天教的特點。行為上，要執行一定的禮。技能上，就是要擁有一切有利於王室的知識和技能。這樣一來，就把大量的平民摒棄在「知識分子」行列之外。其次，如此樂園也是一把雙刃劍：既重視了知識和知識分子，也壟斷了知識和知識分子。知識分子在獲得良好的條件時，也失去了獨立之精神，進而失去了自由之思想。一些被統治者認為不重要的知識被忽視，一些被統治者認為有害的知識被禁止；而一些被統治者認為有用，實則無用或有害的知識，被發揚光大起來，如浮華的禮教、奴化思想等。

歷史進入東周之後，王室式微，這個「樂園」很快就分崩離析了。「失樂園」至少有兩個直接原因：其一，王室經濟力量有限，無法收養這麼多的王官。其二，王室統治範圍和權限不斷縮水，王室事務也逐漸減少，王官的數量當然要直線下降。

「失樂園」的結果表現在兩個方面：一方面是或受裁員、或受人排擠、或因待遇差得無法生存、或無所事事，一批知識分子離開「王官」職位；另一方面，無數準王官，也失去了進入樂園的機會。前者如老聃等人，後者如管仲、孔丘等人。

「失樂園」的知識分子表現出兩種世界觀與人生觀來，一種是消極的，一種是積極的。那些消極者，覺得王室衰微，天下就沒救了，至少，想發揮自己的才幹是不可能了。春秋時的一些「隱者」就是這樣的一群人，如《論語》一書裡，在孔子周遊列國時，就遇到晨門、接輿、桀溺、長沮、荷丈老人等一干流落民間的知識分子。他們對時勢的認識，以孔子所遇到的楚狂接輿所唱的一首歌，最有代表性。歌詞是：

鳳兮鳳兮，何德之衰！
往者不可諫，來者猶可追。
已而已而，今之從政者殆而！

最後一句話完全可以翻譯為：如今王室裡幾乎沒有王官了！

積極者卻在王室無能為力的狀態下，自覺地承擔起天下大任，這可能與他們曾經長期所受到貴族教育有關。如：西元前五四九年（周襄王二十四年），叔孫豹在回答「人生的意義」時說：「太上立德，其次立功、其次立言」。叔孫豹還說，一個君子，只有做到這三條之一，才能讓人生「不朽」。所以，這三條，又叫「三不朽」。這三句話，非常重要，它是中國主流知識分子對人生意義認識的一種概括性提法，是影響了中國知識分子此後兩千五百年的一個人生奮鬥的指導思想。

所謂「立德」，就是能為人類建立道德、行為規範，並模範遵守。古代的天子如黃帝、堯、舜、湯、文、武是這方面的傑出代表；天子之外，像周公這樣的人，也是「立德」者，周公制定了周詳的「周禮」，自己也身體力行，鞠躬盡瘁，死而後已。儒家認為，在春秋戰國時期，談得上「立德」的，可能就孔子一人，叫「萬世師表」。

所謂「立功」，就是為了蒼生、為了天子、為了上天，建立一番大事業。如大禹治水、伊尹幫助商湯滅夏桀、姜太公幫助周武王滅商紂、周公輔助周成王安定天下等。

要注意的是，因為他們是「王官」，所以，整個「立功」，是圍繞天子展開的。做天子的輔弼，才能叫立功。根據他們的理論，天、天子、天下蒼生，是「三位一體」的：天意就是天下蒼生的根本利益；天子代表天，是天意的人間執行者。

所謂「立言」，就是著書立說。一些知識分子，沒有立功的權位和機會，怎麼辦呢？那就去著書立說、教導弟子吧。

最偉大的立言者，非「諸子」們莫屬。正是因為這些知識分子們的「立言」，中國的歷史才因此進入一個嶄新的時期，文化創造進入了一個文明的「軸心時代」。

獨立之精神——諸子蜂起

知識分子「失樂園」，看似不幸，而實際上是中國文化之大幸！因為他們脫離了統治者，獲得了獨立！一批獲得獨立的知識分子，在對政治制度、人類理想、人文道德、經濟規律、科學技術和文學藝術的探索與創新之中，不僅創造了輝煌燦爛的新文化，也塑造了一批人格獨立而偉大、成就非凡的知識分子楷模。這些人物，歷史上對他們尊稱「子」，因為人很多，統稱之為「諸子」。在這裡，我們簡單地敘述幾位代表人物。

一、管子

不能在天子身邊當王官，很多知識分子只有等而下之地在諸侯國裡當「諸侯官」（我們姑且這樣命名）。這方面的代表人物是管子。

按歷史文獻、時間和文化貢獻來排，「諸子百家」第一子非管子莫屬。管仲約生於西元前七二〇年左右，死於西元前六四五年，齊國潁上（今安徽潁上）人，名夷吾，字仲，謚曰敬，故又稱敬仲，史稱管子。他祖上是大貴族，但到他出生時，已經衰敗得一塌糊塗。管仲年輕時，當過兵、經過商，後來，當上齊國公子的師傅，在一場宮廷政變之後，被新君齊桓公任命為宰相，全面主持齊國的軍政外交工作。管仲順應時勢，全面改變了西周以來的各項政治制度，即基本上推翻了宗法制、井田制、禮樂制，代之以任人唯賢、以功論賞，農田私有、相地定稅賦，禮法並舉、以法治國等切實有效的「新政」。

作為政治家、思想家的管仲，他的最高價值取向是國家利益，即以國家富強為最高目標。這就從根本上打破了王室利益（即所謂天下利益）至上的思想。他一切從實際出發（而不是從天意出發、從禮樂制度出發），明確提出了「以人為本」、「以法治國」的政治主張，大刀闊斧地實施了一系列改革措施。他以發展經濟為第一要務，提出「倉廩實而知禮儀、衣食足而知榮辱」的著名論斷。他把國民分為「士農工商」四個群體，並給予同等的重視，這其中最重要的是將「百工」從貴族、官府的附庸（奴隸）裡解放出來，進而造就了一代新「平民」階層。他還特別重視礦業、鹽業、漁業、娛樂業、商業以及對外貿易，使這些產業成為國家稅賦的主要增長點。這種「四民」同重、「農工商」並舉的政治、經濟政策，是一次重大創舉，它是齊國富強的根本原因。

管仲執政期間，齊國迅速成為諸侯中的第一大國、第一富國、第一強國，在「國際」上也極具號召力，曾九次打著天子的旗號（得到周天子許可），會盟諸侯，以解決各種「國際」爭端，訂立了各種和平條約、經濟盟約；還有一次穩定了王室的內亂。這就是史書上津津樂道的「九合諸侯、一匡天下」。

管子的政治改革和作為，全面打破了舊制度、舊體制、舊觀念。這一切，都表明他是一個具有非凡創造力和勇氣的開創新時代的大知識分子。

二、老子

根據文獻記載，老子是第一個走出樂園的知識分子，也是諸子百家中第一個著書立說的

「子」。

在東周王室一蹶不振的形勢下，東周典藏史（相當於現在的國家檔案局局長兼國家博物館館長、國家圖書館館長）老子騎著青牛悽悽惶惶地走出已經衰敗的首都雒邑。老子在出函谷關時，遇到關令尹——他的一個鐵桿粉絲。關令尹強迫他寫下了五千言，才放他過關。無奈之下，老子只得停下來寫書。於是乎，中國歷史上第一部私人著作——《老子》——誕生了！在這本書裡，老子闡述了一些東周時代人們對天地、人間和國家治理的一些學術思想，同時，也發表了自己的見解以及對時局的批評，還為人們構想了一個「小國寡民」的理想國藍圖。

《老子》一書，以周王室所倡導的一切都要遵守「天道」的學術思想，痛批了周王室禮樂制度，認為，所謂「聖人治國」是極其荒誕的，統治者的私欲是一切動亂的禍根！提出了統治者必須把一切權力無條件地交給天下萬民，實現無為而治。老子這種批判的勇氣，使他成為一名社會大轉型時代的大知識分子。

但《老子》一書，可能在戰國初年，才由關令尹（前面那個關令尹的後任或後代）傳諸於世，所以，很多人認為《老子》作者是春秋末戰國初、甚至是戰國中後期人。關於老子個人的經歷，可信的只有他和孔子的一次相會。孔子出訪周王室時，為了問禮，曾拜訪了老子。那時，孔子還是一個剛出茅廬的小夥子，既想學習，更想當官，甚至是想當王官。老子看透了這個想當官的年輕人心理，但老子洞悉名利對人性的摧殘，看多了官場的傾軋，更看出了王官時代已經過去、周禮的不可靠、諸侯官時代的到來以及它的凶險。所以，老子對他說的話的大意是，不要當官，也不要學那些當官的學問，因為這些學問都是有損身心的。可惜孔子當時還年輕，聽得不大懂，歎息道：老子是個神龍似的人，在雲霧遮掩下，見首不見尾。

老子確實是一個神龍見首不見尾的人。雖然歷史文獻上曾經描寫了他出關時，關令尹曾看到一片紫雲飄來，但他出關之後，卻沒有帶走一片雲彩，也沒有留下一點行蹤。

三、孔子

與老子相反，孔子卻一直夢想著「復樂園」。

孔子名丘，字仲尼，生於西元前五五一年，死於西元前四七九年，魯國（今曲阜）人，大約比老子小二十歲，是一位流亡到魯國的宋國老武士與一個鄉村少女「野合」的產品。他三歲喪父、十七歲喪母。母親死了三年，他才在鄰居的指點下，找到父親的墳，把母親屍骨遷過去合葬起來。這樣，他才具備了貴族身分，可以去接受教育、到貴族門下找個差事。那時，貴族子弟有個通用的名字叫「君子」，所以，成為「君子」，是孔子少年時代最大的夢想。此後，他曾在大夫家裡做過「委吏」（倉庫管理者）、「乘田」（按理牧場）一類職務，也曾見到過郯子、齊景公等來魯國訪問的大人物，還被魯昭公派到周王室學過禮，後來還因魯國政變而陪同魯昭公流亡齊國。他非常好學、非常敬業、非常熟悉禮樂制度，也非常具有音樂等藝術修養，至於貴族子弟所應具備的射箭、駕車等技能，他也很出色。所以，在他當不到大官時，就開始辦私學，收徒教書。春秋時期，私人辦學的開風氣之先者是鄭國大知識分子鄧析，五十年後在魯國可能已成為一種風氣，至少，與孔子同時代的少正卯也在收徒教書，而且講學比孔子精彩、招生能力也比孔子強。

孔子感歎最多的，是周公制定的那麼完善的「禮樂制度」如今已經完全崩壞，他非常希望自己能從政，以便執掌大權，實現周王室的中興。可是，他不僅當不到王官，連諸侯官，在他「知天命」的年紀裡，也沒有幹上。這時，一個大夫的家臣叛亂，並在費地建立了一個獨立的小王國，打算聘請孔子去他那兒當官，孔子竟然準備接受，結果遭到他的學生子路的阻攔，子路的意思是：你老先生不是最反對以下犯上的「亂臣賊子」嗎？再說，你那麼自信的一個人，怎麼會去那個巴掌大的地方做官呢？孔子的回答則令人目瞪口呆，孔子說：「地方小怕什麼？當年商湯、文武起家時，封地也很小啊，但最後不都得到天下了嗎?!」孔子在這裡的意思，是要自比伊尹、姜子牙了；但卻一不留神，把他痛恨的「亂臣賊子」比做了商湯、周文王、周武王。好在說歸說，最後，孔子並沒有成行。

但孔子在教學生時，卻並不是這個樣子。他說：君子生逢國家清明，就應該去當官，如果不當官，而守著清貧，則應該感到恥辱；但是，如果生逢亂世，則應該退隱。富貴是人們的正當追求，但富貴如果一定要通過不「仁」才能得到，則「富貴於我如浮雲」。有人說孔子言行不一，其實，理想歸理想，即便是內心裡真實的理想，但又有幾個人能完全做自己理想踏實的實踐者呢？更何況，孔子沒有當大官之前，總是很自負地認為自己的才幹是可以安邦治國平天下的。

孔子五十一歲時，開始走進權力核心，先是被任命為「中都宰」，即魯國國都的市長；一年後，又升任「小司空」，即國家主持祭祀部門的具體執行官；過了些日子，他終於當上「大司寇」，即最高法官；緊接著又「攝相事」，即代理宰相。這一回，孔子相當得意，他就任後，面露喜色，以至於遭到弟子的質問：君子應該得之不喜、失之不憂啊？孔子無言以對。

但孔子這次做官經歷總共只有三年，五十四歲時，就下臺了，原因據說是受到排擠。從五十四歲到六十八歲，孔子一直奔波在衛國、宋國、蔡國、陳國和楚國之間。其間，他歷經坎坷：受過衛靈公夫人、緋聞很多的大美女南子的召見，從而遭到非議；在宋國，一個權臣揚言要殺他；在陳國，與弟子失散，弟子問一個隱士，隱士嘲笑他說「你所說的孔子，就是那個四體不勤、五穀不分，累累如喪家之犬的人嗎？」在陳蔡之間的路上，被人圍困了七天，以致於斷糧，許多弟子都餓出病來。這其中，他可能在衛國當了好幾年的官，但沒有什麼突出的政績，也許是沒有實權吧，反正政績乏善可陳，弟子們也就沒有記載了。

周遊列國，使孔子逐漸認清時勢，並有了天命觀。所謂天命，就是「天賦使命」。孔子認為，自己來到這個世界，是負有天命的！他知道他那個時代已經是沒救了，他的使命是為建立一個新時代而做準備。他為這個新時代構建了一幅藍圖：這個藍圖分為兩個步驟，第一步是實現周公時代的「小康社會」；第二步是實現堯舜時代的「大同社會」。實現這樣的藍圖，需要一批精英去努力奮鬥，這樣的精英，他為之取名為「君子」——君子不再是貴族子弟的專用名詞，而是有理想（恢復周禮，實現大同社會）、有修養（道德高尚，言行完全符合周禮標準）、有知識（精通周禮中所說的「六藝」，能治國平天下）的精英分子。君子的標準有三個字：仁、禮、學。「仁」是第一位的。什麼是仁呢？他沒有專門下定義，但說了很多名言，如「仁者愛人」、「己知不欲，勿施於人」、「憂道不憂貧」。有了「仁」，就會成為一個忠誠的、孝順的、守信的、正義的、勇敢的（堅持原則）、謙虛的、勤勉的、儉樸的、能自我反省的、為別人著想（推己及人）的人。這些，自然都是做君子的標準。

此後的孔子，基本上也是按這種君子標準來要求自己。由於他品學俱隆，在他年老的時候，得到了社會廣泛的尊重。他六十八歲回到老家，成了魯國國君的高級顧問。七十三歲時，看著繼續亂下去的人間，遺憾地離開人世。他死後，得到生前無數學生的敬仰。徒子徒孫們把他一生的言論之精華，編撰了一本談話錄——《論語》。

高度的社會責任感和救世情懷、終身學而不厭誨人不倦、言傳身教地提倡君子標準，使孔子無愧於聖人的稱號，他是他那個時代最偉大的知識分子之一。

四、墨子

管子等人在各諸侯國裡的新政，使得「百工」們逐步獲得解放，並在經濟、文化上逐漸形成一支較為獨立的社會力量，從而，也湧現了一批新型知識分子，其傑出代表人物就是墨子。

墨子名墨翟，大約生於西元前四六八年，死於西元前三七六年左右。

墨子在戰亂紛繁、私欲橫流的時代，舉起了「興天下之利，除天下之害」的平民主義大旗，提出了十二大政治主張，即兼愛（無等級地愛一切人）、非攻（反對一切侵略戰爭）、尚賢（由知識分子來治理天下）、尚同（民選天子和各級領袖，然後實行天下統一的規章制度）、天命（信仰絕對真理）、法儀（以法治國）、明鬼（人民要有所憚忌、有所畏懼）、貴義（堅持正義是最高原則，為了正義，要不計個人的生死利害）、非命（不信天命，積極有為）、非樂（反對統治者奢華享樂）、節用（勤儉節約、艱苦樸素）、節葬（反對厚葬）、非樂等。這些主張，處處閃耀著平民主義的思想光芒，我們因此可以稱之為「平民主義政治宣言」。

墨子也聚徒授學，並帶領他的學生行走天下。那個時代，真是哪裡有難，哪裡就有墨子的身影。他奔波各地，居無定所，以至於被窩從未暖和過、煙囪沒有變黑過。比如，他聽說楚國要去攻打宋國，竟然行走了七天七夜，趕去見楚王，以勸阻、制止這場不義之戰。他還帶領學生，發明創造了很多勞動工具和守戰工具，以方便人民生產、保衛和平家園。

墨子在學術上最偉大的成就，是建立了科學的方法論和邏輯學。

墨子是春秋戰國時代最偉大的平民主義思想家、真正的理性主義開創人，他以偉大的救世情懷、鮮明的平民主義主張、博大的理性主義理論體系、無私無畏的實踐活動和無與倫比的人格魅力，不僅應該成為諸子百家中最偉大的知識分子，也應該成為中國傳統歷史上最偉大的知識分子！

五、公輸子

「百工」的解放，還大大促進了民間生產力的發展，一批科學技術人員出現並活躍在民間，其傑出代表者就是公輸子。

公輸子，大約姓公輸，名班，也被稱做般，所以，魯班、魯般、公輸班、公輸般，應該都是一個人。他活動的年代，與墨子同時。中國的正史，從司馬遷開始，就沒有為科學家立傳，所以，魯班似乎是一個傳說。但是，在《禮記》、《墨子》兩書中，我們還是能找到幾則關於魯班的史料。魯班大名的傳播，全賴民間傳說，在這些傳說裡，他的發明創造，也都是民間的勞動工具、生活用具和民間工程，例如木匠用的鋸、刨、鑽、槳括，糧食加工上用的礱、磨、碾子以及設計建造橋梁，等等。

作為一名工程技術大家，魯班似乎沒有什麼治國安天下的政治主張和學術思想，但是，他卻以自己的聰明才智，為人民發明創造，為社會進步做貢獻。魯班完全擔當起「人民工程師」這樣光榮的稱號，因此，他也應該是春秋戰國時期偉大的知識分子之一。

六、其他諸子

上述五「子」，我們可以稱之為「春秋五聖」。除此之外，還有政治家子產、醫學大師扁鵲、音樂大師師曠、工業鉅子干將莫邪以及很多名字被歷史湮沒的科學家、文學藝術家和實業家等，他們都是當時傑出的知識分子。到了戰國時代，特立獨行的大知識分子更加多起來，最著名的有安貧樂道的莊子（莊周）、「吾善養吾浩然之氣」的孟子（孟軻）等。

自由之思想——百家爭鳴

春秋戰國這個「千年一遇的大變局」所形成的亂世，在政治上、學術上為知識分子提供了一個空前廣闊的大舞臺。

在政治上，諸侯、大夫們，為了創新制度、實施新政，必須大量使用有識之士，於是乎，一時間，「士」這個自由階層，成為他們的搶手貨。有關這方面的歷史記載，非常多，為什麼？因為後來的中國文人，都對它津津樂道。

我們可以從七個方面，闡述一個概要：

一是打破身分限制。最有名的是秦穆公重用百里奚。百里奚當時只是一個奴隸，當秦穆公得知此人之大才時，用五張羊皮給他贖了身，然後，就任命他為輔政大臣，人稱「五羖大夫」。正是在百里奚的輔助下，秦國由一個西陲小國崛起為西部強國。

二是去除個人恩怨，以大局為重。最有名的是齊桓公重用管仲。管仲曾經是齊桓公政敵陣營的要員，還在爭王位時，用箭射傷過齊桓公。但是，為了國家富強、為了政權的鞏固，齊桓公聽從了鮑叔牙的勸諫，重用管仲為國相，並尊之為「仲父」。

三是沒有國界限制。「朝秦暮楚」是春秋戰國時的常事。比如著名的軍事家吳起。吳起開始在衛國求官而不得，就去了魯國，卻又沒得到重用，他就再去魏國，終於得到魏文侯重用，並由此成為戰國一名著名的軍事家，史載他「曾與諸侯大戰七十六，全勝六十四」，為魏國「闢土四面，拓地千里」。特別是西元前三八九年的陰晉之戰，吳起僅用五萬魏軍，就打敗了五十多萬的秦軍，從此使得魏國成為戰國初期的軍事大國。但魏文侯死後，魏國政局發生變化，吳起又跑到楚國，得到楚悼王的重用，擔任國相，開始實施富國強兵的變法，一時間，楚國強大無比。後來，楚悼王逝世，吳起變法時得罪過的那些貴族發生內亂，將他殺死。

四是摒除個人好惡。如著名的「鄒忌諷齊王納諫」故事之後，齊威王在聽取鄒忌的勸諫後，廣開言路，尤其要聽不順耳之言，最終使一時衰落的齊國又復興起來。

五是不用其人、也要用其言。如：鄧析被處死後，鄭國卻用了他編制的法律文本。商鞅死後，秦國新法不變，最終一直保持強大，直至吞併六國。

六是不論所學、用其所長。如燕昭王為了圖強，聽從郭隗意見，廣收天下賢才，只要有一技之長者，皆得重用。戰國四公子（齊國孟嘗君、趙國平原君、楚國春申君、魏國信陵君），即四位大貴族，都好「養士」。他們所收羅的人才，也都是只有一技之長的，甚至包括了「雞鳴狗盜之徒」，即會學雞叫、能偷竊的人。

七是極其尊重人才。我們從孔、墨、孟、莊等大師們的遭遇就能看出來：即便他們的學術思想不為各諸侯君主們所用，但君主和卿大夫們對他們卻是尊敬有加的，他們能經常與國王會面、對話，國王們基本上都以請教的口氣與他們說話。

除了政治舞臺，還有學術舞臺，表現在三個方面：

第一是講學授徒。自從鄧析在鄭國開辦私人法律培訓班之後，私學之風就開始悄然而行，到孔子中晚年時，就大規模招生了；墨子更對弟子實行軍事化訓練、宗教化管理。稷下學宮的名人，有的能一次性吸引上千名學生來聽課。

第二是遁隱山林。列子、莊子這些大學者們，不是居於陋巷之內，而是逍遙於山林之間，編點草鞋、釣點魚也可以維持生活，而且可以與外界廣泛接觸，王公大人、學界名流也常來做客、交流。

第三是聚集學宮。除了最著名的稷下學宮外，戰國初期，魏文侯特別注重學術人才的招攬，為他們辦學、授徒、做學問，提供良好的條件。孔子的不少名弟子，就跑到魏國，最終形成了「西河學派」，為儒學的形成、發展、傳播做出了傑出貢獻。西河學派的一些人物，最終又在經世致用思想指導下，逐步向法家思想轉化，當時的吳起，就是受此影響，成為一個著名的法家人物；荀子可能也師從過西河學派的人物。另外，魏國還形成了另一個學派——鬼谷學派，專門研究縱橫之術、權術、兵法等，對戰國末年的學術界，影響極大。

思想自由、學術條件優越、交通方便，使得知識分子們的交流日益加深，於是乎，就形成了思想大碰撞，這種大碰撞，是完善已經形成的學術思想、創立新學術思想的重要前提。

我們大體上可以把這些思想大碰撞，分為三個方面、十個部分，概述於下。

首先是政治上兩次碰撞：

第一次是管子的治國。管子遇到齊桓公，君臣二人一拍即合，確立了國家主義，把「以人為本」的理念與富國強兵結合起來；把「尊王攘夷」的主張與爭當霸主結合起來；把發展經濟與講求禮儀結合起來；把公共利益與個人欲望結合起來；把以法治國與德政建設結合起來。其中，國富民強是根本目標，指導思想已經從周王朝的「天下主義」變為「國家主義」了。

第二次碰撞，是商鞅變法。商鞅通過與舊勢力的辯論，確立了順應時勢、實施新法的思想，突出了「必須變、變則強、強則久」的新觀念。

其次是思想上的三次碰撞：

第一次是老子在面臨王室式微、禮崩樂壞的形勢下，用消極的方式對舊制度進行批判。

第二次是孔子從君子立場出發，對天下進行理想設計、對君子修身提出了較為完整的新思想。

第三次是墨子從平民立場出發，提出新的政治主張。

再其次是學術上五次碰撞：

第一次是關於「正名」問題，最後產生了墨家名學、公孫龍的詭辯術和惠施的相對主義三大流派。

第二次是關於人性的善惡問題，最後產生了孟子的性善論、荀子的性惡論和告子的性無善惡論。

第三次是個人利益的正當性、義與利的關係問題，最後形成了孔子的君子不言利、墨子的興天下之大利、楊朱的維護個人利益、孟子的捨身取義、韓非子的利用人之趨利避害之心以立賞罰。

第四次是天人關係問題，最後產生了「順天之道」的共識，但在如何「順天之道」上，道、儒、墨、法各有不同，最後經過碰撞，又產生了陰陽之學、刑名之學、黃老之學等。

第五次是治國之道問題，經過碰撞，形成了《管子》這本書，闡述了完整的治國之道。

「百家」的體系基本上都是在碰撞中構建起來的。為了確立自己學術的權威性，他們都找到他們學術的淵源、或遠古傳說中理想的人物做旗幟。這樣一來，就產生了以堯舜時代為理想國，以周公、孔子為先師，以子張、孟子、荀子等為代表的儒家；以黃帝時代為理想國，以老子為先師，以列子、莊子等為代表的道家；以大禹時代為理想國，以墨子為先師的墨家；以神農時代為理想國，以許行為代表的農家；以楊朱為代表的個人主義和無政府主義者；以孫武、吳起為代表的兵家；以管子、商鞅為旗幟的法家；以伏羲、周文王為旗幟、以鄒衍為代表的陰陽家；以惠施、公孫龍等為代表的名家；以岐伯為旗幟、以扁鵲為先師的醫家等等。

這些思想和流派之間，有的是大同而小異，有的是小同而大異，有的是風馬牛不相及，有的是一脈相承，這樣一來，他們之間就有了相互的爭論、批評甚至批判和攻擊。

到了戰國後期，齊國不僅經濟發達、軍事強大，而且文化昌盛、思想活躍，特別是齊宣王、齊閔王兩代，達到巔峰，於是，齊國在首都稷下，建立了一個讓天下學者來講學的學宮，給他們提供特別優惠的生活條件和政治待遇，對大學者贈食邑、贈車馬、贈高官厚爵，一時，學者雲集，他們各抒己見，奇思妙想、奇談怪論紛呈，他們之間也相互責難、相互批評。

以上兩種現象，後人將其歸結為「百家爭鳴」，前者是廣義的，後者是狹義的。「爭鳴」的內容，我們可以按主題，從大到小，將其歸為四大類。

第一類，是從誰的角度出發治理天下？墨家學派從天下百姓角度出發，提出要「兼愛」，即平等地互愛，楊朱則提出「為我」，即只要人人把自己管好就行，不要愛人，也不要害人。這兩派影響極大，一時間，人們不是信墨，就是信楊。可儒家的孟子則從士的角度出發，提出恢復等級明確的「禮樂制度」，實現王道，他提出的主張是仁義忠孝，是「君君、臣臣、父父、子子」，因此，他痛斥墨子的兼愛是「無君」、楊朱的「為我」是「無父」，並說，無君無父就是禽獸。孟子是個浩然之氣直貫宇宙的人，因此，他的「爭鳴」，以謾罵痛斥為主。

第二類，是帝王應該如何治理天下？儒家從君子的角度出發，提出實施王道的仁義；墨家講兼愛，靠選舉天子、選拔賢人來治國；一些極端分子更提出要做俠士，仗劍走天下，除暴安良；而一些「為我」者，則在亂世裡經商，只管自己發財過好日子。法家認為，時勢不同了，儒家的仁義禮樂那一套已經不管用，墨家的選賢用能也不可靠，其他為我者、行俠者，對國家更是有害。人君只有以獎懲用人、以法治國，依靠權勢驅使百臣，才是最適用的。韓非將儒、俠等還列為「五蠹」，即五大蛀蟲。

第三類，是從哲學角度出發，提出該不該治理天下，即有為還是無為的問題。老子已經說了要無為而治，要讓人民回到無智術、無機巧、無禮樂制度的時代，莊子則對禮制、法治狠加抨擊，對墨家的機巧也進行批評。莊子幾乎否定了所有學派的政治、哲學見解，《莊子》在〈天下篇〉裡，批判、否定「十二子」，實際上是當時最有代表性的十二個學派。莊子對儒家禮樂和仁義的虛偽性，尤其嘲弄得厲害。當然，也有人批評莊子的天人觀，認為他太過分看重了天，而忽略了人。

第四類，是邏輯命題的炫奇責難。如莊子與惠子的辯論，如公孫龍子提出「白馬非馬論」，一時，不僅言之成理，而且在外交上得到很好的運用。

從漢代以來，學術史上對「百家」以及「百家爭鳴」的理解，多限於漢代劉向父子、班固們的分類，即所謂十家或十二家之說，重視的也只是治國方略的主題。其實，還有很多自然科學、社會科學的「家」以及「爭鳴」，都應該引起我們重視。例如，自然科學上的工程學、治煉學，如治水方案、鑄劍方法等；社會科學上的方法論、邏輯學，如分類問題、概念問題等；經濟學上的經營問題；文學藝術上的創作等等。

一個讓人神往的地方

如果讓有才識的分子，走進時光隧道，讓他們在中國五千年歷史中，選一個想去的目的地，估計他們會異口同聲地選擇：西元前三二〇年前後的齊國稷下學宮！

因為，這是一個讓所有的知識分子都神往的地方！

稷下學宮是田齊政權的主產品之一。

西元前三八六年，齊國執政大臣、大夫田和取代了姜氏，自立為齊國國君，並得到周天子（周安王）的認可，從此，東周由春秋進入戰國時代，東方大國齊國也開創了一個歷史新紀元。齊文化從來就是一個開放、創新的文化，從姜太公的「因其俗」，到齊桓公、管仲的國家主義，再到田齊時代倡導百家爭鳴，都充分說明了這一點。

大約在西元前三七〇到前三六〇年間，田齊政權的第三代君主齊桓公田午，為了招攬天下賢才、集中天下智慧，極具創造性地在齊國國都的臨淄城稷門附近，設立了「稷下學宮」。田和的名字從此與稷下學宮一起，載入青史。中國傳統史書向來對篡位者都大加撻伐，但對田氏代齊，卻網開一面，其原因也不能忽視田和創辦稷下學宮的功業！

西元前三五六年，田齊政權的第四代君主齊威王田因齊即位，這位君主頗有意思：他即位時，齊國正處於內憂外患的艱難處境，但他卻整天沉溺在歌舞昇平之中，不問政事，直到三年後，一個名叫淳于髡的大臣問他：「國中有大鳥，止王之庭，三年不飛又不鳴，王知此鳥何也？」齊威王說：「此鳥不飛則已，一飛沖天；不鳴則已，一鳴驚人！」從此，齊威王開始勵精圖治，緊接著，他又聽取大臣鄒忌的建議，錄用賢才、貶斥佞臣，特別是廣開言路，下令：

> 能面刺寡人之過者，受上賞；上書諫寡人之過者，受中賞；能謗譏於市朝，聞寡人之耳者，受下賞。

一時間，各路學者如百川歸海，紛紛來到齊國，其中，稷下學宮無疑成為他們最理想的棲身之地。齊威王為此也對稷下學宮採取了更多、更好的優惠政策。一時間，稷下成為戰國時期文化教育的中心和百家爭鳴的場所。

西元前三一九年，田齊政權的第五代君主齊宣王田辟彊繼位，之後，因為齊國在軍事上取得巨大勝利，國際地位空前高，國內經濟更是一派繁榮，加之齊宣王文藝細胞發達、喜好文學之士，對稷下學宮的寬鬆、優厚政策，比齊威王有過之而無不及。

至此，稷下學宮達到鼎盛。據說，來此遊學者達「數百千人」，學者所召弟子，估計當以萬人計，其中僅淳于髡就有「弟子三千」人，孟軻亦有「弟子數百人」。

以規模而論，古希臘時期的阿卡德米學園（Academy）、呂克昂學園（Lyceum）、伊比鳩魯學校（Garden of Epicurus）和斯多葛派學校（Stoicisim）都無法和稷下學宮相比。而作為官辦學宮，蔡元培時期的北京大學，也無法和它比擬。

威、宣兩代，盛極一時的稷下學宮，具有如下三個特點：

第一，兼容並包，百家爭鳴。

齊國將任何學術流派、任何思想的學者，都招進來，而且，學者們可以什麼都說，什麼都可以爭論，沒有什麼主流非主流之分，更不確立什麼指導思想。

第二，條件優越，待遇優厚。

齊威王為稷下學者建造了「高門大屋」，「開第康莊之衢」——在這些大學者的居住地和講學地鋪設通暢寬廣的道路。與此同時，國家給予稷下先生的待遇也極高：如鄒衍、淳于髡、田駢、接予、慎到、環淵等七十六人被列為第一等學者，送別墅一棟、享受上大夫的俸祿。

第三，不治而議，來去自由。

這些學者，可以不擔任公職，沒有公務，只治學、授徒、議論、做顧問，想來就來，想走就走，來者，熱烈歡迎；去者，先挽留、再歡送。比如，荀子就先後來了三次，孟子離開時，齊宣王真誠挽留，表示可以給他封邑，在國都中心為他專門建造一所學宮。但孟子沒有接受，還是賭氣地走了。

估計當年蔡元培先生主持北大工作，其辦學方針，也多少受此影響。可惜，蔡先生畢竟不是總統、總理，後來的官職最多也不過相當於齊國的一個「祭酒」，所以，北大最多也只能成為田和時代或齊威王初期的稷下學宮。

但是，稷下學宮也是好景不長，大約在它「成立七十五周年」之際，便由盛而衰，這正應了老子的話：盛極而衰！原因是什麼呢？和中國的王朝興衰一樣，原因在於它也是人治的產物！

西元前三〇〇年，田齊政權的第六代君主齊湣王田地當政，此時的稷下學宮，據說「學士更盛，多至數萬人」，可謂是極盛期。但齊湣王是個獨斷專行、剛愎自用、好大喜功、窮兵黷武的主，在他執政期間，對外戰爭使齊國八面樹敵；窮奢極欲，又使得人心渙散；一意孤行，讓學者們都寒了心，紛紛離開齊國，如「慎到、捷（接）予亡去，田駢如薛，而孫卿（即荀子）適楚」。西元前二八四年，六國聯軍聯合伐齊，最後，燕將樂毅攻陷了齊國都城臨淄，稷下學宮自然也在劫難逃，大概停辦了五、六年的時間。

西元前二八三年，田齊政權的第七代君主齊襄王田法章當政時，他雖然力圖復興，其間也收復了齊國失地，但國力已經元氣大傷。故而，稷下學宮雖然獲得重建，「尚修列大夫之缺」，也有些學者如荀子之流攜其弟子來到稷下，但已經是今非昔比。更何況，齊襄王的廣攬賢才、廣開言路只不過是葉公好龍，稷下先生基本上都處於「智者不得慮，能者不得治，賢者不得使」的境地，最後，許多人都悵悵離去，稷下也進入日薄西山的時代。

西元前二六四年，田齊政權的第八代君主、也是末代君主齊廢王田建繼位，這是一位昏庸無能的人，他當政四十年，不修耕戰，不搞外交，在激烈競爭的「國際」局勢下，一籌不展，坐待其亡，此時的稷下學宮，雖然苟延殘喘，但名士都一一離去，剩下的都是一批庸碌之輩。西元前二二一年，齊國和其他五國一樣，被秦所滅。稷下學宮，這個曾經讓諸子百家無限嚮往、魂牽夢繞的理想殿堂，也只能毀於戰火。算起來，稷下學宮存在了一百四十多年。

此後中國的兩千多年的傳統歷史中，再沒有一個政權，能興辦如此理想的學術殿堂；再也沒有一個地方，能聚集到如此眾多的卓越的學者；再沒有一個時代，出現過如此百家爭鳴的氣象。

稷下學宮聚集了那麼多學者，他們都在幹什麼呢？歷史典籍上只有「不治而議」這四個字，彷彿他們都是些高談闊論之輩，其實不然，我們從零星的資料裡，可以大體上看出來，他們主要有五個方面的活動。

第一，發表「國策論」。

估計很多大牌學者來到稷下時，首先都得到國王的召見；或者一些大師級人物，在名氣很大時，也會受到國王的召見。在召見時，他們都要向國王發表一番治國高論。《孟子》第一篇就向我們透露了這個訊息：

齊宣王問曰：「齊桓、晉文之事可得聞乎？」孟子對曰：「仲尼之徒無道桓、文之事者，是以後世無傳焉。臣未之聞也。無以，則王乎？」

孟子是在魏國那兒碰壁之後，來到齊國的。但孟子已經是大師級人物了，在魏國受到梁惠王的召見，所以，當他到齊國時，齊宣王召見了他。

齊宣王給他出了個題目：談談齊桓公、晉文公如何稱霸的事吧。

孟子是個能講大話的人，他說：孔子旗下的學者，是從來不談齊桓、晉文之事的，所以，這些人的事蹟，後來也就沒有人知道了，我也未聽說過。不過，我來給你談談「王道」吧。

孟子在這裡，一方面堅持原則，一方面又很有說話技巧。原則是：他只推銷「王道」理論，不販賣「霸道」學說；技巧是：霸道這事，沒人說了！這是對霸道的一種藐視，以示自己有比霸道更厲害的東西——王道！

這裡有個背景：「王道」比「霸道」厲害！為什麼？因為「霸道」只是在諸侯中稱霸，「王道」則是要效仿周文王、周武王。文、武是幹什麼的？商朝時的一個諸侯，最後把商朝滅了，武王代替商紂王當了天子了！

你說，霸主和天子，哪個是齊宣王最想當的？所以，孟子推銷「王道」，很有市場，在稷下，地位一下子高起來。

後來，中國學術界很多學者不明白這個道理，以為孟子的「王道」就是講「仁政」、當時的「霸道」就是講法制。其實，仁政在孟子那兒，只是實現王道的一種手段。

第二，參政議政。

「不治而議」只是一面之詞。稷下學宮的學者其實很多人，都是議政參政的，他們分三種情況，一是直接參政，二是偶爾參政，三是議政，即當顧問。

比如鄒忌。鄒忌本來就是朝中大官，齊威王時，做到宰相。但在稷下，他同樣是大學者，名列淳于髡大師之前。相當於日本首相去帝國大學當兼職教授。再如荀子，三任祭酒，即教育部長，任職期間，同時主持學宮工作。淳于髡一開始也是齊國的大官，後來一邊在學宮教授弟子，一邊還辦外交，曾多次以特使身分，周旋諸侯之間，每次都能不辱使命。如西元前三四九年，楚國侵齊，他奉命出使趙國，借來趙國精兵十萬、戰車千乘，楚國聞風，不戰而退。

再比如孟子，他雖然沒有在朝中當官，但國家有事，國王常常向他諮詢。不僅齊王向他諮詢，別的國家也向他諮詢，如宋國國君就向他請教。

第三，授徒。

名人都帶弟子，像孟子這樣的人，弟子好幾百，荀子先後帶的學生可能有好幾千，更牛的人則有上萬弟子。

第四，做學問。

做學問包括兩方面內容，一是提出新命題，並加以論證；二是著書立說。

稷下學宮的學者，提出過很多驚世論題，既有「王道」、「人性本惡」、「九州之外還有九州」一類大命題，也有「白馬非馬」、「雞有三隻腳」一類的小命題。

稷下大學者多數有書傳世，我們在《漢書·藝文志》中還能看到不少書名，可惜絕大部分都失傳了。如今，我們有理由相信，《黃帝內經》、《黃帝四經》、《管子》、《商君書》、《孫臏兵法》等著作中，有不少篇章都是他們所作。

另外，儒家的一些著作，如關於《詩》、《禮》的注解，也可能在這個時期得到最後完善的。因為齊宣王好文、好儒，那個時期，必然有很多儒家弟子來到稷下學宮。

這些大師們還創立或完善了不少新學說，比如「刑名之學」、「術數之學」、「黃老之學」等。這些學說，都有三大特點：一是以學致用，即講求實用；二是貫聯多家學術成果；三是自成體系。

第五，論辯。

就是爭鳴，這是最熱鬧、最豐富的事，在前面已經說過了。

第二章 主流知識分子的蛻變

真正的知識分子，是知識的探索者、承載者、傳播者、運用者和捍衛者。但是，中國的知識分子在統治者軟硬兼施的政策下，從士到策士、再到謀士、最後到進士，逐步喪失了上述功能，一步步地蛻變，直至淪亡。

蛻變的脈絡

真正的知識分子，是知識的探索者、知識的承載者、知識的傳播者、知識的運用者和知識的捍衛者。但是，中國的知識分子，在戰國以後，在統治者軟硬兼施的政策下，卻逐步喪失了上述功能，一步步地蛻變，直至淪亡。統治者為了加強統治，需要知識分子為他們出謀劃策。他們利用知識分子的方法有兩條：一是設立選官之法，以高官厚祿誘之；二是利用儒家思想，教導知識分子們：人生的意義就在於為天下做貢獻。而天子是天意的代表者、天下蒼生的主宰者，所以，他們應該為天子竭忠盡智。這樣，隨著朝代的更替、集權的加強、意識形態的日益狹隘，在兩千五百年的歷史中，中國知識分子就由「士」蛻變為「策士」，再由「策士」蛻變為「謀士」，最後，又由「謀士」蛻變為「進士」，而且，「進士」們所學習、掌握、運用的知識也變得越來越狹隘、虛假。所以，傳統上，中國對知識分子的稱呼，有多種多樣，如文人，這是指他們不會「武」；讀書人，是說他們只會讀書；士大夫，指做官的文人；士子、舉子，是考功名的文人；秀才，是以讀書為業的人，等等。

第一步，在戰國時代，很多士從君子義士蛻變為策士。士和策士，都是一些有追求、有本領、有修養的知識分子。他們的區別在於：一是「追求」不同，士追求的是獨立的、公共的目標，策士追求的是附庸的、個人的目標，策士為了實現個人的富貴，已經不顧自己的初衷、不擇手段、不問正義了；二是「本領」不同，策士在具有真本領的同時，需要加上能言善辯、見風使舵、機詐巧變了；三是「修養」則更不同，士是重道義、重氣節的，而策士則是目的至高無上，道德底線下沉。

第二步，到了天下大一統的漢代，策士們失去了朝秦暮楚的土壤，只能為一個帝王謀（為朝廷謀、為劉氏天下江山謀），這時，策士就蛻變成了謀士。謀士在追求、本領、修養三個方面也有改變：追求的目標，大而言之是天下太平、國家富強、政權穩固，小而言之，就是自己有地位（舞臺）、有功名、有發言權；在本領上，主要是看買家，因為這時，只有一個買家——皇帝。皇帝尊儒，就學五經；皇帝好道術，就談鬼神；皇帝要奇謀，就學太公陰符。在個人修養上，以朝廷的倡導為依據，或忠或孝，不惜做假、講大話、打保票。

第三步，隋唐建科舉制，謀士們進一步隨之而蛻變為進士。一個「進」字，道出了它的實質：爭當帝王的奴才、爪牙，他們的追求，就是十年寒窗無人問，一舉成名天下知；他們的本領就是掌握敲門磚——熟讀聖賢文章、寫好策論和八股文；他們的修養就是存天理、滅人欲，非禮勿視、非禮勿聽、非禮勿言、非禮勿動。元明以後，朝廷科舉以「四書五經」為主，進士們所讀的書、所寫的文章，內容日趨扁、窄、虛，其追求、本領、修養，也就可想而知了。

謀士、進士之外，畢竟聖賢書讀多了，有人以孔教徒自居，感到朝政腐敗、官員貪婪，行為與聖賢教導相距甚遠，為了維護聖人們建立的倫理綱常，他們開始與朝廷有了分歧，或對抗、或冷眼、或嘲諷、或清議，這就是所謂的名士。但這些人與西方的反對黨有本質區別，他們的言論，與所謂的「自由言論」、輿論監督更是大異其趣。

至此，還有什麼科學研究呢？還有什麼民主制度的探索與發現呢？還有什麼人格的獨立呢？畢竟，真正做到「為天地立心、為生民立命、為往聖繼絕學、為萬世開太平」的人是少之又少的個別人，而這極個別的人因為沒有信仰、沒有獨立、沒有方法、沒有土壤、沒有條件，也就不會有所成就。邵康節窮天地之理，流變為算命；朱熹格物致知，得出聖人已經說出了一切，只要讀聖賢書就行了；王陽明致良知，只叫人「悟」，再不用刻苦學習、思考了。

這時，有些人看到了外面的風景之角，大呼這時已經是「萬馬齊喑」，要趕快「不拘一格降人才」，可是，哪裡去找人才呢？主流知識分子已經淪亡了！

士：道德君子、言行義士

春秋戰國時期，人們最佩服的士，叫君子士，或者叫義士。這是一些有理想、有正義、有本領的知識分子，他們熱愛生命，但可以捨生取義；他們希望富貴，但決不為富貴而犧牲道德、正義；他們有自己的生存方式，但為了天下大義，他們會立即投身其中，而且不邀功、不取利、不謀名。

春秋戰國時代的義士，最值得一提的人是魯仲連，因為他是戰國末期人，那正是一個策士大行其道的時代，但是，有見識、有大志、有本領、有修養的魯仲連，才幹超群卻不求官職，伸張正義卻不謀私利，遠離功名卻心憂天下。從史籍記載的魯仲連「七事」，頗能看出他的君子風範、義士言行，我們不妨一一述之。

第一件是說他少有奇才，不僅博學善辯而且見識過人。他十二歲在稷下學宮學習時，遇到當時已經非常有名的辯士田巴，這個人曾宣揚過：五帝不怎麼樣、三王是問題天子、五霸的汙點很多、物質的硬度與色彩可以分開、共性與個性同處一物之中等命題，曾在一天之內與上千人辯論都大獲全勝。有一天，田巴遇到魯仲連，連出三道題來難他，魯仲連說：「我聽說，如果客廳裡儘是糞便的話，人們必然要先進行打掃，這時，莊稼地裡長滿了野草也暫時顧不得了；戰場上，雪亮的刺刀逼到你的面前，你還顧得了可能射來的箭嗎？現在楚國陳兵南陽，趙國討伐高唐，燕國把十萬人駐在聊城，國家亡在旦夕，你有什麼好辦法？若你沒有好辦法，你的那些高論就如同夜貓子叫，你一出城，人們就會討厭你，所以，我勸先生不要再高談闊論了。」說得田巴連連稱是。後來，田巴對魯仲連的老師徐劫說：「魯仲連簡直是飛兔，豈止是千里駒！」

第二、三、四件是和孟嘗君有關的三個故事。

戰國四公子（齊國孟嘗君、趙國平原君、楚國春申君、魏國信陵君）好養士（就是收羅很多有本領的人在身邊養起來，以備不時之需）。據說，孟嘗君曾「養士三千」，可他養士之後，又覺得這些士不是他想像的那樣「有用」，終於有一天，孟嘗君想解雇他門下的一些人。魯仲連知道後，便對他說：「不同本領的人要在不同的舞臺上發揮作用，有些時候，猿猴不如魚鼈，騏驥不如狐狸，曹沫不如農夫，對人才，要用其長、捨其短，你自己不會用人，反而說人家無才幹進而解雇人家，這是非常愚蠢的做法，其後果只能是讓人才流失到敵人那邊去，從而為自己帶來更大的禍患！」最後，孟嘗君聽從了魯仲連的勸告，沒有驅逐門下人，但孟嘗君卻給他們相當低的待遇。魯仲連見到孟嘗君後，對他說：「你這叫尊重知識分子、善待知識分子嗎？當年雍門對待椒亦、陽得子供養才子，給他們的飲食標準都和自己的一樣，這些士從而也就為主人效命了！現在你比雍門、陽得子兩家還富貴，給士的待遇卻比他們差，你好意思說自己好養士啊！」孟嘗君辯解道：「不是我薄士、賤士，實在是今士不如古士，我得不到像椒亦那樣有才幹的士啊！」魯仲連說：「養馬、養美女是你熟悉的事吧，就用這個做例子吧，你馬棚裡馬兒上千，不都一個個被餵得膘肥體壯嗎，不一定是千里馬才這樣餵養吧；你後室裡小老婆上百，一個個都錦衣玉食，不一定是西施般美女才享受這樣的待遇吧。你養士為什麼一定要他成為像椒亦這樣的古士才肯厚待呢？」

孟嘗君聽了魯仲連的話，覺得他是個「大材」，想把他也「養」在身邊，魯仲連當然一口回絕。無奈，孟嘗君就想向他討教「勢數」之學，魯仲連卻回答說：「勢數這玩藝，簡單得很，就像城門的機關一樣，如果正當它要開的時候，一個指頭放在中間就可舉起它；如果不當其時，雙手怎麼用力也抬不起來。不是機關加重，也不是雙手無力，它所以能舉起來，是順勢而已，在能舉的時候舉，就是所謂的勢數」。

從這些故事中，我們可以清晰地看到魯仲連已經完全具備一個大政治家的眼光、胸懷和辯才。但是，他拒絕做官。為什麼，因為他看透了那些自私自利的君王公侯。

第五、六兩件事是講述他以卓越的見識和才幹為國家排憂解難。西元前二八四年，燕將樂毅率五國聯軍橫掃齊國，半年內攻下齊七十餘城（除莒和即墨兩城外，齊國基本淪陷）。五年後，即墨守將田單率軍民以火牛陣大敗燕軍，並乘勢進行大反攻，一連取勝。但在田單兵臨狄邑時，魯仲連卻說：「這個城一時難以攻下。」果然，田單圍攻狄邑三月不克，只得向魯仲連請教。魯仲連說：你們在即墨時，是「將軍有死之心，而士卒無生之氣」，上下一心，同仇敵愾，所以連連取勝；而現在呢，你們已經是將軍養尊處優、士兵自以為是，這怎麼能取勝呢？田單大悟，回去後就親臨戰陣，揮旗擂鼓，身先士卒，結果一舉攻克了狄城。但過了不久，田單兵臨聊城，聊城的燕國守將拚死抵抗，田單再次一籌莫展，這時，魯仲連趕來了，他提筆給燕國守將寫了一封信，用箭射到城裡。在這封信中，魯仲連先是結合齊、燕兩國的局勢，諄諄告誡燕將死守孤城是「非忠、非勇、非智」的行為；又站在燕將的角度上，分析歸燕、降齊的不同好處；最後又用曹沫和管仲的例子指出「行小節、死小恥」是不明智的做法，勸誘燕將放棄聊城。結果，魯仲連這番攻心之語擊中燕將心中要害，燕將竟罷兵而去。就這樣，魯仲連「一箭書退敵百萬兵」，創造了中國軍事史和論辯史上的奇蹟。

第七件事就是大義凜然，「義不帝秦」。魯仲連不僅在破燕復齊的進程中出奇謀、立奇功，為光復祖國做出了傑出貢獻，而且在當時的「國際」外交舞臺上，也能時刻以齊國利益為重，扶危濟困，仗義執言，一展義士的風采。史載，周赧王五十七年（前二五八），秦國的秦昭襄王實行擴張主義政策，首先派兵包圍了趙國的都城邯鄲。魏安王得到這個消息後，急忙向趙國求救。

秦昭襄王得知魏出兵救趙，寫信恐嚇魏王，揚言誰救趙就先攻打誰。魏王動搖，慌忙命令已經出兵的大將晉鄙囤兵於鄴，同時，派魏將辛垣衍秘密潛入邯鄲，想通過趙國宰相平原君趙勝說服趙孝成王一起尊秦為帝，以屈辱換和平，從而解邯鄲之危。平原君在大敵當前，也亂了方寸，不知所措。緊要關頭，在趙國遊學的魯仲連出現了。在平原君的引薦下，他見到了辛垣衍。首先，他直截了當、一針見血地指出：秦乃虎狼之邦，「棄禮義而上首功之國也。權使其士，虜使其民。」聲明自己寧可「赴東海而死」也決不為秦之民。繼而具體指明了救趙的策略——迅速組建魏、燕、齊、楚聯盟，救趙擊秦。當辛垣衍聲稱只要「尊秦為帝」就可以救趙時，魯仲連舉了「齊威王生而朝周，死則叱之」的例子力陳秦稱帝之害。這個典故說：當年齊威王對周天子，年年朝拜，不管周「貧且微」，也不管「諸侯莫朝」，可謂是忠誠之至，盡了臣子之禮；可周天子死的時候，僅僅因為齊國的使臣去晚了點，周的使臣就親赴齊地，揚言要斬齊威王。可見，帝和臣的關係是極不平等的，帝對臣的要求是苛刻嚴厲的，帝是「反復無常」的。魯仲連的言外之意是，魏一旦尊秦為帝，必然要喪失國家自主權，必然要受秦的擺布和苛責，尊秦為帝，對魏國而言，有百害而無一利。可是，辛垣衍卻說應該「畏秦」，秦和魏可以是主僕關係。魯仲連聽後說，如果這樣的話，秦王肯定會「烹醢梁王」，因為歷史上有「商紂王虐三公」的故事，鬼侯、鄂侯、文王，是紂王的三個諸侯，對紂王是極端忠誠，畢恭畢敬的。可是鬼侯把女兒獻給紂王，紂王因為嫌他女兒醜就把他剁成了肉醬；鄂侯替鬼侯說情，結果被紂王曬成了肉乾；文王聽到鬼侯、鄂侯的遭遇，僅僅歎了口氣，紂王就把他關進牢裡，還想找藉口殺死他。由此可見，「帝」

從來都是殘暴專橫，蠻不講理的，只要你稍微違背了他的意願，惹他不高興，他就會對你橫加殺戮。接著，魯仲連又說，樂毅破齊後，遑遑如喪家之犬的齊王，就因為有過「東帝」的稱號，在魯國和鄒國避難期間，還大擺帝王的威嚴，吆三喝四，要這要那。魯國人準備用豬、牛、羊各十頭的「太牢」之禮招待他，他都嗤之以鼻，竟然要求魯國國君避開正朝住在外面，交出鑰匙、撩起衣襟、端著几案在堂下侍候他進餐。鄒國國君剛剛去世，齊王弔唁時，竟讓鄒國人把國君的靈柩從北面移向南面，讓他坐北朝南弔唁。這些例子告訴我們，魏國假如尊秦為帝，秦就會以「帝」的身分來苛求、命令魏做這做那，不會再把魏當成平等的諸侯來看待。到那時，就真的是「秦為刀俎，魏為魚肉」了。最後，魯仲連又從魏王和辛垣衍的個人角度有針對性的分析了他們尊秦為帝的下場。他說，如果尊秦為帝，秦國就肆無忌憚了，那時，秦王會安排秦人到魏國為官，漸漸架空梁王、讓梁王成為他們玩弄於股掌之中的傀儡，那時的辛垣衍，也會因為是魏王的心腹而被排擠，不再有現在的尊位和榮華富貴。由於魯仲連在充分闡述尊秦為帝的危害的基礎上，切中了辛垣衍自私的要害，所以，辛垣衍聽了坐立不安，最後改變了主張，聲稱自己再也不敢妄談尊秦為帝的事了。魯仲連說服辛垣衍後，秦將為之震驚，後撤五十里。再後來，魏國的信陵君竊符救趙，解了邯鄲之圍。事後，平原君想封賞魯仲連，魯仲連堅辭不受；又贈給魯仲連千金，魯仲連仍是堅辭不受。最後，棄金錢如糞土、視富貴如浮雲的魯仲連，甩下一句：「對於天下人來說，最可貴的品質，是為人排患解難，卻從不索取回報。如果有所取，那就是商人的勾當，我不願做。」然後飄然而去。

策士：由學而術，功名至上

戰國時期，像魯仲連這樣的義士並不多，多的是那些奔波於名利場中的知識分子。由於諸侯競爭，招攬人才，從而為他們提供了舞臺；又由於諸子百家的學說昌盛，為他們提供了各種旗幟、理論、方法，他們將諸子之「學」變為獲取功名之「術」，為君王們出謀劃策。這樣，知識分子就從士，悄然蛻變為策士。

策士同樣有追求、有本領，但他們不再有什麼公心、公利、公德，一切以為自己能取得功名這個私利為原則。

漢初時，有一本書叫《戰國策》，記錄了戰國時，很多策士的言行。其實，在春秋時，策士就已經產生。

策士的成分，有國相、大臣、外交官、門客，都是附庸在當權者身上的知識分子，這與「復樂園」情節一脈相通，只是那時的「王室」不再是周天子的王室，而是諸侯、卿相、大夫們的小朝廷、小家室了。

第一，策士為了個人的功名，可以改變自己的「主義」。

在秦國變法的商鞅，可能算是歷史記載中最早的一個策士。商鞅是衛國人、貴族子弟，很有才識。可惜當時的衛國不僅是一個弱小的國家，商鞅也得不到衛君的重用，於是年輕的衛鞅就來到強大的魏國，投靠在宰相公叔痤門下。公叔痤發現他的才識後，在自己病重時，即向魏惠王說：這衛鞅太有才識了，我死後，可讓他繼任來輔助您；如果您不重用他，那就趕快殺了他，以免他為別國所用，成為我們的外患。魏惠王顯然不會重用這個外國年輕人。過了一段時間，公叔痤可能又覺得有點對不起衛鞅，便把和魏王說的話對他說了，並勸他趕快離開魏國。衛鞅笑著說：「沒事的。魏王既然不能聽你的話重用我，當然也不會聽你的話來殺我！」——由此可見商鞅的非凡見識和膽略。公叔痤死後，商鞅果然既安然無恙，又未得重用。後來秦孝公下求賢令，他就西行入秦了。他通過秦王的寵臣景監三見孝公：一見時，談「上三代」即五帝的無為而治法，秦孝公聽得打瞌睡；二見時，講「王道」，秦孝公還是聽不進。第三次講王霸之道，立即打動了秦孝公，並委以重用。從此，商鞅開始變法，很快讓秦國富強起來。

從商鞅「三見秦孝公」的經歷中可以看出，他自己的理想就是讓自己得到重用，獲得成功。他是沒有「主義」上的原則的。當時王道與霸道是完全相反的兩種意識形態，如同世界冷戰時期的社會主義和資本主義一樣，水火不能相容。試想，如果商鞅談王道時，孝公重用他，他會怎麼樣？可以想像，他照樣會接受秦國封給他的官，實施王道方面的施政綱領。這就是典型的「策士之風」。

第二，策士為了實現目標，是不擇手段的。

春秋末期，在楚、吳、越「三國演義」中，有一批策士粉墨登場。第一個亮相的是伍子胥，他是楚國人，西元前五二二年（周景王二十三年），他父、兄遭楚太子少傅費無忌陷害，為楚平王所殺，他被迫出逃時，發誓一定要滅掉楚國，以報殺親之仇。在歷經一番周折後，伍子胥來到吳國，結識了公子光（闔閭）。為了自己地位的提升，伍子胥找到刺客專諸，刺殺了吳王僚，幫助公子光奪取了王位。接著，為了吳國的強大，以便能去攻打楚國，他又舉薦深通兵法的孫武為將，選練兵士，講述陣法。經過十年的苦心經營，吳國終於打敗了楚國，攻入楚國國都郢，可惜，此時伍子胥的仇人楚平王已經死了。怎麼報仇呢？伍子胥有辦法——「發墓鞭屍」。這個舉動，讓楚國人非常反感，也使伍子胥名聲受損。他昔日的好友、楚國大臣申包胥跑到秦國尋求援軍，秦王開始不同意，申包胥就在秦庭哭了七天七夜，終於感動了秦國君臣，出兵解救了楚國。吳國只得退回。

報完仇後，伍子胥就在吳國安心當了吳王的策士。他讓吳國出兵臨近的越國，很快將越國打敗，越國將公子勾踐送去做人質以求和。勾踐無比盡心地為吳公子夫差服務，真是比奴才還奴才，據說連屁股都舔了。夫差當上吳王後，放歸了勾踐，並同意保存越國。勾踐回國後，開始「臥薪嘗膽」，以求報仇、復國。他找了一批能人做謀士，其中包括范蠡、文種，文種獻了九條計策，其中包括送美女（越國自古盛產美女）以惑其主之志、進珍寶以獲其好感、及時晉見與進貢以怠其戒備之心、鼓勵人口增長以取得勞力和兵源、發展生產以富國、暗地練兵擴兵等待時機、收買內奸以亂其國政等，其中，他們給夫差送去的西施，不僅是絕色美女，還是優秀的間諜；他們用計收買了夫差的寵臣伯嚭，一邊進諂言以陷害伍子胥等幹臣，一方面鼓動夫差對外用兵。夫差一邊沉醉在歌舞之中，一邊向強大的齊國北上用兵，同時將喜歡犯顏直諫的伍子胥賜死。最後，越國瞅準機會，一舉滅吳。據說，在圍困夫差的最後一役中，夫差的一位謀士給文種、范蠡發來一封信，勸他們放夫差一馬，信中說：「狡兔死，走狗烹；飛鳥盡，良弓藏；敵國滅，謀臣亡」，「存敵國」是為了保自身。文種他們沒有理睬，因為他們知道，如果「存敵國」，或許夫差也會走當年勾踐的路子，臥薪嘗膽，捲土重來。最終，吳國都城被攻陷，夫差在姑蘇臺自殺。大功告成後，范蠡決定辭職，他同時對文種說：我們完成了興越滅吳大計，走吧，別忘了人家說過的「兔死狗烹」啊！文種不願，他要享受功名富貴，寄希望於勾踐不至於那麼忘恩負義。但帝王有何恩義可言？很快，勾踐就對文種不滿起來，有一次，他找文種談話，說：文大人，記得為了滅吳，你曾給我出了九條對策，可我只用了一半，吳國就滅了，還有一半藏在你那兒未用，寡人很不放心啊。言下之意，文種有能力造反。但勾踐沒這麼說，而是賜給他一把寶劍，說：「你能不能到地下，將剩餘的計策獻給先王呢？」面對這個無賴，文種只得伏劍自殺。

在這場「三國演義」中，伍子胥、孫武、申包胥、范蠡、文種都是著名的策士，但由於他們為人的性格、方式不同，下場也各異。伍子胥為了私仇，帶兵攻打祖國，並在功成之後，貪戀高位，居功自傲，最後死於非命，而且人格一直為後人所詬。孫武善於兵法，曾與伍子胥帶兵伐楚，以五萬對二十萬，五戰五捷，直破首都，後來，北鎮齊晉，南服越人，晚年則專心著作，寫下了傳頌千古、譽滿全球的《孫子兵法》。申包胥與那些搖唇鼓舌的策士有點大異其趣，他只是哭，就達到了外交目的。這一哭，讓他青史有了名，畢竟這是愛國者的哭，而且成了有效的救國之舉。范蠡識大體、知時務，能進能退，據說後來做了大商人，成了東南地區的「商祖」、「商聖」，受到民間的尊崇，人們甚至傳說他與西施原來是對戀人，滅吳後，他帶著西施「泛五湖」，西施從而又過著闊太太的生活，當然，這是人們對西施結局美好的願望。文種則為了個人富貴，功成而不知退，終於化為冤魂。這其中，專諸、西施，倒成了策士的反面：專諸的本領，就是刺殺，無所謂「正義與否」的原則，只有「一諾千金」的職業道德。西施在吳王宮裡，受盡寵愛，難道對吳王不會產生感情？但她要以大義為重，這個大義，就是復國。中國文人喜歡把亡國之罪歸在美女身上，將她們罵作「禍水」，但對西施，歷來有些讓臭文人們罵不出口，因為，他對吳國是「禍水」，對越國，可是「愛國者」、「救國英雄」。她其實比那些策士們都要高尚得多。

和孫武齊名的著名軍事家吳起的經歷，也很能說明策士做事的「風格」。吳起和孫武一樣，都是衛國人，曾在儒家曾子門下學習過，後來在魯國做了官。齊國攻打魯國時，魯君想讓吳起做大將，但吳起的老婆是齊國人，因此，魯國君臣們就懷疑他的忠誠度。吳起知道後，為了功名，便殺了老婆，以表明自己與齊國不相干。魯君最後終於讓他做了統兵的大將，魯軍在他率領下，大破齊軍。——策士們為了功名，竟殘忍到如許程度！

第三，策士憑藉本領，自由擇主，統治者也很需要他們。

最有名、也最有代表性的策士及其故事，當屬蘇秦和張儀及其經歷。歷史學家一般將他們歸於「縱橫家」的代表人物。因為他們當時推行的兩種戰略方針分別叫「合縱」和「連橫」。這是兩種截然相反的軍事和外交政策。合縱就是聯合六國以對付強大的秦國，連橫就是要秦國實行「遠交近攻」的政策，瓦解六國的聯盟並逐步消滅他們。

據說，蘇秦、張儀是大學問家鬼谷子的學生。蘇秦畢業後，便去遊說一些國君，希望取得功名富貴。他審時度勢地認為：在這個亂世裡，只有戰爭能解決問題，一個大國如果實施富國強兵之策，則很快就能吞併天下。他把目光投向了強大的秦國，認為只有它能擔當起統一天下的重用。可是秦王並沒有重用他。他在秦國待了很久，用光了盤纏，很落魄地回到家鄉。其實秦國自從秦孝公重用商鞅、實施變法以後，一直想吞併天下。所以沒有重用蘇秦，大概是覺得時機未到，不宜宣揚；更何況，這樣的人才，也許他們並不缺乏。蘇秦狼狽地回到家裡後，不僅鄉里人看不起他，嫂子也不給他做飯吃，家裡的人都冷眼看他。於是，蘇秦開始發憤了：頭懸梁、錐刺股，即把頭髮用繩子捆起來，掛在梁上，身旁放一把錐子，等到夜晚讀書打瞌睡時，頭一低，頭髮一扯，醒了。再不行就自己用錐子刺自己的肉，一邊刺一邊還說：「哪叫你沒本事說動國王重用你！」直到血流如注。據說，他讀的是《太公兵法》（又叫《太公六韜》或《六韜》），是當年輔助周武王打天下的軍師姜子牙所寫，這應該是一本充滿機詐的書。他把《太公兵法》讀通、爛熟於胸後，再度出來遊說諸侯。這次他不再跑到秦國去主張打仗了，而跑到受秦國威脅的國家，由燕國、趙國開始，要他們組織聯合陣線抗秦，使秦國不敢出兵。由於他把天下大事、國君的心理、政治的要害、戰爭的計謀都摸透了，遊說果然一舉成功了。他也因此身佩六國相印，即同時當起六個國家的宰相，相當於北約秘書長。結果，天下局勢就受這樣一個書生的擺布，安定了二十多年。據說他身佩六國相印，要到楚國去的時候，路過家鄉，他的嫂嫂以及全家人都跪下來迎接，恭維得無以復加，蘇秦就問他的嫂嫂：「為什麼以前那麼冷淡而這次又這樣恭敬啊？」嫂嫂說：「因為弟弟現在有錢又做大官啦！」——人情世故便是如此，也難怪那時很多人要追名逐利。

但蘇秦心裡明白，合縱是暫時的，秦國一旦真的不能和六國作對了，則合縱就合不下去了，那樣一來，他的作用也就喪失了。所謂「兔死狗烹」嘛！於是，他想到了一個大計劃。這樣一來，張儀就出場了。

張儀也是個很機靈、善辯的策士型人物。他與蘇秦感情原先好得很，並且約定過：誰先發達，就幫助另一個人。所以，蘇秦佩了六國的相印時，窮困的張儀就找上門來，無非想求個秘書、助手之類的位子。可蘇秦很忙碌地接見各國大使，卻把張儀冷在一邊：先讓他在傭人小房子裡等候；再打發他在一個角落獨自用很差的伙食，自己卻和各國貴賓大擺宴席，並故意使張儀看見；最後告訴張儀說，現在沒有工作職位，你去旅館等著吧。但也不給點錢，還讓一個人對張儀說：你是找蘇秦的？同學關係有屁用啊！他已經功成名就，不理你了！你的學問也很好，又何必求他呢？

蘇秦這一招果然很靈驗，因為張儀也是有雄才大志的人，怎麼能受得了這樣的冷遇！結果，他就去了秦國，目的是用「連橫」之策，與蘇秦對著幹。蘇秦的計謀就成功了。

張儀到秦國後即受到重用，因為這次形勢不同了，在蘇秦「合縱」之策的壓力下，秦國正需要一個搞「連橫」的人。後來張儀連橫的計劃成功了，蘇秦派去「臥底」在他身邊的人才把真相說出來，並說，張儀到秦國的路費還是蘇秦奉送的，一切都是蘇秦安排的。張儀感歎地說，我還是沒有跳出這位老同學的手心。並且決定蘇秦只要還在的一天，秦國就一天不出兵，等蘇秦死了再打。

戰國末期，就被這樣兩個人「縱橫」了很長一段時間。

蘇秦的死即「蘇秦謀殺案」的破獲，也很有意思。據說蘇秦在燕國出了私生活方面的緋聞，即他和燕王的皇太后發生了關係，被燕王知道了，蘇秦感到很危險，就說動燕王，要到齊國工作，說這樣有利於燕國。燕王心知肚明，也不便說破，就同意了。當時六國中，齊國力量很強，常常對其他國家不屑一顧，這樣很不利於六國的團結，即不利於「合縱」戰略的實施。蘇秦就給齊王出了一些餿主意，如大興水利工程、交通工程等，以消耗齊國國力。這一招被齊國的一個大臣看穿了，但齊王特信任蘇秦，這個大臣說話國王根本聽不進去。無奈之下，這個大臣派人行刺了蘇秦。蘇秦身負重傷，見到齊王說：我有一個辦法可以抓到刺客。他說：我死後，你要宣布我是一個壞蛋，是為燕國來做間諜的，誰殺了蘇秦，誰就是為國除害。齊王依計而行，凶手果然送上門來領賞。這個刺客立即被捕殺。這讓我們看到：搞謀略人的腦袋瓜，實在是厲害。

蘇秦、張儀的故事很能說明問題：

第一，作為當時傑出的知識分子，能看清時勢。蘇秦就看清了天下必將「因軍事武力而歸於一統」，而且看清了實現這個目標的只能是秦國，並且找到了秦國對付天下其他六國聯合的辦法策略：連橫。

第二，他的正確主張未得到任用時，他沒有像孔子說的「道不行，吾將乘桴於海」。因為實現自己的主張是次要的，主要的是什麼？是自己的人生的成功。人生的成功是什麼？是建功立業，是功名富貴。所以，他掉回頭去了「山東諸國」，讓他們聯合起來對付秦國。

第三，他智謀的深度還在於，他為自己留了後手。因為他明白：其一，「合縱」只是權宜之計，而連橫是必勝之法，所以，他還得用張儀去秦國搞連橫，為自己留後路；其二，他作為策士，是要有用武之地的，「狡兔死、走狗烹，飛鳥盡，良弓藏，敵國滅，謀臣亡」，為此，他要「存敵國以自重」，存敵國的辦法就是讓張儀去。這時張儀面臨的形勢已經與他當年遊說秦國大不相同，因為他當年遊說時，秦國正在悄悄地積蓄力量，秦王雖然是「懷吞併天下之心」，卻還不敢表現出來，而現在呢？六國合縱之勢已成，讓他的虎狼之心無法得逞，張儀的到來、連橫之策的獻上，無異於雪中送炭。

謀士：圍繞帝王，盡心盡力

東周列國，最後為秦統一，從而建立了中央集權的大帝國。秦滅亡後，漢繼之，國土治理、法律制度、意識形態等，都實行了「大一統」。

帝國的建立與鞏固，離不開知識分子。中國知識分子為了實現自己的人生價值，在帝國時代，他們由「策士」進一步蛻變為「謀士」，即為帝國政權出謀劃策。

謀士與策士比，是他們對主人不再有選擇，只能忠於一個人——帝王，因此，他們必須在學識上為帝王殫精竭慮地去思考，為國家大業、也是帝王的家業鞠躬盡瘁。他們只能做奴才，而且要心甘情願、充滿熱情。

我們按帝國的建立期、發展期、鼎盛期和衰亡期，舉以下幾個傑出「謀士」進行分析。

帝國的建立期，傑出的謀士有為秦王朝服務的李斯、為劉邦服務的張良、蕭何、叔孫通等。他們身上，充分體現了從策士向謀士轉變的特點。

李斯原是呂不韋招攬的人才，後來得到秦始皇的賞識，繼而成為秦王朝開國之後的二號人物。他年輕時的作為，雖然歷史資料不詳細，但可以看出來，他是戰國時的一個典型策士：他和韓非同為大學者荀況的弟子，學成後，為了取得功名富貴，來到秦國，投奔在呂不韋幕下。這與蘇秦、張儀的經歷如出一轍。他也不是秦國人，但只要秦國用他的計謀、給他富貴，則一切就OK了！秦始皇很欣賞韓非的理論，要以「法、術、勢」統治、驅使天下，李斯完全成為他這方面的重大籌劃、操辦人。秦始皇統一天下後，兩大重要政策都是他的主見：一是廢封建、建立郡縣制，二是著名的「焚書」。

廢封建是歷史的必然，因為秦國在商鞅變法後，即廢除了貴族世襲制，而由中央政府直接封賞有功之臣，並在當時的秦國裡實現了縣制。在秦始皇看來，天下諸侯所以混戰不休，全是分封惹的禍。所以，他統一天下後，對分封是很反感的。再說，分封誰也是個問題：六國的後代，他自然不願封，因為這不符合秦人只封賞功臣的做派；自家子弟不能封，理由同上；功臣也不能封，因為這些有能力的人，最容易挑起事端——項羽、劉邦後來都遇到這樣的問題。怎麼辦？李斯在御前會議上，及時提出了「郡縣制」，即將全國劃分為三十六個郡（相當於今天的省），每個郡下面再設若干縣。郡縣長官全部由中央政府直接任命，由此，全國政令也就完全統一於中央。這就是在行政上的中央集權制。最後，為了思想上的「統一」與獨裁，李斯還為秦王朝獻上「焚書坑儒」的建議。

李斯的下場很不好。秦始皇死後，秦始皇家的老二胡亥的老師趙高，極精於權術，他先聯合李斯讓胡亥奪位，然後又謀害了李斯，以便大權獨攬。趙高算不得一個知識分子，自然也算不上是謀士，他沒有為秦二世統治國家劃過一次好謀、獻過一個好策，只是一個大陰謀家。謀士們雖然會謀，但他畢竟還是個知識分子，有著「良心」的一面，在權術鬥爭中，知識分子終究是鬥不過職業陰謀家。所以：謀士個人的人身，很多都沒有好下場。

張良和蕭何是劉邦的兩大謀士，其中張良可以說是中國歷史上最著名的謀士之一。張良一生為劉邦爭奪天下，出了無數的奇謀。劉邦自己就說「運籌帷幄之中、決勝千里之外，吾不如張子房（張良字子房）」。張良自己當年跟著劉邦的目的，是很明確的，那就是「推翻暴秦」，他家世代為韓國的貴族和重臣，但秦滅了韓，他的父輩們下場都很慘。他之反秦，是家仇國恨連在一起的。他年輕時，曾有過重金請刺客，以大鐵椎在博浪沙擊殺秦始皇的壯舉。只是沒有成功，後來亡命天涯。但他從中卻悟出一個道理：個人的力量是有限的，只有跟隨一個組織。於是，他遇到了劉邦。而一旦成為劉邦的謀士後，他的人生觀也必須因之改變：不再只是滅秦，還要幫助劉邦與項羽爭奪天下。在《史記・張良傳》裡，我們更多的看到的是張良在楚漢之爭中的謀劃。不過，張良經歷了太多，是位大智慧的人，他深懂欲望的節制、政治的險惡，所以，劉邦當皇帝後，他不爭功、不要富貴，而去深山修煉。「兔死狗烹、鳥盡弓藏」的悲劇免了，這最後一條，是很多沒有好下場的謀士們，在生前都看到的。但富貴是多麼吸引人的東西啊。從張良的經歷，我們已經看到謀士和策士的區別很明顯：謀士為一個人服務，而且除了個人富貴，有了更明確的理想追求。

蕭何與張良可謂相映成趣：他是佩服劉邦而跟從他的，他可能自己也想反秦，因為他看到天下之大勢。但他文人氣質，注定他做不了領袖。跟從劉邦後，他忠心耿耿地發揮自己善於理財為政的特色，為他籌備軍需、制定制度、頒布法令、培養人才。漢王朝的第一大軍事首領韓信，就是他月下追回來並建議讓劉邦重用為帥的。這麼一位功高之臣，在天下平定後，自然會為主子所忌。好在他不是帶兵之將，謀反是不大可能的，但功高蓋主的的聲望是主子所不能容忍的。蕭何既然不能學張良去當隱士，那麼，他就只好用其他方式，來降低自己的聲望、表達對朝廷的忠貞。他做了兩件事：一是將很多財產捐給朝廷，二是不再勤政廉政，以適當壞一壞自己的聲譽，從而使劉邦不再嫉妒他，最後總算保全了性命。

賈誼、晁錯是帝國發展期的謀士典型；董仲舒、主父偃、公孫弘們則是帝國鼎盛時期的謀士典型。

謀士的最大特點是為以皇帝為主子的朝廷、國家著想，在謀士們的心中，皇帝、國家、朝廷已經三位一體了。上述幾個人，在這一點上，是完全一致的。

賈誼是一個少年天才，有見識而且文章做得極好，其文風頗得戰國策士之風，以勢取勝、一瀉千里，與《孟子》很相似。漢之初，朝廷奉行與民生息的黃老之術，實行所謂的「無為而治」。可是，當中央無為時，地方卻有為起來：諸侯們不僅驕奢淫逸，而且都在擴大勢力；大地主們則實行著土地兼併。在表面歌舞昇平中，已經孕育著帝國深層次的各種危機。賈誼看到了這一點，歸納了九條，並將其分類為：可為痛哭者一、可為流涕者二、可為長太息者六。便為之開了藥方——策略。我們可以將其大體上歸納為三條：地方諸侯有可能反叛，威脅中央政權，為此，要設法削弱他們的地盤和力量；匈奴要犯邊，要趕緊加強國防力量；民生有問題，要解決土地問題，以農為本。賈誼寫的這一類文章，以〈論治安策〉為代表，後人總稱為《政書》。這些文章被漢文帝看到後，很受賞識，賈誼因此也被徵為朝官，並經常與漢文帝面對面地談話。晁錯的思想、策略與賈誼差不多，他在景帝時，受到重用。

賈誼、晁錯為朝廷獻策，用心是極真極誠的，從這一點看，他們已經與策士有了本質區別。所以，到賈誼、晁錯時期，謀士這一角色已完全成熟，成為中國歷史舞臺上知識分子的主要角色。

賈、晁二人〈治安策〉，都是切中時代要弊，所以，都受到皇帝的賞識。可惜賈誼提的那些策略，在當時還沒有實施的基礎。因為文帝是眾臣在宮廷政變後臨時選出的皇帝，資歷、實力都沒有，他的丞相曹參提出只能按蕭何時代的政策辦事時（即所謂「蕭規曹隨」），他也只能繼續推行先帝的「無為而治」。年輕氣盛的賈誼受不了這些「韜晦」，非常憤激。文帝只有把他放到基層鍛煉——讓他到長沙王那兒當太傅。賈誼以為自己是像屈原一樣被貶官流放了，十分傷心，這也是文人氣質的結果。最後，他是憂憤而逝，死時年僅三十三歲。

晁錯顯然比他的運氣好一點，因為文帝的兒子景帝已經想有所作為了。景帝對黃老無為而治是有想法的，他想到儒家治國之策。儒家學術中有一條「尊王攘夷」，就是要加強皇帝的權威，這很符合當時景帝看到的諸侯實力越來越大，從而想抑制他們的想法。景帝借朝廷立博士官的機會，提拔了一些儒生。其中最著名的有一個轅固生，尊孔貶老，結果得罪了太后，這老太太最信奉無為而治了，她一怒之下，派人將這個書生扔進一個野豬圈裡。幸虧轅固生命大，沒成為野豬的口中之食。由此可見，景帝要想有所作為，還是有難度的。晁錯除了提出要加強農業生產、加強國防之外，提得最急切、最多的是要「削藩」，即削弱諸侯封地和力量。正是這一點，遭到各路諸侯的嫉恨，同時嫉恨他的還有一些朝臣，原因有三條：一是一些朝臣是諸侯們的代言人或與諸侯們相勾結；二是一些人是出於對他受皇帝重用的嫉妒；三是政見不同，有人不想因此出事，鬧得天下不太平。前兩條占多數，都屬於私心。晁錯削藩的辦法，從已經實施的史實看，主要有三個：一是讓他們主動將封地縮小，即獻出一部分還給中央政府，可想而知，這個辦法的效果最差；二是查處他們罪行，從而以治罪的名義削減他們的封地；三是直接奪封，無非也是治罪，當然是治大罪。其實，治罪是很容易的，因為這些諸侯們，誰沒有犯幾樁王法？只是過去中央政府實行無為而治，睜一眼閉一眼而已。但這個辦法一實施，就激化了矛盾。諸侯們感到人人自危。最終，想反的（蓄謀已久的）和不想反的，很多就真的反了。不過，按晁錯的說法是，「削也反，不削也反」。所以，應該早削。但一旦實施削藩，卻又給諸侯們造反有了藉口——是朝廷逼他們造反。他們是「今不反也死，舉大計也死。」結果就有了「七王之亂」。七王們舉的旗幟是「清君側」，就是要清除皇帝身邊的小人晁錯，因為這個人在挑撥「我們劉家叔姪兄弟」。景帝在沒有足夠的自信能平定叛亂的慌亂之時，只得棄車保帥——斬了晁錯。據說逮捕晁錯時，是以宣他上朝的名義進行的，所以，晁錯被斬時，是身穿朝服被直接拉到刑場的。晁錯就這樣稀裡糊塗成了皇帝的犧牲品。當然，晁錯被處死後，七王還是照樣地反，最後，是依靠武力解決問題的。槍桿子裡面出政權嘛！謀士的生死，對帝王這個主子而言，何足道哉！

但謀士畢竟是有智慧的。大謀士就有大智慧。讓漢家幾代皇帝頭痛不已的「諸侯做大」、「削藩無方」的問題，給一個大智慧的大謀士以一個「推恩策」而四兩撥千斤地解決了。這個大謀士就是主父偃——漢武帝時代的一個書生。賈誼曾經在《政書》裡提到「推恩策」，但當時沒有引起人們注意。現在很多談歷史的人，還都認為「推恩策」的發明權是主父偃的。漢武帝是個眾所周知的具備雄才大略的皇帝，但在削藩上，除了用「治罪」的方法外，他也一直沒找到好辦法，而治罪如果太多了，也會逼反諸侯的。主父偃的「推恩策」其實很簡單：讓諸侯們再分封

——那些諸侯們不是有很多子弟嗎？你把你的封地劃一些出來，封給他們。只不過，分封要以朝廷的名義來進行。雖然有的諸侯不情願，但畢竟是將土地分給自家兒子或兄弟，也就好接受了。這樣一來，諸侯們就自然地「化大為小」了，對中央政府的威脅自然因之解除。但這位謀士身世卻非常慘。他年少時，雖飽讀經書，卻一直不得志，花了很多銀子找人向中央推薦也沒成功，只得自己直接給皇帝寫信。沒想到這不得已的死馬當活馬醫的辦法，卻讓他時來運轉：漢武帝立即召見了他，而且對他極其賞識，並稱是相見恨晚。其實是「晚」了點，因為那時主父偃已經是「奔五」的人啦，這在古代，可以算是大器晚成了。主父偃也因為年輕時受挫折太多，而顯得人格有些扭曲。他認為，人在發達時，就該為所欲為，死而無憾，強如當初窮死。所以，在他得寵時，他對人可謂盛氣凌人，自己也是驕奢淫逸。他雖然為漢武帝出了很多「大主意」，也深得武帝信任，但一介書生，而且又不注意個人修養，到頭來很容易為陰謀家們所傷害。主父偃是被時為丞相的公孫弘陷害而死的。

公孫弘是與主父偃、董仲舒同時代的謀士，三人都得到漢武帝的賞識。三個人共同特點是：都是讀書人出身、都有學識有謀略，但三個人的人品大不相同：董仲舒注重個人修養，懂得韜晦；主父偃不注重個人修養，有點恃才傲物，但他沒有太壞的心計；公孫弘則心術不正，嫉賢妒能，而且特別陰險。這三個人，可以說是中國傳統社會裡，政治舞臺中知識分子的典型代表。公孫弘因為嫉妒董仲舒，一再加以陷害，直至用借刀殺人的辦法，逼得董仲舒最後辭官回家，才得以善終。

公孫弘對帝國最大的貢獻，是在他當丞相時，向漢武帝建議並被採納了的「罷黜百家，獨尊儒術」，並為博士官免身、設弟子，即研究儒術的博士官，可以免除各種稅賦和勞役、兵役，同時，每人可以帶五十名弟子，以傳授學術。當然，弟子們的費用全由國家提供。我們知道，「罷黜百家，獨尊儒術」是董仲舒提出來的，但隨後董仲舒就被調離了朝廷，沒有機會向武帝進一步提出具體實施的方案，公孫弘可謂具體實施者。

公孫弘年輕時，命運也很坎坷，他六十歲時，才被朝廷召為博士官，以後又幾起幾落，才當上丞相。所以，此人老謀深算也在可以想見之中。主、董二人則不然，他們雖然年輕時「不遇」，但一旦遇到皇帝，便受重任。所以，談不上「老謀深算」，他們更多的謀略是放在為國家、為朝廷、為主子（皇帝）方面，而不是為自己、為私利、為私人恩怨。

現在，我們再來看看諸葛亮這位帝國末路時期的謀士典型：三國史之所以好看，也是因為那時的智謀特別昌盛，可謂一時間「謀士如雲」，經過後人的渲染，如同超女比賽一樣，諸葛亮從眾人中PK勝出，成為三國史乃至中國歷史上的「第一謀士」。後人不斷地把很多理想化的東西寄託在他的身上。人們心中的諸葛亮，實際上成了後世裡謀士、準謀士以及想當謀士的書生們一個理想人物。所以，我們不必去談真實的諸葛亮，因為真實的諸葛亮充其量其前半生只是劉備身邊一個蕭何似的人物；後期的諸葛亮既沒有管仲樂毅的謀略和功業，也沒能像上述各謀士一樣遇上個好主子以發揮自己的才智。但虛構的諸葛亮卻是「謀士」的理想典型，總結一下，約略有五點：一是「讀書可以出頭」，即出身貧賤，一躍而為帝王師（所以儘量回避諸葛亮身世中有關係的一面，如他岳父的作用和家庭背景）；二是機遇好，生逢能出英雄的亂世，遇上能禮賢下士的劉備（所以虛構了「三顧茅廬」）；三是本領大，能言善辯、雄才大略、足智多謀；四是勤政廉政，一身正氣，兩袖清風；五是忠心耿耿，即便皇帝是個癡呆兒，也做到竭忠盡智，鞠躬盡瘁，死而後已。其實，這樣被理想化了的典型，在歷史上是沒有的！

進士：讀聖賢書、謀功名事

所謂進士，一言以蔽之，就是知識分子通過讀聖賢書（儒家經典）、經過帝國一種特殊形式的考試，被帝國政權組織選拔為帝國服務的奴才。

這樣，進士就與謀士有了區別：進士所掌握的知識，主要是取功名的敲門磚，不一定是真知識；他們的道德表現，他們的文章言論，不一定是自己真心的流露，他們最好是一塊木偶，像機器人一樣，直接把聖賢書輸進腦子、用程式指令執行就行了。大凡能表達自己一點出格言行的，都與進士無緣，考試時，也必然名落孫山。

更令人難過的是，中國的進士考試，也是經過一種「逆動」的變化，由隋唐重多方面知識的全方位選拔人才，最後演變到明清只會讀聖賢書、寫解釋聖賢書中詞句的八股文的特種文人。結果，從宋代中後期到晚清，真正的知識分子，已經寥若晨星。

我們來看看科舉制度演變史，就知道了。

春秋戰國以後，官員世襲制被基本破壞，帝王需要在民間徵集一些有本領者來幫他們治國，一開始選用的人來自策士和博士官。至漢代，定了一個推舉制，條件是「德才兼備」，「德」主要是孝和廉，因為他們認為，只有在家孝，在國才忠；廉潔的人，才能一心為朝廷幹活，所以，這種推選制又叫「舉孝廉」。「才」則是知識廣博。漢武帝時，「才」則主要是讀儒家經典（以《春秋》等六經為主）。魏晉時期，以「九品中正制」選官，主要靠名士、王公大人推薦，顯然是一種倒退。

隋朝時，為了改變這種現象，從民間選擇有才幹者，發明了科舉制，它始行於隋文帝大業元年（西元六〇五年，我們一定要記住這個不幸的時間），方式是考試，內容則是「時務策」，就是有關當時國家政治生活方面的對策論文，因為分了若干科，所以叫科舉，又因為考取的人就相當於古代可以做官的人（即取得做官資格），所以，考取者稱為「進士」。這與薦舉制仍然是大倒退——不是地方推舉，而是朝廷選拔，在沒有「議會制」的帝國時代，地方就既沒有了參與朝政的途徑，也沒有了推舉代言人的權力。可是，在帝國的人才選拔上，這種制度的開始時期，作用還是相當大的，僅從朝廷選拔人才角度而言，是利大於弊的。

唐王朝承襲隋朝的科舉辦法，並將其制度化：將考試科目分常科和制科兩類。每年分期舉行的稱常科，由皇帝下詔臨時舉行的考試稱制科。常科的科目有秀才、明經、進士、俊士、明法、明字、明算等五十多種。其中明法、明算、明字等科，用今天的眼光看，是科學技術類的——有關法律等規章制度、數學等自然科學、文字等社會科學，在當時反不為人重視（可能是因為當不了大官）。俊士等科不經常舉行。秀才一科，在唐初要求很高，後來漸廢。考試內容：進士重詩賦，明經重帖經、墨義（「帖經」就是將經書任揭一頁，將左右兩邊蒙上，中間只開一行，再用紙帖蓋三字，令試者填充；「墨義」就是對經文的字句作簡單的筆試）。進士及第稱「登龍門」，第一名叫狀元或狀頭。常科登第後，還要經吏部考試，叫選試，合格者，才能授予官職。武則天時代，科舉制又有兩個新內容：皇帝在大殿上親自策問，後被稱為殿試；專門開武舉，由兵部主考，科目有馬射、步射、平射、馬槍、負重摔跤等。唐代取士，不僅看考試成績，還要有著名人士的推薦。史載，唐太宗對科舉制這種選才方式，十分推崇，他得意地說：「天下英雄盡入我彀中！」

宋初的科舉雖沿用唐制，但有四大變化：一是常科的科目比唐代大為減少，特別是關於科學技術一類，基本取消，這使中國科學技術的發展受到了一定程度的影響。其實，帝國在醫學、工程、理財、天文曆法等方面，是需要很多專業技術人才的；二是全部「閉卷考試」，看似十分公平，實則是只重考試成績而忽略了人品；三是中進士後，即可授官，所以，宋代官員中，只會舞文弄墨、誇誇其談者很多；四是錄取人數增多，唐代錄取進士，每次不過二、三十人，少則幾人、十幾人，宋代每次錄取多達二、三百人，甚至五、六百人，這也是宋代官僚機構臃腫的主要原因之一。

王安石執政後，認為唐代以詩賦取士，浮華不切實用，於是併多科為進士一科，一律改試經義，文體並無規格。他把《易官義》《詩經》《書經》《周禮》《禮記》稱為大經，《論語》

《孟子》稱為兼經，定為應考士子的必讀書，並頒發《三經新義》，對詩、書、禮進行統一的解釋。進士考試分為四場：一場考大經，二場考兼經，三場考論，最後一場考策。殿試僅考策，限千字以上。不可思議的是，王安石倒臺後，他的所有變法內容皆被廢，唯獨此項內容未作大改，只是不用他的《三經新義》而已。元朝開始，科舉曾被廢，因為在遊牧民族人的心中，這種只會讀書寫文章的人，實在是沒有什麼用的！但隨著他們政權的漢化，他們又重拾此法，且以朱熹所注的「四書」代替了前面說的「經」。這種方法，竟為明朝所承襲。試想：熟讀儒家經典的人，能當好官嗎？但帝王的邏輯是：能！因為他們必然講「忠孝仁愛信義廉恥」。品德好，才幹才有用——「奴才」二字，奴第一，才第二。他們實際上是將聖賢書作為對知識分子進行奴化教育即洗腦子的工具了。

明代正式科舉考試分為鄉試、會試、殿試三級。鄉試是地方考試，每三年一次，又叫鄉闈。考中者稱舉人，俗稱孝廉，第一名稱解元。會試是由禮部主持的全國考試，又稱禮闈，全國舉人在京師參加會試。考中的稱貢士，俗稱出貢，別稱明經，第一名稱會元。殿試在會試後的當年舉行，所有貢士都參加且均不落榜，只是由皇帝重新安排名次。殿試只考時務策一道。錄取分三甲：一甲三名，賜進士及第，第一名稱狀元、鼎元，二名榜眼，三名探花，合稱三鼎甲。二甲賜進士出身，三甲賜同進士出身。一、二、三甲通稱進士。進士榜稱甲榜，或稱甲科。進士榜用黃紙書寫，故叫黃甲，也稱金榜，中進士稱「金榜題名」。因為是皇帝主考，故中舉者皆稱「天子門生」。殿試之後，狀元授翰林院修撰，榜眼、探花授編修。其餘進士經過考試合格者，叫翰林院庶吉士，三年後考試合格者，分別授予翰林院編修、檢討等官，其餘分發各部任主事等職，或以知縣優先委用，稱為散館。明英宗以後，朝廷形成非進士不入翰林，非翰林不入內閣的局面。

明代鄉試、會試頭場考「八股文」，而能否考中，主要取決於八股文的優劣。所以，一般讀書人往往把畢生精力用在八股文上。所謂八股文，也稱制義、制藝、時文、時藝、八比文、四書文，就是以四書、五經（其中以四書為主）中的文句做題目，只能依照題義闡述其中的義理，措詞一定要用古人語氣，即所謂「代聖賢立言」。文章字數有一定限制，句法要求對偶，特別是結構，有嚴格的程式：由破題、承題、起講、入手、起股、中股、後股、束股八個固定段落組成，其中，以首句破題，兩句承題，然後闡述為什麼，謂之起源；中間主要部分，分為起股、中股、後股、束股，每股又各分兩段，這就是「八股」之名的來歷；篇末用大結，稱復收大結。八股文是由宋代的經義演變而成，宋朝王安石時，從五經裡出句子，讓考生闡釋經義，全文有一定的要求和規範。據說，朱元璋朝，有一名官員上長篇策論，聽得朱元璋要睡覺，朱皇帝一氣之下，先打爛了這名官員的屁股，再是對寫作進行改革，並選擇了宋代的經義章法，洪武三年（一三七〇），詔定科舉法，應試文仿宋「經義」，其後，一批文人開始對章法提出建議，終於在明憲宗成化年間，固定為「八股文」形式。八股文危害性之大一眼可見：徹底束縛了人們的思想！至此，主流知識分子基本上走向淪亡。明代的官場裡，能稱得上政治家的，可能只有一個張居正，其他官員，都只是會用聖賢語錄做工具的所謂道德上的君子或小人，與教徒沒有區別。

最奇怪的是，這種八股文格式，一經確立，歷經明清兩代直至科舉被廢，五百年間，竟然沒有做任何改進。

清代的科舉考試制度分兩個階段：初步考試和正式考試。初步考試有三種，分別叫童試、歲試、科試。童試合格者稱做「秀才」，秀才有設帳當私塾先生的資格。童試每一年考一次，這也是一個選優的過程，童試又叫「歲試」。每三年還要舉行一次大的考試，叫「科試」。科試合格者才有參加後面舉人的資格。正式考試就是：鄉試、會試、殿試，與明朝大體一樣。鄉試考中了便有資格做官，一般也能做到官。考試內容仍然是八股文。

科舉制度在中國實行了整整一千三百年，到西元一九〇五年才被廢除。

由上述科舉的發展脈絡我們可以看出，科舉制在一千三百年間，不是進化，而是退化，表現在：一是科目日漸縮小，最後僅考儒家經典，連五經都不考了，只考四書。二是方式變得僵化，八股文，寫得再好，也還是八股，脫不了對聖人言論的解釋，而且解釋又以朱熹的《四書集注》為主，發揮的空間微乎其微。這樣，國家提倡的所謂知識，其實只剩下孔孟的語錄了，讀書人的個性也被徹底泯滅。所以，到明朝時，中國知識分子基本淪亡：從客體上，他們所掌握的知識少之又少，「文武」二字，只剩「文」，文之中，又去掉自然科學，人文知識之中，又去掉文學藝術，學術上又去掉非儒家思想的各種學派，儒學中，只剩下孔孟語錄。這種人，能帶兵打戰？能發明創造？能認識「科學」與「民主」兩個詞？

科舉是讀書人的指揮棒，十萬乃至於數十萬的備考大軍、上百萬的讀書人，都圍著這根棒子轉，他們只能而且必須熟讀四書五經、必須學習死板的八股格式、必須學會對偶、必須學會用典，除此之外，都無須學習了，雖然他們號稱是儒家子弟、孔子門生，但什麼「射」啊、「御」啊、「算」啊，甚至「禮」啊、「樂」啊，都不要學了，「兩耳不聞窗外事，一心唯讀聖賢書」，因為「十年寒窗無人問」不要緊，「一舉成名天下知」就什麼也解決了。整個民間的價值觀和價值取向也悄然因之改變，有人說中國傳統重教育，其實不是重教育，而是重考試，或者更準確地說，是重應試，能中舉，該有的全有了。中不了舉的人，去做什麼呢？可笑的事發生了：多數僅中了秀才而中不了舉人的書生，最後都學他們的「至聖先師」孔子去招生當老師了，當老師幹的是什麼事呢？去培養應試者。應試者多了，不中舉的人更多，於是，再去培養更多的應試生，如此循環往復。

至此，我們只能說：主流知識分子徹底淪亡了。

名士：抗爭無力、清談無益

一般談中國歷史的人，把在朝為官的策士、謀士、進士列為主流文化人物，而將名士、隱士列為非主流文化人物。其實，名士與隱士有著本質區別，隱士是棄功名的，即既棄權位，又棄聲名者。名士則只棄權位、不棄聲名，甚至還重「名」，並且要用自己的言論，去影響朝政。

從文化立場而言，名士的立場，與官方的意識形態往往是一致的，他們抨擊、諷刺官場，是因為官場一些人，追名逐利而背信棄義，違背了他們所高標的主義、旗幟，這些官場人物，將他們所高標的主義、旗幟當作進身的工具、當作打擊對手的武器。

名士離開官場，有四種原因：一是被排擠出了官場；二是進不了官場；三是不願同流合汙，要堅持正義，或保住清名；四是避禍，他們覺得在官場，會受害。

但不論他們是怎麼與官場分開的，也不管他們說什麼、議什麼、談什麼、論什麼，其實，都與主流意識形態息息相關的，包括反對的言論。所以，我們要把名士也列為主流知識分子。

中國還有一個有趣的現象，就是名士多出現在亂世、衰世，如後漢、魏晉南北朝、中晚唐、明代中後期。為什麼？因為盛世、治世，他們可以進入官場、或親近官場，從而，也就不是名士了。

從這些名士的所作、所言上，我們可以將他們分為三種類型：抗爭者、清談者、清議者。

抗爭，是對現實中，他們心中所信奉的主義為當權者所玷汙，從而去衛道，他們實際上是儒教的衛道士。但這種抗爭，是無力的，也是不堪一擊的。

清談，是在明白抗爭無力之後，所選擇的另一條路，這裡又分為兩種，一種是譏諷，他們有的人甚至對「主義」產生了懷疑，或者另有解釋，與官方不同，於是，對官方所宣傳的主義，進行非議；另一種是談玄，就是根本不談官方所提的主義，另闢蹊徑，談另一種主義，探索另一種學術，實際上，這種人是出於無奈——要麼是對現實極度的失望，要麼是極度的恐懼，恐懼得不敢妄談了，因為清議者會犯罪的。

清議，是清談的變種。談本身包括議，但南北朝以後，談的內容日漸減少以至於無。明朝中後期，一些文人，要麼出於衛道者的責任感，要麼出於與朝中一部分當權者相呼應，評點朝政、褒貶人物，所謂「處江湖之遠則憂其君」，「議」又盛行起來，只是這種議，多無補於事，特別是他們都用空洞的、理想化的儒家倫理道德來說事，所以，在「議」字前面加上一個「清」字。

抗爭，以東漢最有名；清談，以魏晉最有名；清議，以明中後期最有名。下面，我們一一述之。

東漢名士的抗爭

東漢後期，朝政腐敗、帝王荒淫，少數有良知的知識分子們不再只是一心去當謀士。他們將聖賢書讀多了，有意無意之中，成了孔教徒、儒學的衛道士，他們為了理想，採取了抨擊和不合作的態度和言行，我們稱之為「抗爭」。但是，他們的抗爭，是無力的；他們的言行，也是無用的，因為他們在政治上沒有獨立性，在思想上更沒有創造性。他們最多在生活上，有一點生存能力。

生計有兩條：一是大地主，二是大商人，故而，名士在士族發達時代、在江南工商業發達之地，最為繁盛。

東漢以後，世家大族漸漸形成，他們有了自我生存和發展的土壤了。

世家大族是怎麼形成的呢？原來，東漢以後，皇帝暗弱，貴族們把持朝政，他們在朝中提拔、重用自己的親族為官，形成政治力量；在鄉野則扶持親族不斷占地，形成經濟力量；更有甚者，他們還控制了一些軍事力量。這種政治、經濟、軍事三結合的力量膨脹起來後，一些豪門世族便有了左右一方甚至影響朝政的能力。這就是後來歷史上說的魏晉南北朝時期的「豪族」、「望族」。

在東漢末年，望族裡的一些有「知識」者，面對腐朽的朝廷，一方面受控制皇帝的外戚、宦官們的排擠，另一方面也不恥與那些蠅營狗苟之輩為伍，於是，他們便高標儒家的仁義道德，自闢公府，清議朝政、品點人物，頗有孟子「以天下為己任」、「威武不能屈」的風範。這些人，因為名氣很大，所以，一般稱之為「名士」；又因為他們以儒家道傳人物自居，所以，這一時期的儒教，人們也稱之為「名教」。

東漢時期的名士，以陳蕃（字仲舉）、李膺（字元禮）為代表。陳仲舉常常「登車攬轡，有澄清天下之志。」他的一言一行，都被當作天下名士的風範。他在被任命為豫章太守時，一下車便問徐孺子（當地的名士）所在，要先去看看他。主簿說：「大家的意思是先請長官去辦公室。」陳說：「周武王穿行在大街小巷訪問賢人，席不暇暖。我這樣禮賢，有什麼不可以！」李元禮也是「風格秀整，高自標持，欲以天下名教是非為己任」。當時的後進之士，只要能進他家門，經他品題，「皆以為登龍門。」

由於世族是有錢有勢有名望的階層，所以他們雖然「在野」，一言一行都會掀起波瀾：「自公卿以下，莫不畏其貶議，屣履到門」——宦官、外戚對名士清議朝政的畏懼可見一斑。結果就有了兩次「黨錮之禍」，即以宦官為主的朝政把持者，大肆逮捕、屠殺以名士為主的知識分子。

李膺、陳蕃面對這種恐怖政治，一身正氣、寧死不屈。

由抗爭到清談的過度

隨著時勢的變化，名士們的抗爭方式也只能「順應形勢」，否則，他們的生命會隨時被亂世裡那些殺人不眨眼的帝王權貴們所剝奪。這一點，我們在三國時期名士代表人物孔融、禰衡的身世遭遇裡，會看得很清楚。其中孔融最有代表性。後人說，孔融（字文舉）是名士中的一位「承上啟下」的人物，從他的身上既可以看見黨錮名士的餘韻，又可以探微出後世阮籍之流的濫觴。較之「依仁蹈義」的黨人，孔文舉多了「包忍」的一面。曾經有一次，荊州劉表違禮越制，私自行郊祀禮，搞得像天子一樣。漢獻帝想懲罰他，孔文舉卻勸住了。他說的話大概意思是：「您漢獻帝自身尚且如籠中鳥，他劉表遠在湖北，他幹什麼您管得著嗎？萬一同劉表鬧翻了，您也拿他沒辦法，到頭來還不是做天子的您面子丟盡?!」如果換了陳蕃他們，必然早就拍案而起了——這還得了！違禮越制就必須嚴辦！——黨人名士是「依理不顧勢」。孔文舉這一事蹟，體現了一個純粹的儒家人士「投鼠忌器」的一面，這可是迥異於黨人名士的。

但孔融也有抗爭的一面，他為官時，常常指責那些當權的宦官及其親信。他遺世特立最出名的是他宣揚「無孝論」，即反對孝道。反孝道就是反朝廷，因為朝廷提倡孝，認為孝是忠的前提，當時選拔官員的方式便是「舉孝廉」。所以，反孝道就有反忠君的意味。為什麼他要反對忠、孝呢？因為他看透了當時的當權者利用儒教（名教）的偽君子嘴臉。名教在他們的手中已經成為功利的工具、陰謀的藉口，所以，他要反對它！他「反孝道」的立論依據是：「父之於子，當有何親？論其本意，實為情欲發耳。子之於母，亦復奚為？譬如寄物缶中，出則離矣」這話聽上去，也可謂是振振有辭了。其實孔融也是個大孝子，他父親死的時候，他傷心得差點暈過去，要人扶著才能走路。孔融最後還是被曹操找藉口殺了，其中罪過之一便是「毀謗名教」。

清談

孔融的「高論」、「怪話」開了魏晉名士「清談」之先河，同時，晉代以後生活在更為恐怖、高壓、專制、黑暗中的名士們，多採取表面回避現實、繞彎子發表一些更為「怪」、「奇」的高論。晉代的名士，以「竹林七賢」為代表。排在第一位的是阮籍（字嗣宗），他的言行舉止近於荒誕：曾大醉六十天不醒、說出「殺父乃客」（殺父親的凶手可以做客人）的駭世狂言、看人是「青白眼」、常常作「窮途之哭」（一個人駕著車往野外漫無目的地狂奔，到了沒路的地方，便放聲大哭，說這世界上沒他走的路了）、他與人談話時是「口不臧否人物」（從來不說當時人物的好話和壞話）。正是這後面一條，可能救了他，讓他在很多人攻擊下，仍然保了一條小命。與之對應的「竹林七賢」二號人物嵇康（字叔夜），性格則比他外露得多。嵇康非常具備莊子「遺世獨立」的思想品質，追求「暢遊於田野之間，嘯歌於竹林之內」的自由生活。所以，他少了很多人情世故的變通，「剛長疾惡，輕肆直言」。相傳隱士孫登就曾對嵇康說：「君性烈而才俊，其能免乎？」後來果真被判了死罪。但他顯然是不怕死的人。史載「嵇中散臨刑東市，神氣不變，索琴彈之，奏《廣陵散》。曲終，曰：袁孝尼嘗請學此曲，吾固故不予。《廣陵散》於今絕矣！」劉伶幾乎也與嵇康一樣，以怪誕的言行來表達對禮教的蔑視。他不僅常常醉臥酒家，而且有時脫得赤條條地坐在家裡，有客人見他沒穿衣服便責備他，他就說：「我以天地為屋宇、以房子為衣服，你現在怎麼跑到我褲襠裡來了！」但「竹林七賢」的三號人物山濤（字巨源）又是另一番表現。山濤性格溫順，一派謙謙君子風度。嵇康臨終前對其子交代的話「巨源在，汝不孤矣。」可謂是摯友對他的深刻瞭解。嵇康被殺後，「七賢」之一的向秀僅作〈思舊賦〉表其痛慟；山濤則很好的照顧了嵇叔夜的遺孤。山濤為官左右逢源，恪守中庸之道和明哲保身風範，嵇康是看不慣的，他特地寫了篇〈與山巨源絕交書〉，與他劃清界線。

名士們內心的痛苦主要來源於對現實的失望，他們一方面用怪誕的言行表明抗爭，另一方面也在探討人生的新出路，做法是在老、莊哲學裡尋求關於「人生意義」的微言大義。他們這種做法，雖然在哲學觀點和思想體系上與儒家大相徑庭，但在方法論上還是如出一轍的。最後，宇宙人生的理論被他們說得玄而又玄，加之他們標榜的《老子》一書開頭有「道可道，非常道；名可名，非常名。同，謂之玄，玄之又玄，眾妙之門」。故而有人稱魏晉名士們的學術思想為「玄學」。

玄學並不是他們超脫現實去討論人類的「終極關懷」，而是為了逃避現實以故弄玄虛。所以，玄學的出現，沒有在中國哲學史上掀開嶄新的篇章，倒是為後來宋明「清議」樹了一個壞典型。

唐朝之初及盛唐時期，由於民族融合、宗教融合、學術融合、思想流派融合，雖然儒學占有相當高的位置，但意識形態方面相對是開放，因此，名士出得也少。晚唐時，如同漢帝國一樣，唐帝國也是世界風日下、朝政腐敗，於是，名士再一次活躍起來，基本上重複了一遍後漢的歷史，而且也出了幾次黨錮之禍，接下來就是五代戰亂不已，又將南北朝歷史重複了一遍。

宋代朝廷優待讀書人，讀書人不需要抗爭，很少不合作，因此，有些不太喜歡當官、醉心於學問的人，可以靜心做學問（至於做的是什麼「學問」，我們在關於學術思想衰變的章節裡專門探討），所以，他們中，雖然有人喜歡擺點名士派頭，但究竟算不得名士。他們似乎也愛清談，但他們是一邊為官，一邊清談著，直到金人俘虜了皇帝，蒙古人把宋朝廷推翻。

明朝的清議

明代統治相當黑暗，黑就黑在帝王完全把天下當成家產，把官員看得連奴才都不如，對貼身奴才——宦官——的信任，遠遠超過對朝廷官員的信任，因此，宦官常常把持朝政。而官員們也因此而變得極其虛偽：聖賢書成了敲門磚，讀書中舉成了功名路徑，見解之爭成為權力之爭的外衣，甚至忠諫、清廉、孝敬父母也成了獵取功名的工具。加上當時因為印刷術的推廣，讀書人越來越多，競爭越來越激烈，所以，很多知識分子便對朝政不滿。這時，經濟條件相對成熟了：明代中葉以後，東南工商業發達，大地主、官員、商人勾結，形成了大家望族，有一定良知的知識分子便可以脫離官場，清議朝政，於是，名士再一次出現。

明代的清議，有一個顯著特點，就是高標儒家的仁義大旗，以忠、孝二字為武器，矛頭所指，主要是朝中要員，是朝廷的政策制定者和實施者，這樣，就緩和了與皇帝老兒的衝突。清議者也有個顯著特點，就是他們實際上是朝中另一派官員政見的擁護者，他們抨擊一派，擁護另一派，而朝廷有時走馬燈地換人換政策，所以，清議者常常能撈到很大的政治資本，從由在野閒居而一躍在朝為官、為大官。這樣，清議有時成了升官的捷徑，有些小官員便辭官加入名士行列，以便當上大官。當然，有些清議者，也不乏勇敢乃至於視死如歸者，所以有這種精神，也是他們長期讀聖賢書、養浩然正氣所致。

所謂「東林黨人」就是其中的重要代表。

西元一五九四年（萬曆二十二年），吏部文選司郎中顧憲成被削去了官籍，回到故鄉無錫，他和弟弟顧允成在常州知府歐陽東鳳、無錫知縣林宰的資助下，修復了宋代楊時講學的東林書院，與高攀龍、錢一本、薛敷教、史孟麟、于孔兼等人，一邊講學，一邊「諷議朝政，裁量人物」，其言論當時就被稱為「清議」。楊時是宋代大儒程顥、程頤兩兄弟的門徒，是「二程學說」的正宗嫡傳，朱熹則是楊時的弟子，顧憲成重修東林書院，就是宣稱他是繼承楊時衣缽、宣講程朱理學，因此，他所高標的大旗是鮮明的。顧憲成常說：「當京官不忠心事主，當地方官不志在民生，隱居鄉里不講正義，不配稱為君子。」他們打出的口號，就是現在依然鐫刻在東林書院大門口上的一副對聯：

風聲雨聲讀書聲聲聲入耳
家事國事天下事事事關心

正因如此，當時，不少懷抱儒家道義而不被當政者所接納的官員們，在此找到了知音，都爭相前來，使得書院常人滿為患。他的這些觀點博得同志者的回應，朝中的一些官員，如孫丕揚、鄒元標、趙南星等人，也與東林書院遙相應和、互通聲氣。他們懷著憂國憂民的意識，意在有所作為，就形成了一股不容忽視的政治勢力，與他們唱反調的那一派稱他們為「東林黨」。東林黨人一時影響著天下的輿論導向。

當時，萬曆皇帝（明神宗）長時間不上朝理政，久居深宮過著「每夕必飲，每飲必醉，每醉必怒」的生活，身邊的侍者辦事稍不稱意「輒斃杖下」。萬曆皇帝還極其貪婪，恨不得把天下財貨都搜括進宮中供其揮霍，他派出一批又一批太監作「礦使」、「稅監」，前往各地橫徵暴斂，搞得民怨沸騰。他把朝廷官員的任免都丟在一邊，使在職的官吏無法得到升遷，空缺的職位難以及時補充。更為甚者：六部的尚書只有一位，都御史十年缺位，為了增置不足的內閣大臣，首輔大臣上了一百多道奏章請求也無效。於是乎，朝野上下的派別紛爭愈演愈烈，他們紛紛結黨營私，如與東林黨政見不合的內閣大臣王錫爵、沈一貫和方從哲等人，被稱為「浙黨」；另外還有什麼「秦黨」、「齊黨」、「楚黨」、「宣黨」，都是以首領的籍貫命名的。「秦黨」的政見與「東林黨」相吻合，其他各黨都與「浙黨」聲氣相通，黨爭之風甚囂塵上。

可悲的是，雖然黨派空前的多、黨爭空前的烈、皇帝空前的不問政事，就是沒有人想到去搞議會制，君主立憲制更是想都沒人想過。為什麼？因為，此時，已經沒有什麼真正的知識分子了。

但東林黨人往往不畏強權，為民請命，褒揚正直官員，大膽彈劾朝中權貴，甚至冒犯「龍顏」，這都是值得稱許的。以下列舉幾例。

李三才任職鳳陽巡撫期間，曾經查抄了太監陳增的爪牙程守訓的幾十萬贓款及大量的奇珍異寶，並將程守訓依法治罪。他還多次上疏，反對礦稅、提議修浚河渠、建築水閘、防範水旱。顧憲成因而上書，稱頌李三才的政績，御史吳亮還把顧憲成的信抄在邸報中。

在「爭國本」事件和此後發生的「梃擊」、「紅丸」、「移宮」三案中，東林黨人都從維護皇權的立場出發，堅持反對鄭貴妃、李選侍干政，公開抨擊危害皇太子、皇帝的行為，主張嚴厲追查「三案」的當事人及其幕後主使者。

但是，隨著時勢的推移，東林黨人也捲入黨爭之中。

明朝廷對官員實行「京察」和「外察」兩種考察考核制度，以分別考察考核在京和在地方上任職的官員，並根據官員的政績、品行，來決定升遷、降調或罷官等獎懲。若是「京察」中被罷了官，就將終身不再起用。萬曆二十一年（一五九三）的「京察」主持者是吏部尚書孫考功、郎中趙南星和左都御史李世達，他們都比較正直不徇私情。文選員外郎呂胤昌是趙南星的外甥，都給事中王三余是趙南星的親戚，都因考評不佳被罷黜，朝中的東林黨人也借此機會罷黜了一些與內閣大臣交往很深的官員。到了萬曆三十三年（一六〇五），主持「京察」的是東林黨人都御史溫純和吏部侍郎楊時喬，他們就把浙黨官員錢夢臯、鍾兆斗等人貶謫了；而同時，南京的「京察」則是由齊、楚、浙黨人主持，他們借機斥逐東林黨的官員。到了萬曆四十五年（一六一七），浙黨首領又當上了內閣首輔，這一年的「京察」，東林黨人受到很大的打擊。這樣一來，就形成了一種朋黨混爭的局面，東林黨人的政治主張也和他們排除異己的動機糾纏不清了，給攻擊他們的人製造了口實。

天啟帝時期，宦官魏忠賢專政，形成明代勢力最大的閹黨集團，齊、楚、浙諸黨爭相依附，並開始對東林黨人實行血腥打壓。天啟四年（一六二四），東林黨人楊漣因劾魏忠賢二十四大罪被捕，與左光斗、黃尊素、周順昌等人一同被殺。魏忠賢又派人編《三朝要典》，借紅丸案、梃擊案、移宮案三案為題，毀東林書院，東林黨著名人士魏大中、顧大章、高攀龍、周起元、繆昌斯等先後被迫害致死。齊、楚、浙黨又造天鑒諸錄，加東林以惡名，並列黨人榜於全國，每榜少則百人，多至五百餘人，凡列名者，生者削籍，死者追奪。魏忠賢還指使黨羽製造《東林點將錄》，將著名的東林黨人分別加以《水滸》一百零八將綽號，以便一網打盡。其中如「開山元帥托塔天王南京戶部尚書李三才、天魁星及時雨大學士葉向高、天罡星玉麒麟吏部尚書趙南星、天機星智多星左諭德繆昌期、天閑星入雲龍左都御史高攀龍、地魁星神機軍師禮部員外郎顧大章、天殺星黑旋風吏科都給事中魏大中」等，讓人歎為觀止。

天啟七年（一六二七），明思宗（即崇禎皇帝）朱由檢即位，魏黨被除，魏忠賢自縊而死，次年，朝廷毀《三朝要典》，對東林黨人的迫害也告停止。但東林黨與權臣之間的鬥爭，一直持續到南明的滅亡。

由上可見，清議比之於清談，內容上進了一步，因為清談，意深旨遠，常常讓人摸不著頭腦，略微好一點的，是在探討人生的價值，有點終極關懷的意味，但停在「談」的程度，沒有深入的研究、探索，更沒有理性的思考，終究是沒用的東西。清議則是議朝政之得失，人品的優劣，但由於他們都是以儒學為標準，所以，也沒什麼創見。

明朝清議弊端，除了形成黨爭，最大的問題，是形成「人言可畏」的另一面，即有些政治家、軍事家被清議力量即輿論壓力所左右，不能很好地施展，其中張居正、袁崇煥的遭遇，最為有名。

張居正是明朝唯一一個合格的政治家，他所實施的改革，使得明朝出現了中興景象。但是，清議者也饒不了他。他父親死了，按禮制應該回老家守孝三年，但他因公務需要走不開，結果遭到朝野無數文人的唾罵，其中清議者更是一馬當先。張居正屍骨未寒，即遭抄家、掘墓之難，新政多廢，明朝從此日益衰敗。

袁崇煥是明末唯一一個能帶兵打仗的將領，清兵逢他必敗。但是，他的軍事方案一直遭到清議者的責難。後來，清用反奸計得逞，袁崇煥被判凌遲，也就是千刀萬剮。據說，行刑時，無數朝野文人、市井百姓，都去刑場爭買一塊皮肉，回家吞食，以消對他的仇恨。袁死後，李自成攻入北京，清兵也很快打進來，明朝便完蛋了。

今天，我們檢省清議，一定要明白，清議者，不是普通百姓，而是「處江湖之遠」的文人；清議者結的黨，不是代表某個集團利益的黨派，而是「黨同伐異」的「朋黨」；清議者們爭爭吵吵，不是議會爭論，而是道德之爭，而道德多數只是工具；清議者能進行議論，也不是輿論自由，而是在朝廷欽定的意識形態空間裡有限的話語；更重要的是，清議者的指導思想，是保衛皇權、忠於朝廷。說穿了，他們是穿不上朝官之服的「思想官員」，套用東方朔「大隱隱於朝」的話，我們可以給他們弄一句「大官官於野」，他們實際上是在想著當「帝王師」而意淫。所以，我將名士列入主流知識分子之列。

可憐的清議者！可悲的清議！

直到明亡清興之際，顧炎武等人才終於發現，清議誤國！他們迅速地提出了一個「經世濟用」的觀點，雖然這個觀點古人已經說過，但他們為它賦予了新的意義。可是，晚清之際，中國面臨內憂（如太平天國）外患（如八國入侵）時，知識分子們真舉起「經世濟用」這面旗幟時，卻發現，儒學這東西，經不了世，濟不了用，當然也就救不了國。

名士們還能怎麼辦？名士名士，只能圖個「名」而已。在這一點上，他們其實不如謀士，謀士如李鴻章，還能當好朝政的裱糊匠，支撐帝國苟延殘喘一二十年。

第三章 獨立精神的萎縮

獨立性，這是知識分子履行使命的必備品格和條件，但是，「功名，還是自由？」在兩千多年的傳統社會裡，卻成了知識分子們萬難的選擇。物換星移、朝代更替，獨立精神竟然逐步萎縮，直至不見蹤影。

李白式痛苦：一個命題的提出

為了探討中國知識分子獨立性問題，我創造了一個「李白式痛苦」的命題，表達的意思是：知識分子處在功名與自由之兩難選擇境地的痛苦。

一千多年來，很多人認為，李白的痛苦是當不到大官，因為他不願摧眉折腰事權貴，但他的理想又是「大濟蒼生」，不當大官，怎麼去實現這種理想呢？所以，他痛苦！

我以為，這一點結論，是小看了天才李白。李白其實有兩大追求——所有知識分子都應該擁有的兩大追求，只是在李白身上反映得最突出，這兩大追求就是：自由與功名。當然，李白對功名的追求，是為了「大濟蒼生」，而不是為了個人富貴，這一點，是他人格高於一般熱衷於功名者的地方，屬於境界問題。歷來研究李白的人，多說李白有道家之風，李白想當官，又想成仙。其實，想當官，就是追求功名；想成仙，就是為了自由。然而，這兩者之間，在傳統社會裡，有著不可調和的矛盾。因為功名之路，已經被官家壟斷，要想當官，就得犧牲自由、犧牲個性，按官場規則（包括潛規則）說話做事；反之，要想張揚個性、獨立特想，不說與官家作鬥爭，至少也不能進入官場。李白後期，多次想過要捨棄當官的念頭，但在「三不朽」思想的支配下，他怎麼也捨棄不了。想捨棄而捨棄不掉，多麼痛苦啊！所以，李白的痛苦有兩個層次：低層次是當不到大官，實現不了「大濟蒼生」的理想；高層次是為了自由，想摒棄當官的念頭而摒棄不掉！

就這樣，李白處在了功名與自由的萬難選擇之中！

我們來剖析李白的一首著名的關於月亮的詩，這首詩的題目叫做〈月下獨酌〉，全詩如下：

花間一壺酒，獨酌無相親。
舉杯邀明月，對影成三人。
月既不解飲，影徒隨我身。
暫伴月將影，行樂須及春。
我歌月徘徊，我舞影零亂。
醒時同交歡，醉後各分散。
永結無情遊，相期邈雲漢。

千古以來，人們將這首詩看作是大詩人寂寞獨飲的一個寫照：李白很孤獨，「花間一壺酒，獨酌無相親。」但浪漫的李白與眾不同，他「舉杯邀明月，對影成三人。」於是乎，李白、月亮、影子三者交織在一起，來了一場「盛宴」。

但如果將這首詩看成是「李白式痛苦」命題的一種象徵，則其意象，立刻深遠起來。這首詩正好可以作為李白身處兩難境地的一種寫照：明月代表自由，影子代表功名。自由如同明月一樣，高高在上，讓人無限嚮往，但可望而不可及；功名卻像影子一樣，相伴相隨，揮之不去。自由與功名，只有在喝酒歌舞時，才能統一在一起，顯然，這種統一是一種夢幻。在現實生活中，自由難得，只能「相期邈雲漢」！

天才人物對人生都有著深深的感悟，他們當然知道自由的可貴；可是，中國傳統的價值觀，卻是功名，認為人生在世，只有建功立業，才能永垂不朽。所以，孔子雖然嚮往「浴於沂，風乎舞雩，詠而歸」的自由自在的生活狀態，但他一輩子並沒有落實在行動上，他從小就想著做官，一步一步地從管理員幹起，終於當上了大法官（魯國的大司寇），但很快就被排擠離職，之後，他便茫茫如喪家狗，奔走於諸侯之間數年，目的還是想獲得高官高位，可是，他求職比今天的大學畢業生還難。近七十歲後，他自知無望，加上身體的不濟，才無奈地回到老家，開辦了培訓學校；而辦學的目的，還是培養當官者，期待後生。孔子這樣大智慧的人尚且如此，其他的人可想而知。

其實，知識就包含了對人生意義的探索，而且是一個大課題，真正的大知識分子，怎麼會認識不到自由之於人生的重要性呢?!但是，放下功名，何其難也！從信仰上講，何以安身立命？儒家的價值觀在影響著，似乎只有當官治國平天下才是唯一的光明大道；文化傳統在影響著，那些建功立業的事蹟，總是不絕於耳目，「入世」思想占了上風，「出世」只是不得已而為之；生存問題，也使得文人們必須去當官。或許，在像魏晉南北朝這樣的亂世裡，人們還多少認識到、反思到生命的真實意義，而在太平年代，知識分子們則就無法離開官場了。中國自東周以後，知識分子的獨立精神，正是循著一條逆向之路，步步萎縮的：春秋戰國時，是一個多元化選擇時代；兩漢時期，是當官或不當官兩種選擇；魏晉時期，不得已時，能下決心退隱；唐朝，特別是大唐盛世，當官還是歸隱，就成了一個萬難選擇的命題；唐以後的太平年間（包括治世、衰世），功名已經深入到文人的骨髓之中，想放也放不掉了，甚至「自由」二字，已經遺忘。

我在下面，按年代的順序，選擇七個人做代表：莊子出於對人生的真知灼見而棄功名如敝屣，根本不出仕；嚴子陵只追求自己的生活方式，堅決當隱士；陶淵明對功名是說放就放；李白放也放了，可心中掛念不已；蘇軾總想著放，知道應該放，但他一輩子也沒放；柳永是得不到，便在風月場中麻醉自己，但在能得到的時候（晚年），竟然還是去取功名了，雖然是個芝麻大的功名；唐寅則是得不到，故意說放，但牢騷之至、經常寫一些吃不到葡萄說葡萄酸的詩文。

這些人中，李白是一個分水嶺，也是一個典型，在他身上，二者的矛盾達到頂點，更何況，他還有那麼好的一首〈月下獨酌〉詩做注腳。

逍遙於自由自在的精神王國

莊子，名莊周，一般認為生活在西元前三六九年至前二八六年間，與孟子同時代，比孟子略小點。他出生在宋國蒙地（有說是今天的安徽蒙城，也有說是河南商丘），後來宋為楚吞併，所以，也可以說他是楚國人。

於知識分子而言，那是一個策士大行其道的時代，但，那個時代終究還出了一些具有獨立人格、追求自由精神的知識分子，他們的品行，如同日月高懸、光耀千秋。其中莊子就是其中的傑出代表。

我們曾經介紹過，他的學說思想，就是在「天人合一」的哲學基石上，提倡順應大自然，讓自己的一切行為與天地運行規律（道）同化，從而達到「逍遙遊」的自由自在狀態。據此，人間功名就成為「逍遙遊」的羈絆，為此，他棄功名如敝屣，過著清貧的隱士生活。依此而論，在中國歷史上，他不僅是一位不斷探索、思考宇宙、人生意義的最偉大的哲學家，同時也是一位偉大的身體力行者！

作為貴族後代、又有豐富知識的莊周，年輕時只做了個管漆園的小吏。他的公職收入是非常低的，因此，家裡很窮，在《莊子》一書中，有兩則故事可以說明這一點。一個是「曹商使秦」，一個是「借貸監河侯」。

曹商是與莊子同鄉的一個知識分子，應該屬於策士一類的人物。為了富貴，曹商謀到一個能發揮自己才能的差事——為宋王出使秦國。在秦國，他憑三寸不爛之舌博得秦王高興，一下子得到好幾輛車的獎賞。回國後，宋王因為他「不辱使命」，又賞他上百輛車。這一下，曹商可謂陡然而富貴了，於是，他見到莊子，就呈現出一副小人得志的樣子來，對莊子說：「住在窮街陋巷打草鞋過窮日子，面黃肌瘦的，是你莊周；一下子讓萬乘之主高興就賞車百輛的，是我曹商。」莊子回答說：「我聽說，為秦王吮破瘡癤的得車一乘，為他舔痔的得車五乘，幹的活越下作，得到獎賞的車越多。你莫非給他舔屁眼上的痔瘡吧？不然怎麼得了這麼多車呢？大路朝天，咱們各走一邊吧！」曹商就這樣被他用智慧的評議無情嘲弄了一回。

莊周家貧，貧到等米下鍋了，只好前往監河侯那兒借糧食，沒想到這位富貴者說：「啊，好啊好啊，等我收到封地的收益，貸給你三百金，怎麼樣？」莊周一聽，就大怒，說：「我昨天來時，在大路上聽到一個呼救聲，我定睛一看，原來是被車軋出的轍坑裡有一條鮒魚。我便對牠說：『鮒魚啊，你呼叫什麼來著？』鮒魚說：『我是東海管風濤波浪的大臣，不幸困在這乾涸的轍坑裡，快渴死了，您能弄斗升之水救我嗎？』我回答說：『好啊好啊，等我馬上南去遊說吳、越國王，讓他們開河引西江之水來迎您回到東海，怎麼樣？』鮒魚大怒道：『我以前天天生活在水裡，現在偶爾離開了水，難以生存，最要緊的是得到斗升之水先保一下命，您卻說這樣的大話，還不如說到賣枯魚的鋪子裡去找我呢！』」

特別要注意的是：《莊子》中記錄這兩條故事，一不是為了哭窮，二不是炫耀自己甘貧樂道，而是諷刺一些人為了富貴不擇手段，諷刺一些整天講著要「大濟天下」卻對眼前貧急之事坐而不見的為富不仁者。

莊子是不是能得到大富貴呢？如果得不到，他安貧也只是無奈之舉。事實是，他的偉大在於他是能得到富貴，但他不要！為什麼不要？理由是：富貴要用失去自由做交換。這一點，反映在他的另一個故事裡，即「濮水垂釣」。故事說：他常優哉游哉，逍遙在自由的精神世界裡，閒時都在濮水垂釣。有一天，楚王派來兩個使者，帶著聘書，請他去治理國家！而且楚王說得非常客氣：「願以境內累矣」，意思是：我所統治的大楚國，國境內所有的事，就麻煩您來處理啦！對蘇秦、張儀之輩而言，這是何等的機會！只要他答應一聲，從此就可以立即結束看漆園、住茅屋、業餘還要打草鞋的困窘生活，而高居「一人之下、萬人之上」的地位了，也許還可以用手中的權力在楚國實現自己的政治理想。便是孔子、孟子，不也夢寐以求這樣的好機會嗎！可是莊子要的不是權力和富貴，他心中的最高價值是自由自在。他是真心真意地在釣魚，不比早他七百多年釣於渭水的姜太公，姜太公釣的不是魚，而是「相位」、是釣帝王之師、是釣功名富貴。後世的《封神演義》寫得好，書裡說：姜太公本來是搞修煉成仙的，但他忘不了人間富貴，師父便讓他下山去輔助武王伐紂。所以，此刻的莊子，面對那兩個請他做大官的使者，是「持竿不顧」，並慢悠悠地對他們說：「有一隻神龜，本來是拖著尾巴悠閒地生活在泥水裡，但國王發現了牠，便用精美的箱子裝著牠，用漂亮的絲巾蓋著牠，把牠放在富麗堂皇的宗廟做祭品。你們說，這隻龜是用死來換取顯貴好呢，還是拖著尾巴在泥水裡自由自在地活著好呢？」那兩個使者立即回答：「還是拖著尾巴在泥水中活著好啊！」莊子說：「那就請你們走吧，我要拖著尾巴悠閒地活在泥水裡！」

當時的人，並不理解莊子，連他的好朋友、大師級的思想家惠子，都不理解。

《莊子》裡有一個「惠子相梁」的故事，說的是惠子憑著自己的智慧與才能，在魏國當了宰相，莊子前去看他。當時，有一個「以小人之心度君子之腹」的人對惠子說：「莊子來，可能會取代您啊！」惠子聽了，心中非常害怕，就派人在都城裡搜查莊子，折騰了三天三夜，莊子卻自己到了他的官府。一見面，莊子就講了一個寓言，說：「南方有一種鳥，其名為鵷鶵，你聽說過嗎？鵷鶵從南海出發，飛往北海，一路上，他是非梧桐樹不棲息、非練樹果實不食，非醴泉之水不飲。可是，有一隻鵷鳥，得到一隻腐鼠，正要吃時，看到鵷鶵從頭頂上飛過，鵷鳥非常擔憂他來搶這隻好不容易得來的腐鼠，就一邊護著爪裡的腐鼠，一邊面露凶色，仰頭瞪著鵷鶵，嚇唬道：『嚇！』——現在您是不是想用您的梁國宰相來嚇我邪？」

說惠子不理解莊子，《莊子》裡還有個故事，叫「魚之樂」，講的是在惠子相梁之前，有次莊子與他一同出遊，當他們走在濠水的木橋上時，莊子看到河裡優哉游哉的魚兒，感歎地說：「這些魚兒，自由自在，多快樂呀！」惠子就反問道：「你不是魚，怎麼知道魚快樂啊？」——莊子本意可能是要與他探討一下人生自由的哲學話題，卻不料惠子以辯論家的本能，問了一句難為他的問題來。莊子只得以其人之道，還治其人之身，就用下面的話回答他：「你不是我，你怎麼知道我就不知道魚兒快樂呢！」

對這個寓言故事，現在有研究家說：莊子不懂邏輯學，轉移命題，甚至把中國理性思維方式不發達的責任推到莊子頭上。其實，莊子怎麼會不懂？只是莊子的哲學思想，是根本不承認人間有所謂的「絕對真理」，為此，他選擇了「藝術化」的思維方式。思維本來就有邏輯與想像兩種，莊子與自然同化，進行藝術化思維，何錯之有？諸子百家裡不乏研究邏輯學的人，後人沒好好發揚光大，卻來責怪莊子，真是豈有此理！

千古以來，有幾個世俗中人，能理解莊子呢？有人說，莊子吹牛吧，楚王會派使者來請他做宰相?!是啊，《莊子》裡的故事，十有八九是寓言。但毋庸置疑的事實是，莊子沒有做過什麼像樣的大官；更重要的是，沒有一點點關於他求官的行為甚至言論！

堅持自己的生存方式

秦漢帝國時代，知識分子大部分被朝廷所籠絡，他們已經沒有多元化選擇的機會了，只有「當官」或「不當官」的二元選擇，於是乎，在漢代，我們會看到很多選擇「不當官」的知識分子，如漢初的「商山四皓」，劉邦怎麼請他們入朝為官，他們都不來。但劉邦兒子漢惠帝禮遇他們時，他們還是給了面子，因為皇帝給了他們面子。不過，他們沒有當官，只是名義上的「帝王師」。東漢末年，知識分子受到空前重視，他們所期望的聖人以及「聖人治國」的理想即將實現——王莽主政了，可是，很快，人們就發現，這個聖人王莽不是那麼回事。王莽在一片真擁護和假擁護聲中受禪當了皇帝，旋即被太學生出身的劉秀所推翻。劉秀當然重視知識分子——嚴格地說，只是重讀聖賢書出身的文人。可是，在他當皇帝時，偏偏出了一些不願當官的文人，即選擇走另一條路的知識分子，嚴子陵就是這方面的傑出代表。

嚴子陵，原姓莊，名光，字子陵，《後漢書》作者因為避皇帝漢明帝劉莊的諱而改為嚴姓。史載，嚴子陵是太學生出身，學生時代，即有大名，王莽當政期間（包括篡位前後），曾招天下名士為官，他一概辭而不就，別人推薦，他索性就隱居起來。漢光武帝劉秀登基後，就四處派人尋訪他。齊國有人上報說：「有一位男子，披著羊皮衣在水邊釣魚，可能就是他。」劉秀便派人去請。請了三次，他才來到京城。劉秀讓他住在豪華的賓館裡，派多名傭人和保鏢為他服務，並準備授予他官職，可他就是不接受；他的老相識、已擔任司徒的侯霸給他寫信，他竟然回覆說：位列三公，你做到了；會拍馬屁，你也做到了。「好自為之」吧！侯霸將這信原封拿給皇帝看，劉秀笑著說：狂傢伙還是老樣子啊！然後，親自去拜訪嚴子陵。可是，當他走進嚴子陵房間時，卻見嚴子陵光著身子，高臥不起。劉秀就走過去，撫摸著他的背說：「你這個咄咄逼人的嚴子陵啊，為什麼不輔助我治理天下呢？」嚴子陵則過了半天，才睜開眼看著他，說：「堯那麼有仁德，巢父（傳說中的一個隱士）卻洗耳不聞世間事；人各有志，何必苦苦相逼！」皇帝只得歎息道：「哎，子陵啊，我一個天子，也沒法讓你出來做官啊！」過了幾年，劉秀不甘心，再次請來嚴子陵，並與他聊了好多天，最後問他：「多日不見，您看我比過去怎麼樣啊？」嚴子陵竟然回答說：「比以前差多了！」光武帝為了顯示大度，不僅沒責怪他，晚上還與他同榻而眠。嚴子陵在睡夢中，將腳壓在劉秀肚子上，劉秀為了表示大度，也不生氣。後來，皇帝認為，這人既然如此耿介，就想讓他擔任諫議大夫（專給朝廷包括皇帝提意見的大官），嚴子陵堅決拒絕，並從此躲到富春山下去釣魚了；又過了好多年，漢光武帝又找到他，還是要他當官，他便乾脆跑到家鄉躲起來，直到八十多歲死去。

嚴子陵為什麼堅決不當官呢？很多人做過分析，有說他看出劉秀虛偽、不可靠，甚至擔心劉秀會像王莽一樣，終究不會有好下場；有說他看不起當時為官的一些文人，他不願與他們同時出入公堂；有說他看透了官場的腐朽，自己不願腐敗；還有說他認為，很多和他一樣的太學生做了官，多他一個、少他一個已經無妨（這一條，是錢穆的觀點），所以他就不出仕了。

其實，原因很簡單，嚴子陵也就為一個字：志！他的人生之志是：既要擁有一個自由之心，還要有一個自由之身，而且也必須有一個自由之身。一當官，便失去自由了！

迷途知返

經過春秋戰國的爭鳴、大漢盛世的宣傳，功名思想已經深入人心，只是到了魏晉南北朝的亂世裡，那些儒家倫理道德被工具化了之後，知識分子才開始了重新思考，他們發現，孔子之外，還有一個莊子，孔子關於「浴於沂，風乎舞雩，詠而歸」的自由自在的生活狀態，或許只是不自覺中的一閃念，但卻被莊子實踐了。莊子的生活狀態，才是人生的最高境界。於是乎，就有了阮籍、嵇康等竹林七賢一批隱士，他們遠離功名，千方百計地將自己融入大自然中。但他們是真的因為熱愛大自然才這麼做嗎？非也，他們是將自然作為一種信仰，逃進大自然，目的是為了尋求另一種精神解脫。他們是一群信徒，不只是為了追求自由。

整個魏晉南北朝時期，真正因為「性本愛丘山」、為了追求自由生存狀態而辭官歸隱並永不言官場的，只有一個陶淵明，他才是中國進入帝國時代真隱士的一個傑出代表。

陶淵明，曾改名陶潛，號五柳先生（古人的號，相當於現在的網名），大約生活在西元三六五年至四二七年，跨東晉、南朝劉宋兩個朝代。他曾祖父陶侃，是東晉開國元勳，軍功顯著，官至大司馬，都督八州軍事，任荊、江二州刺史，封長沙郡公。祖父陶茂、父親陶逸都做過太守。

但到他九歲時，父親死了，家道衰微，他與母親、妹妹三人艱難度日。他是個標準的知識分子，青少年時，就有了兩大追求，用他的詩句來表達，就是：「猛志逸四海」和「性本愛丘山」，前者是功名，後者是自由。

中青年時代，他四次為官，第一次是在大約三十歲不到的時候，擔任了江州祭酒，相當於現在的教育局局長。江州是當時東晉的名州，政客要人來往很多，因此，接待任務大，清規戒律也多，更重要的是，由於他不懂運用官場潛規則，因此，他這官當得也就十分的累，最後，他辭職了。不久，上面又來召他做江州主簿（相當於秘書長），他也辭謝了。但他並沒有絕意官場，因此，過了五年，在他約三十五歲左右，又到荊州，做了大軍閥桓玄的門下屬吏。當時，桓玄的勢力已控制了長江中上游，正窺伺著篡奪東晉政權，他看到這一點，怕惹火燒身，就在母親去世之際，以奔喪為理由，辭職回家。後來，桓玄果然篡位當了皇帝，他得知後，卻不以為然，可能是聽到有人議論說他失去了一個大好的升官機會，他就寫詩道：「寢跡衡門下，邈與世相絕。顧眄莫誰知，荊扉晝常閉。」意思是說，自己已經隱居，才不去管這些政事呢，一切都無所謂，白天都把門關上！

說歸說，他那時還沒有做到真正的無意於功名。他不做桓玄手下的官，可能僅僅是怕冒險；又或許是傳統的忠君思想在影響他，因為不管怎麼說，他還是東晉開國元勳的後代嘛，怎麼能為一個叛臣跑腿呢！所以，等到劉裕起兵把桓玄打敗、把被桓玄幽禁在潯陽的晉安帝帶到江陵，他就立即離家，投入到劉裕幕下，擔任了鎮軍參軍（參謀長）。他在軍中還是很賣力的，而且很想立戰功，他在一首叫做〈榮木〉的詩中寫道：「四十無聞，斯不足畏，脂我名車，策我名驥。千里雖遙，孰敢不至！」大意是：我四十歲還沒建功立業並不可怕，只要給我相應的條件，我一定能建大功、立大業。然而，黑暗的現實，很快擊碎了他的夢想。劉裕不僅腐敗，而且也同樣有篡位的野心，損公肥私、排斥異己。最終，當他的上司提出辭職時，陶淵明也一同離職。

陶淵明第四次為官，是在他上次離職的同年——離職在春天，但在同年秋天，他就經叔父陶逵介紹，擔任了彭澤縣令。為什麼再次為官呢？一般說法是生計遇到問題了，家裡日子不好過，太窮。可是，為官就有錢嗎？據現在的一些歷史學家考證，當時的縣令工資收入也就相當於現在三五千元（人民幣），過日子依然緊，因為那時雖然沒有高額的教育費用、購房費用，但他們的妻子是不工作的，孩子又有一大群（不是獨生子女），還要雇保姆傭人。但為什麼別人當官很滋潤呢？因為當官有灰色收入，甚至可以貪汙受賄。「三年清知府，十萬雪花銀」是灰色收入；「一為方宰（地方一把手），日進斗金」是貪汙受賄。這些利益的獲得，需要借助官場潛規則來完成，陶淵明顯然不精此道。那麼，這點工資拿得還有什麼意義呢？我們為陶淵明分析，這官當得太不值了：第一，不能實現自己的「大濟蒼生」的理想，因為縣令實在是個太小的職務；第二，不能解決生計問題；第三，還犧牲了許多自由。這第三個問題在他任縣令的第八十一天呈現出來了：潯陽郡派遣督郵（專門考察縣級官員的官）來檢查工作，接待工作相當繁瑣，在穿著上要「束帶迎之」，用現在的話來講就是「穿正裝、打好領帶」，陶淵明覺得這太費事、也太小題大做了，這督郵算個什麼東西？我陶淵明可是見過太多的大官了！於是，他歎道：「我豈能為五斗米折腰向鄉里小兒。」說完，就捧出大印，辭職而去。他在回去的路上，寫了一篇傳頌千古的〈歸去來兮辭〉。

陶淵明的四次為官，前前後後花了十三年時間。我們可以這樣總結一下：第一次是他應付不了官場的潛規則；第二次是他覺得主人有叛逆之心，不合他的理想，同時也怕危險；第三次是他對理想的實現已經失望；第四次可以說是對官場的絕望——他只是為了謀生才去當縣令，結果發現，當縣令並不能讓他過上較為寬裕的日子。

〈歸去來兮辭〉的開頭寫道：「歸去來兮！田園將蕪胡不歸？既自以心為形役，奚惆悵而獨悲？悟已往之不諫，知來者之可追。實迷途其未遠，覺今是而昨非。」第一句話，是給自己歸隱找了一個理由：回家種田去，因為再不回去，田園就全荒蕪了。這理由其實只是個幌子；第二句才道出他的真實想法，也是他偉大的人生哲學思想：既然當官是讓心靈受到形體的驅使奴役（心靈失去自由）的一件事，辭官還有什麼值得惆悵、難過的呢?!在這裡，他明確地指出，自己心中渴望、嚮往的是自由，功名卻是一種羈絆，二者不可得兼，必須捨棄功名才能獲得自由！這和嚴子陵的見解是一樣的，擁有自由之心，必須擁有自由之身，不能讓心做身的奴隸！只是，他知道這個道理遲了一點，但沒有關係，過去的就讓它過去吧，從今重新開始就是了，最重要的是迷途知返，知道哪個對哪個不對，就行了。這就是第三、四兩句話的意思。在這裡，他已經明白無誤地指出：求官做官之路，是「迷途」！

如果全面分析一下陶淵明現存的詩文，我們會發現，陶淵明有三大特點，一是熱愛大自然和田園，二是特別喜歡喝酒，三是生性比較疏懶、隨意，不適應清規戒律。這三點，需要的都是莊子般的逍遙自在的生存方式，同時，也是妨礙他久居官場、能游刃於官場的所在。他在四十二歲左右，終於選擇了追求自由人生的道路。在此後的歸隱生活裡，我們可以看到，他把這三點發展到極致，且看在他的筆下——

田園勞動多麼富有詩意：「種豆南山下，草盛豆苗稀。晨興理荒穢，帶月荷鋤歸。」

鄉村景象多麼令人神往：「曖曖遠人村，依依墟裡煙。狗吠深巷中，雞鳴桑樹顛。」

大自然多麼令人物我兩忘：「采菊東籬下，悠然見南山。山氣日夕佳，飛鳥相與還。此中有真意，欲辯已忘言。」

飲酒多麼讓人忘懷世憂：「故人賞我趣，挈壺相與至。班荊坐松下，數斟已復醉。父老雜亂言，觴酌失行次。不覺知有我，安知物為貴。悠悠迷所留，酒中有深味！」

其實，陶淵明歸隱後，在生活上，是相當艱難的。他大概由於一開始沒有多少種田的經驗和技術，因此，收成很不好，經常是「草盛豆苗稀」；他歸隱的第三年，又失火燒了他的「草屋八九間」；不久，又餓死了兒子。他最喜歡喝酒，但常常沒錢買酒，只能靠鄰里朋友「有請必去」地喝一場，一不留神還喝得不省人事，帶醉而歸；他家常常等米下鍋，他拿著米袋找人借米，卻又在敲門後，羞怯地說不出話來。總之，他不可能像竹林七賢們一樣，嘯傲吟詠；也不可能像孟浩然一樣，過著大地主的疏懶生活。他辭官歸隱的二十二年中，一直過著貧苦的「躬耕自資」的生活。好在夫人翟氏，與他志同道合，兩人常常是「夫耕於前，妻鋤於後」地共同下地勞動。要知道，這在魏晉南北朝時代，尤為可貴，可貴得不可思議，因為那時的一些貴族名士，是絕對遠離勞動的，他們不僅遠離「勞力」，甚至遠離「勞心」——連事務官都不願當，成天搞聚會清議、玄談。但陶淵明樂於此，安於此，雖然他在一些詩文裡也流露了很多貧困的生活狀態，但他並沒有哭窮，也沒有寫過他同時代人那種「逐貧」的詩、文、賦，相反，還流露出適意之情。可能他從辭官的那一天起，就預計到了這麼一天，既然自由需要代價，那麼，他心甘情願地付！

陶淵明還是一個大思想家，雖然他沒有專著，但一篇〈桃花源記〉，為人們展示了中國農民所最嚮往的理想世界，抵得過很多哲學家、思想家的煌煌巨著！更重要的是，這恐怕是中國思想史上唯一的一篇最符合中國農民意願的理想藍圖！

陶淵明和莊子一樣，是個非常曠達的人，對生死問題看得極透。西元四二七年，陶淵明走完了他六十三年的生命歷程。他早已為自己寫下了人生傳記——〈五柳先生傳〉。在臨死之前，他又寫詩道：「死去何所道，托體為山阿」——對一個無限熱愛大自然的人來說，死，不過是回歸到大自然中去而已！

「功名，還是自由？」這是個萬難的問題！

大唐盛世包括貞觀之治、則天當政、開元盛世共約一百年時光，這是中國歷史上最為輝煌的時代，經濟繁榮、觀念開放、民族融合、宗教發達。在用人政策上，朝廷是開放的——向所有有才幹者開放，雖然在實際操作中，仍然重出身，但在資歷、取仕方式上，往往不拘一格，可以越級提拔，除了科舉，也有舉薦。這給了知識分子無窮的動力，他們懷著伊尹、管仲的抱負，蘇秦、張儀的夢想，賈誼、晁錯的熱情，紛紛走上求仕的道路。盛唐士子的漫遊之舉，頗具策士之風。但知識分子們的自由意識——獨立人格的意識，較任何時代都要強一些。他們太懂得獨立、自由人性對人生的重要意義了。於是乎，文人們對自由與功名的矛盾處理，進入了一個新階段，他們塑造了張良這樣一個偶像，將功名與自由「統一」起來。張良年輕時，也有兩個追求：建功立業與逍遙自在，他先是幫助劉邦打天下，成功之後，不領賞、不取功，而是跟著道士進山裡修行去了。真正是功名、自由兩不誤。他們將這條路描述成一個公式，即「功成—名就—身退」，並稱它為「天之道」。

「可是，實現這個公式的難度，實在太大：要到什麼程度才叫「功成」？張良是帝王師啊，那麼，好歹也要混個二品以上的大官吧。其次是，功成名就之後，還要去求仙，這樣一來，人生可就有兩大任務了啊！

事實上，終唐一代，沒有出現過能完成這個公式的人。

但，終唐一代，卻不乏有這樣追求的人。李白就是這方面的典型代表。

李白是中國歷史上、也是世界文學史上比較少見的一個天才人物，傳說他母親夢見長庚（即太白金星）入懷，從而懷孕生下他的，並由此取名為白，字太白。太白金星在傳說中是天上的文曲星首領。關於他的另一個傳說也很生動：李白少年時，曾夢見筆下生花，從此寫起詩來，篇篇錦繡。雖然這種傳說不盡可信，但也說明了時人對他天才的推崇，因為只有非常偉大的人物，才有這樣神奇的傳說。

李白在二十六歲之前，主要是學習期。他所學的東西，很多很多。概括地講，主要有三樣：一是學經文、寫詩賦，這是那個時代文人的首選。李白說他自己是「五歲誦六甲，十歲觀百家」，「十五觀奇書，作賦凌相如」。李白二十歲時，遇到當時的「朝廷大手筆」、文章巨公遇蘇頲，蘇說他是「天才英特，少益以學，可比相如。」二是學劍、任俠，即要使自己「文武雙全」，據說，李白「十五好劍術」，「袖有匕首劍」、「雙眸光照人」，魏顥說他「眸子炯然，哆如餓虎……少任俠，手刃數人」很久以後，他和朋友敘舊，還興致勃勃地回憶當年殺出五陵惡少重圍的往事。三是求仙、問道，他說「十五遊神仙，仙遊未曾歇。」十八、九歲時，李白在戴天大匡山跟隨趙蕤學道。趙蕤是個以「王霸之道見行於世」的學者，所著《長短經》十卷即主經邦濟世的事功之學，我們可以把他想像成春秋戰國時鬼谷子（孫臏、龐涓、蘇秦、張儀的老師）、秦漢之際黃石公（張良的老師）一類人物。他在江陵遇到當時著名的道士司馬承禎，誇許他「有仙風道骨，可與神遊八極之表」，於是，李白寫了一篇〈大鵬賦〉，寄託自己的壯志凌雲，後來在一首詩裡寫到：「大鵬一日同風起，摶搖直上九萬里。假令風歇時下來，猶能簸卻滄溟水」！這一篇賦和這一首詩，實際上隱含了他對自己人生的設計，那就是我們前面說的以張良為榜樣的路：功成—名就—身退。但，第一條，必須是功成。所以，他學成之後，便要去尋功名了。

於是，開元十二年（七二四）秋，二十六歲的李白「仗劍去國，辭親遠遊」。實際上，此前大約二十年，他的同鄉、開盛唐唐詩時代之風氣的陳子昂，已經先他一步這樣出蜀了，只是，陳子昂第一件事，是進京考進士，而李白沒那麼迫切。他從峨嵋山沿平羌江南下，到荊門、遊洞庭，接著又到了金陵、廣陵和會稽等地，不久回舟西上，寓居安陸（今湖北安陸）。開元十五年（七二七），他娶故相許圉師孫女為妻。三年後，即開元十八年（七三〇），李白由南陽啟程入長安，這時他正好三十歲。

李白初入長安，待了約三年時間。他曾居在終南山，廣為交遊，希望得到王公大人的薦引。那時，唐玄宗之妹玉真公主別館就設在終南山，常有文人雅士（其中包括王維、儲光羲等名詩人）去作客。李白結識了這位公主，卻未能如願以償，終於怏怏離去。開元二十年（七三二）夏，李白沿黃河東下，先後漫遊了江夏、洛陽、太原等地。開元二十四年（七三六），又舉家東遷，「學劍來山東」。他在寓居任城時，曾與孔巢父、韓准、裴政、張叔明、陶沔等人會於徂徠山酣飲縱酒，人稱「竹溪六逸」。後又漫遊河南、淮南及湘、鄂一帶，北登泰山，南至杭州、會稽等地，所到之處，形諸吟詠，詩名遠播，震動朝野，最後連天子也被驚動了。

這裡需要說明的是：李白為什麼出蜀後，不立即進京？他在長安時，有沒有參加科舉考試（一般說法是，他參加了一次），他為什麼在長安僅待了三年，就又開始了新一輪漫遊？

我以為，第一個問題，可能是因為他是商人出身，沒有資格參加科舉考試，所以，他娶了已故宰相的孫女，改變了自己的身分。第二個問題，他應該是參加過一次考試的，但以他的文風，落榜也在情理之中，更何況，他當時也沒找到得力的舉薦人。第三個問題，那就是，他要繼續尋找舉薦人。與這三個問題並行的，還有三件事，使他願意從事這樣的漫遊，第一，他喜愛求仙訪道，自己後來也說過「一生好入名山遊」；第二，他剛出蜀時，有「兄」和「弟」在九江、揚州一帶經商，說不定，他自己也參加了一些商業活動；第三，他的詩寫得好，特別是歌詞（當時以「新樂府」詞為主）很得歌女青睞，他一路上，喝喝酒、寫寫詩，就又有了收入、又有了名氣。所以，不知不覺中，就多走了若干年，不用等在京城做默默無聞的小文人、小道士，乾著急。

其實，李白的一生，多在漫遊中度過，幾乎遊遍了大半個中國，目的其實是兩個：追求自由、追求功名。因為他想通過漫遊，結識兩種人：一種是能度他成仙的，另一種是能薦他當官的。可惜，終其一生，他既沒當到大官，也沒有成仙，倒是意外地留下一個千古詩名。以詩才論，把他列為中國詩人第一名，是當之無愧的。然而，他生在中國、生在古代，他不可能像拜倫一樣，想著要當「詩壇上的拿破崙」並以此而滿足。成為大詩人，根本不是他的志向，寫詩只是他天然的本領，是用來取功名的手段之一，是表達自己心志的手段之一，是自由抒發情感的手段之一。他想都沒想過要去當職業文人，雖然他曾多次以寫詩換取大量的銀子。

李白在第一、第二兩個時期所寫的詩，主要有四大內容，一是言情抒志，這種天才人物，情感異常豐富，志向異常高遠，發而為詩，也就不同凡響了；二是作為求官的手段，因為盛唐時期，社會上推崇詩人，欣賞好詩，所以，自薦書用詩來寫，也就很自然了；三是寫感受，如交往的際遇、對景色的、對人物的評點、以及送別友人、座上酬唱等；四是寫歌詞，博歌女的歡心。

對文人而言，這第四條必不可少，李白是當時的流行歌詞大家，與他同時代的人，如王維、王昌齡、王之渙，都是大家，王維的代表作是〈陽關三疊〉、王昌齡的代表作是〈出塞〉，王之渙的代表作是〈涼州詞〉。

頗為有趣的是，沒有達官貴人推薦他為官，也沒有道士仙人度他成仙，倒是反過來：有一位道士推薦他去做官。其實，李白多次向一些達官貴人自薦或請求引薦，由此也留下了很多自薦書和求薦的詩，其中，最有名的是向一位叫韓朝宗的荊州刺史自薦，《古文觀止》上有一篇〈上韓荊州書〉就是他寫的自薦書，這篇自信滿滿、文采飛揚、對韓荊州極端吹捧的好文章，同樣沒有給他帶來任何結果。

成功推薦李白到皇帝身邊為官的那位道士叫吳筠，他是李白南遊會稽（今紹興）時認識的。原來，那時已經不是開元盛世，而是天寶年間，承平日久的太平天子唐玄宗李隆基也好仙，詔見吳筠，吳筠便適時在唐玄宗面前推薦了自己的道友李白。唐玄宗於是下詔，請李白進京，入朝為官。李白樂壞了，他當時正在安徽的南陵縣一帶隱居，接旨後，當即飲酒放歌，最後高呼：「仰天大笑出門去，我輩豈是蓬蒿人！」跨上白馬，向長安西行而去。這事發生在西元七二二年，李白四十二歲。

吳筠為什麼推薦李白、怎麼推薦李白的，正史上沒什麼記錄，但從以後李白的境遇看，可能是為皇帝尋找填詞高手。李白進京後，皇帝命他供奉翰林，當皇帝與楊貴妃娛樂需要新歌時，就讓李龜年譜新曲、李白填新詞，這方面，流傳下來最著名的有〈清平調〉三首：

其一

雲想衣裳花想容，春風拂檻露華濃。
若非群玉山頭見，曾向瑤臺月下逢。

其二

一枝紅豔露凝香，雲雨巫山枉斷腸。
借問漢宮誰得似，可憐飛燕倚新妝。

其三

名花傾國兩相歡，長得君王帶笑看。
解釋春風無限恨，沉香亭北倚闌干。

李白平時雖然出入宮門，但幾乎沒有參與過什麼朝廷大政，所以，他非常鬱悶，便時常跑去喝酒。那時，名人多愛喝酒，著名的有大詩人賀知章、大書法家張旭、大畫家吳道子等，他和賀知章關係最好，經常約在一起喝得忘乎所以，據說一次忘了帶錢，解下身上的金龜抵酒帳。賀知章對他的詩推崇備至，誇他是「謫仙人」（是天上的神仙被貶謫到人間來了），評價他的詩可以「泣鬼神」。更多的時候，他是以酒澆愁，因為他的牢騷太多了。他發牢騷的方式，不是攻擊小人當道，而是表明自己看不上功名富貴，不僅「糞土當年萬戶侯」——有時，甚至糞土當年的天子，也未可知。杜甫在描寫長安「醉八仙」詩裡寫道：「李白一斗詩百篇，長安道上酒家眠。天子呼來不上船，自言臣是酒中仙。」其實，他哪裡是「不上船」呢？天子呼他進京時，他都高興得又唱又跳的；現在，天子呼他，他為什麼怠慢了呢？因為他明白，天子不是讓他去「治國平天下」的，而是奉旨填詞，他不高興了，他發牢騷了。

李白被賀知章評為「謫仙人」的一首詩叫〈蜀道難〉，這首詩詳細描寫了蜀道的艱難，上下數萬年、縱橫天地間地描寫、感歎，其中，將「蜀道之難、難於上青天」一句，重複詠唱了三次，最後，以「錦城雖云樂，不如早還家」做結。很多人以為，這是李白對蜀道的經歷所然，其實，李白有沒有走過蜀道，都很難說；再說，走過蜀道的唐代優秀詩人比比皆是；更重要的是，李白有俠士之風，是個不畏山川艱險的人，怎麼會說出「不如早還家」的結尾句來呢？我以為，李白這首詩，根本就不是在感歎蜀道的艱難，而是在感歎仕途的艱難！

功名與自由，誠如我們在開篇所說的，在中國文人身上，是天然的一對矛盾，這時，終於在李白身上激化了。他官場不得志，便隨意飲酒、交遊、發牢騷；而隨意飲酒、交遊、發牢騷，又影響了他升做大官。傳說，有次玄宗急召他來寫新詞，正逢他大醉，貴妃親自為他遞毛巾、皇帝為他調醒酒的玉羹，他則讓大太監高力士脫靴、權臣楊國忠去磨墨。翻遍二十四史，文人擺譜，沒有比他更大的了，真是達到登峰造極的程度。歷史上最為寬宏大度的皇帝之一——唐玄宗，也終於忍不住了，說了句「非廊廟之器也！」（不是做官的料子），就「賜金放還」（給了一些錢，讓他走人）。

這就印證了莊子為什麼不願做廊廟之器，因為莊子明白自己不是廊廟之器；而李白卻不然，李白的榜樣人物，是那些一步登天、做了帝王之師、帝王輔弼的人，如姜太公、管仲、張良、諸葛亮、謝安，他的〈大鵬賦〉雖然取材於《莊子》裡的〈逍遙遊〉，但他用意卻是創造一個能一舉沖天、直上九萬里、能簸卻滄溟水的意象。

與陶淵明相比，李白也遜了一籌：李白是被「放還」的，陶淵明是主動辭職的。更重要的是，此後的表現：李白牢騷越發越大，以至於牢騷成了他後期詩的主要內容之一；陶淵明則終其後半生，隻字未提官場。

李白的牢騷詩，傳世的極多，其中著名的詩句有：

> 行路難！行路難，多歧路，今安在？
> 將登太行雪滿山，將渡黃河冰塞川！
> 抽刀斷水水更流，以酒澆愁愁更愁！
> 總為浮雲能蔽日，長安不見使人愁！

等等。

登峰造極的，是那首〈將進酒〉：

君不見，黃河之水天上來，奔流到海不復回！
君不見，高堂明鏡悲白髮，朝如青絲暮成雪。
人生得意須盡歡，莫使金樽空對月。
天生我材必有用，千金散盡還復來。
烹羊宰牛且為樂，會須一飲三百杯。
岑夫子，丹丘生，將進酒，杯莫停。
與君歌一曲，請君為我傾耳聽。
鐘鼓饌玉不足貴，但願長醉不用醒。
古來聖賢皆寂寞，唯有飲者留其名。
陳王昔時宴平樂，斗酒十千恣歡謔。
主人何為言少錢？徑須沽取對君酌。
五花馬，千金裘，呼兒將出換美酒，與爾同銷萬古愁！

還有那首〈夢遊天姥吟留別〉後兩句：

且放白鹿青崖間，須行即騎訪名山。
安能摧眉折腰事權貴，使我不得開心顏！

他為什麼會夢遊天姥山？這是他心中另一個境界，自由自在的境界。他想到了它，他要去走另一條路了。但是，對於就這樣丟下仕途，他還是憤慨不已，所以，當他說到「安能摧眉折腰事權貴，使我不得開心顏」時，是那樣的咬牙切齒！

這些詩句，反覆表達的內容主要有三個：一是對小人當道，自己當官無門，非常憤慨；二是不能為帝王、為蒼生做貢獻，非常難過，只得以酒澆愁了；三是當官有什麼了不起？我做自由人去了！正因為有這第三點，使得李白的詩超凡脫俗、氣勢恢弘、非同凡響。

但，李白終究未能放下一顆「濟世之心」，未能一心歸隱。安史之亂發生的第二年，李白隱居在廬山，接到永王李璘的聘書，原來，永王李璘響應朝廷的號召，起兵平叛。年屆花甲的李白，竟然欣然應聘，並雄心勃勃地寫了一大堆詩，其中有「但用東山謝安石，為君談笑靜胡沙」——將自己比做淝水戰役中的謝安，要在談笑之間，把安祿山這些叛軍消滅掉。

可悲的是，永王李璘竟然生了野心——想趁亂擁兵自立，結果，很快被他的姪子——已經繼位當皇帝的唐肅宗李亨所滅，李白竟然以「附逆謀反罪」被判死刑，後來改判流放夜郎。那時，安史之亂平定，長安城內一片歌舞昇平，無數有功之臣，包括李白的好朋友、同是大詩人的高適等人，都被加官晉爵，李白卻身陷囹圄。他的好朋友、大詩人杜甫感歎道：「冠蓋滿京華，斯人獨憔悴！」

遇到這樣的結局，李白的精神有點崩潰了，人們都說，這位可憐的詩人瘋了。李白瘋了嗎？杜甫不能相信，他依然認為，李白還是像當年那樣，倚酒裝瘋，是「佯狂」。杜甫因此寫了一首很沉鬱頓挫的詩：

不見李生久，佯狂殊可哀。
世人皆欲殺，吾意獨憐才。
敏捷詩千首，飄零酒一杯。
匡山讀書處，頭白好歸來。

這分明是一首招魂詩啊！李白那個時代，出了那麼多文人俊傑，李白也結交了那麼多酒友俠士，可真的懂李白、知李白的，恐怕就這位曾被他取笑為「借問別來太瘦生，總為從前作詩苦」的「杜二」了。杜甫此前還寫過：「白也詩無敵，飄然思不群。」「筆落驚風雨，詩成泣鬼神。」在杜甫的心目中，李白是，而且僅是，一名偉大的詩人！

命運到底對李白還網開了一面，李白在流放途中遇赦。可是，他晚年漂泊東南一帶，再也沒有了當年的風光，因為從客觀上看，這時已經不是大唐盛世；從主觀上看，他也不是那個可能被天子呼上船成為帝王之師的人，也不是天子呼來不上船的高士，他是個無權無勢無望的小文人了。等他衰老不堪的時候，他只得投奔在當塗縣令李陽冰（李白族叔）家，不久即病卒，一說喝醉了酒，在水中撈月亮而死。

李白曾寫過「鳳歌笑孔丘」的詩句，他為什麼要笑孔丘呢，很多人認為，他在思想上，更多地偏重於道家莊子一派，笑的是儒家的迂腐。我以為，除此之外，還有兩層意思：

其一，笑孔子生於「亂世」，蘊涵了自己生於「明時」。

其二，李白除了要大濟蒼生外，還要自由自在，要求仙——他的追求目標高於孔丘。

可是，正是這個李白，晚年卻又以孔子自況起來。李白的〈臨路歌〉寫到：

大鵬飛兮振八裔，中天摧兮力不濟。
餘風激兮萬世，遊扶桑兮挂石袂。
後人得之傳此，仲尼亡兮誰為出涕！

這一點，看似有點不可思議，其實原因很簡單，他說「大雅久不作，吾衰竟誰陳」時，想到的是寫作，是孔子修訂《詩》《書》、筆削《春秋》般的寫作；臨死前提到孔子，是感到自己一生像孔子一樣，沒有做到大官。孔子只做了三年不到的大司寇，李白也只做了三年不到的翰林學士。孔子多少還是個參政官，執政者之一；李白只是皇帝的弄臣。比起孔子來，他更慘。他要比的人應該是司馬相如，可惜，他不願比，因為司馬相如只以文章名世，也只是漢武帝一個文學弄臣。他們在歷史上，都是以文章名世，前者叫賦，後者叫詩。不同的是，司馬相如雖然不情願只做文章，但好歹還有點自覺地做了。李白則根本不屑於此。這就是中國文人和西方文人的區別，中國沒有職業文人，也沒有人願意做職業文人，更沒有人把當職業文人作為一種追求自由的方式，所以，屈原、司馬相如、李白、關漢卿、李贄、曹雪芹這些人的生存狀態，沒有但丁、莎士比亞、拜倫、伏爾泰、巴爾扎克們好，僅此而言，也是中國不能自己形成文藝復興、啟蒙運動的原因之一。

怎麼也不肯離開官場

中國歷史上，知識分子關於自由與功名的鬥爭，到了李白身上，達到了白熱化，李白成了一個高峰，並從此以後，開始走下坡路：功名終於占了上風，即李白之後的一段歷史裡，文人們對自由，最多也只有想一想的份了。或許有人會反問，李白之後也出了很多隱士啊？呵呵，仔細看看吧，那些隱士們，除了「邀名」以走「終南捷徑」而外，基本上都是為了避亂、避禍或出於無奈。自主、自覺、為了自由的原因去當隱士的，基本上是絕跡了。

可笑的是，這些文人還抬出一個榜樣來，這個人就是東方朔。

東方朔依靠自薦，在漢武帝身邊做了一個「弄臣」——漢武帝主要覺得他很能逗自己開心。東方朔是個絕頂聰明的知識分子，他深知功名與自由的矛盾，但他又妄圖調和功名與自由的矛盾，於是，他提出了一個「大隱隱於朝」的命題，言下之意，當隱士與當官可以集於一身。宋代朝廷優待文人，一些對自由嚮往的文人，便以東方朔為榜樣，尋求功名與自由「兩不誤」的當官之路。然而，他們真的能兩不誤嗎？我們前面說過，當官與自由，二者是不可調和的。可是，當二者衝突時，他們選擇哪一條呢？宋代的歷史告訴我們，在主觀上，這些文人都毫無疑問地選擇了當官之路。自由，於他們而言，也只是心裡想想、口中說說、筆下寫寫而已。

這方面，蘇軾是一個典型代表。由李白到蘇軾，中國文人對自由的態度，發生了一次大逆轉。

蘇軾，字子瞻，號「東坡居士」，世人稱其為「蘇東坡」。他是北宋著名文學家、書畫家、詞人、詩人，同時還是美食家，其散文與歐陽修並稱「歐蘇」；詩與黃庭堅並稱「蘇黃」；詞開北宋「豪放派」之風，與南宋辛棄疾並稱「蘇辛」；書法與黃庭堅、米芾、蔡襄並稱「蘇黃米蔡」；其畫則開創了湖州畫派。他是中國文學藝術史上罕見的全才，也是中國數千年歷史上被公認為文學藝術造詣最傑出的大家之一。

蘇軾生於西元一〇三七年，死於一一〇一年，這是北宋中期，中國歷史上有名的「治世」，也是知識分子最受優待的歷史時期。蘇軾二十一歲在父親的率領下，與弟弟蘇轍一同離開家鄉眉州（今四川眉山，北宋時為眉山城），進京趕考。翌年，他參加了禮部的考試，以一篇〈刑賞忠厚之至論〉獲得考官的賞識，得中第二名。據說，他本來可以得第一名，但主考官歐陽修看到他的文章後，認為只有自己的弟子曾鞏才可能寫出這樣好的文章，為了避嫌，就沒有評他為第一名。與此同時，他父親、弟弟全部高中進士，「一門三進士」，一時名滿京城。蘇軾曾在考試前寫過二十多篇模擬策論文章，這時，也在京城傳抄開來，被準備參加進士考試的舉子們奉為範文。

嘉祐六年（一〇六一），蘇軾應中制科考試，即通常所謂「三年京察」，入第三等，授大理評事、簽書鳳翔府判官，從此走入了官場，也同時開始了他人生充滿坎坷、痛苦的生涯。

蘇軾為官不久，父親就病死在汴京，他只得按「禮」扶喪歸里，守孝三年。熙寧二年（一〇六九），他服滿還朝，仍授本職。此時，宋神宗即位，由於政治、經濟、財政危機日顯突出，神宗任用王安石，開始「變法」。蘇軾的許多師友，包括當初賞識他的恩師歐陽修在內，因與王安石政見不合，被迫離京。蘇軾也因在返京的途中，見到新法的實施對普通老百姓有很多損害，年輕氣盛的他，竟貿然上書反對「新法」。這樣做的一個結果，便是像他的那些被迫離京的師友一樣，不容於朝廷。於是，蘇軾自求外放，調任杭州通判。

蘇軾在杭州待了三年，這個期間，天堂美景、煙雨江南，倒讓蘇軾的文藝天才得到極大的展示，詩詞、文章、書法、繪畫，都名重一時，譽滿人間。至今，杭州還流傳著很多蘇軾的故事，其中大多是褒揚這位大才子的。杭州任滿後，蘇軾一連被調往密州、徐州、湖州等地，任知州，政績都很不錯，並且深得民心，更重要的是，他的文名已經如日中天，連皇帝、太后都欣賞得不得了。

這樣持續了大概十年，蘇軾遇到了生平第一件禍事。當時，有人（李定等人）故意把他的詩句扭曲，大做文章，於是，元豐二年（一〇七九），在蘇軾到任湖州知州不滿三個月時，以「文字毀謗君相」的罪名，被捕下獄，這就是歷史上有名的「烏臺詩案」。

蘇軾坐牢一百零三天，幾次瀕臨被砍頭的境地。幸虧北宋在太祖趙匡胤年間即定下不殺士大夫的國策，蘇軾才算躲過一死。

出獄以後，蘇軾被降職為黃州團練副使（相當於現代的武裝部副部長），他也因此而變得心灰意冷，工作之餘，帶領家人在城東開墾了一塊坡地，種田幫補生計。「東坡居士」的別號便是他在這時取的。

「詩人不幸文章幸」，蘇軾在黃州期間，寫了一系列詩文，成了他一生中詩文創作成就的巔峰之作，其中包括〈念奴嬌．赤壁懷古〉和前後〈赤壁賦〉，無一例外的是，這些詩文都表達了「人生如夢」的感歎。

我們先看看〈念奴嬌．赤壁懷古〉：

大江東去，浪淘盡，千古風流人物。
故壘西邊，人道是，三國周郎赤壁。
亂石穿空，驚濤拍岸，捲起千堆雪。
江山如畫，一時多少豪傑！
遙想公瑾當年，小喬初嫁了，雄姿英發。
羽扇綸巾，談笑間，檣櫓灰飛煙滅。
故國神遊，多情應笑我，早生華髮。
人生如夢，一樽還酹江月！

前面豪放，後面悲觀。

再看看「前後赤壁賦」：

〈前赤壁賦〉寫道：

壬戌之秋，七月既望，蘇子與客泛舟遊於赤壁之下。清風徐來，水波不興。舉酒屬客，誦明月之詩，歌窈窕之章。少焉，月出於東山之上，徘徊於斗牛之間。白露橫江，水光接天。縱一葦之所如，凌萬頃之茫然。浩浩乎如馮虛御風，而不知其所止；飄飄乎如遺世獨立，羽化而登仙……

蘇子曰：「客亦知夫水與月乎？逝者如斯，而未嘗往也；盈虛者如彼，而卒莫消長也。蓋將自其變者而觀之，則天地曾不能以一瞬；自其不變者而觀之，則物與我皆無盡也，而又何羨乎？且夫天地之間，物各有主，苟非吾之所有，雖一毫而莫取。惟江上之清風，與山間之明月，耳得之而為聲，目遇之而成色，取之無禁，用之不竭。是造物者之無盡藏也，而吾與子之所共適。」……

〈後赤壁賦〉寫道：

……於是攜酒與魚，復遊於赤壁之下。江流有聲，斷岸千尺；山高月小，水落石出。曾日月之幾何，而江山不可復識矣……劃然長嘯，草木震動，山鳴谷應，風起水湧。予亦悄然而悲，肅然而恐，凜乎其不可留也。反而登舟，放乎中流，聽其所止而休焉。時夜將半，四顧寂寥。適有孤鶴，橫江東來。翅如車輪，玄裳縞衣，戛然長鳴，掠予舟而西也。須臾客去，予亦就睡。夢一道士，羽衣蹁躚，過臨皋之下，揖予而言曰：「赤壁之遊樂乎？」問其姓名，俛而不答。「嗚呼！噫嘻！我知之矣。疇昔之夜，飛鳴而過我者，非子也邪？」道士顧笑，予亦驚寤。開戶視之，不見其處。

前面曠達、後面消極。

宋神宗元豐七年（一〇八四），蘇軾離開黃州，奉詔赴汝州就任。由於長途跋涉，旅途勞頓，蘇軾的幼兒不幸夭折。汝州路途遙遠，且路費已盡，再加上喪子之痛，蘇軾便上書朝廷，請求暫時不去汝州，先到常州居住，後被批准。當他準備南返常州時，神宗駕崩，哲宗即位，於是，高太后聽政，新黨勢力倒臺，司馬光重新被啟用為相，一批在王安石變法中受打擊的官員得到重任，蘇軾也是其中一名。這一年，蘇軾以禮部郎中被召還朝。在朝半月，又升為起居舍人，三個月後，升中書舍人，不久又升翰林學士知制誥（為皇帝起草詔書的秘書）。這樣半年之內連升四級，古今文人中，也不多見，原因是太后和新皇帝特別欣賞他的詩文、是他的超級紛絲。

但蘇軾書生氣太重了，他沒有像唐朝白居易那樣，及時收斂，而是依然秉承著儒家弟子的行事方針，這就是范仲淹所說的「居廟堂之高則憂其民，處江湖之遠則憂其君」。當然，這是宋儒對儒學的理解。所以，當蘇軾看到新興勢力拚命壓制王安石集團的人物，並盡廢新法後，他又有意見了，認為有些新法是不錯的，不應該廢。因為他有依據，他在地方任職多年，太瞭解民生了，他之判斷新法好壞的標準，就是是否有利於百姓的生產和生活。於是，蘇軾再一次「不合時宜」地向皇帝提出諫議。當然，後果可想而知：惹得以司馬光為首的「舊黨」群而攻之。

至此，蘇軾是既不能容於新黨，又不能見諒於舊黨，有點像唐朝時李商隱的處境。聰明的蘇軾只得再度自求外調。他以龍圖閣學士的身分，到闊別了十六年的杭州當太守。蘇軾在杭州興修了一項重大的水利工程，即疏浚西湖，並用挖出的湖泥在西湖中間築了一道堤壩，也就是我們今天看到的著名的「蘇堤」。

這次外放，蘇軾稍微學了點乖，開始學唐代的白居易。他學白居易，直接的原因，可能是白居易也曾在杭州當過刺史，觸發了他。但是，最根本的原因，則是白居易年輕時，也因寫「諷諫詩」而屢屢遭貶，於是，到了晚年，白居易便收斂起來，一邊學佛參禪、一邊與家妓廝混，再做一些所謂士大夫的閒適類的詩。沒想到，這樣的白居易，最後竟然一路高升，最後在八十多歲高齡，以「副宰相」的身分退休。這一點，蘇軾這麼聰明的人，難道看不透?!他也是到了「知天命」的年紀了，經不起折騰了。有一次，蘇軾摸著自己的大肚皮，對他的愛妾朝雲問道：「這裡面是什麼東西？」聰明伶俐的朝雲說：「一肚子不合時宜。」這使蘇軾想到，一切的禍事，都出自於他那生花妙筆上！據說，他反思到這一點時，給自己的兒子寫了一首詩：

人皆養子望聰明，我被聰明誤一生。
惟願孩兒愚且魯，無災無難到公卿。

這首詩讀起來相當辛酸，讓人容易想起魯迅遺囑裡告誡兒子不要當文學家。

但是，我們一定要注意到，蘇軾在這首詩裡，明明白白地說出了他對兒子前程的希望：當公卿，即做高官！這首詩裡的「聰明」，應該主要指會寫文章、抨擊時政。在文章與仕途發生矛盾時，要放棄寫作、選擇升官。「惟願孩兒愚且魯，無災無難到公卿」兩句，似乎有點晚年白居易的影子。

在這樣的牢騷語裡，我們已經看出蘇軾心底裡的想法。無怪乎他既不會像陶淵明一樣，迷途知返；也不會像李白那樣，「明朝散髮弄扁舟」。蘇東坡是怎麼也不會離開官場的了！

當然，此時的蘇軾，也有了過舒適日子的本錢，因為這一回，他是太守了，杭州地方最高長官。所以，在杭州太守任上的蘇軾，表面上是過得很愜意的。

但是，他的詩名太大了，「好文」的皇帝、太后們惦記著他呢。元祐六年（一〇九一），他又被召回朝。但不久，又因為政見不合，外放潁州。元祐八年（一〇九三），新黨再度執政，蘇軾被貶至惠陽（今廣東惠州市）。好在這時的蘇軾，已經非常曠達了，他樂觀地寫道「日啖荔枝三百顆，不辭長做嶺南人」。政敵們不會讓他這樣快活的，於是，不久，又將他貶到更為偏遠——簡直就是最遠的地方——儋州（今海南）。據說在宋朝，儋州被稱為「天涯海角」，放逐海南是僅比滿門抄斬罪輕一等的處罰。這一回，蘇軾無法樂觀了，想到自己年歲已大，他悲觀地估計，自己是要死在這蠻荒之地了。後來，新皇帝徽宗即位，才調他到廉州、舒州、永州任一些小職務。元符三年（一一〇一），朝廷大赦天下，蘇軾被任命為朝奉郎，調往京都。可惜，他在北歸途中，病死在常州。

蘇軾是宋代文人中，才華最大者，也是挫折最大者，進進出出、升升貶貶，有時被恩遇接近了天，有時被打擊的差點被殺頭。這個詩、文、詞、書、畫俱佳的文化鉅子，一生真嘗盡「顛沛流離」的苦頭——他一生總在不停地遷徙，平均每兩三年就得挪動一次。蘇軾是一個天才的知識分子，以他的悟性、他的學問、他的人生體驗，難道不知道自由的重要性嗎？難道不嚮往自由嗎？難道不知道去追求自由嗎？難道體會不出，官場是自由的牢籠嗎？我想，他都是明白的。但他沒有離開官場。他也寫過「小舟從此逝，江海度餘生」，但他沒有辭官歸隱，他一輩子也沒有歸隱過一天。他說「我欲乘風歸去，又恐瓊樓玉宇，高處不勝寒」。他怕歸隱的日子，太冷清嗎？他動過很多次念頭，但每一次，好像只是做幾首詩、寫幾篇文章，然後，又回到官衙的辦公室裡。他最終思考的結果是：「多情反被無情惱」。他認為，是他對朝廷太多情了！他解脫的方式是：「天涯何處無芳草」！「何妨吟嘯且徐行……一蓑煙雨任平生。」「回首向來蕭瑟處，歸去，也無風雨也無晴」——他選擇了隨遇而安。

至今，人們還在猜測，他那句「我欲乘風歸去……高處不勝寒」，這「高處」是指什麼？當隱士超凡脫俗的高處呢？還是當大官位高權重的高處呢？

與蘇軾同時代的歐陽修、范仲淹、以及南宋時的陸遊、辛棄疾們，也都動過歸隱的念頭，但除了皇帝罷官，他們沒有一個歸隱過。

南宋時有一個張孝祥，似乎是主動辭官的，但他在歸隱的路上就死了，三十八歲。如果不死的話，他歸隱之後，還會不會再出山，也未可知。看看後面的柳永，或者也可以做一份答案。

瀟灑之後還是要回到功名上

本來在宋朝，中國最可能出職業文人，理由有三：第一，讀書人很多，而進士名額有限，也就是說，必然有很多文人不能走上仕途。怎麼辦，可以去做職業文人呀！第二，文章有了收入，因為宋代城市經濟發展得相當可以，其中娛樂場所很多，歌妓們與唐朝一樣，需要好詞，所以，詞在宋代風行一時，連夫子型的碩儒、文章大家歐陽修也偷偷地填詞度曲，蘇軾雖然對音樂不是十分精通、常常走調，但也還是填了不少不太合韻律的詞，而且專開一派：豪放派。由此可見詞的盛行。一曲詞能捧紅一個藝人，當是意料之中的事，詞也就值錢了。第三，民間對文人很尊重，朝廷也相對寬容，蘇軾遇文字獄是遭人嫉妒、是政見不同者的陷害，如果他做職業文人，恐怕未必有此一劫。

那麼，有宋一代，最有資格、也最能成為職業文人的人是誰呢？翻一下文學史，估計非柳永莫屬。

柳永實在是個寫詞天才，至今，人們都會念叨他的「今宵酒醒何處，楊柳岸，曉風殘月！」婉約得讓人柔腸百結。

這樣的人，偏偏念念不忘功名，比起蘇軾，「自由」二字，在他腦海裡，可能一直蜷縮在一邊沉睡。

不過，看看他的家世，就難怪。他的父親、叔叔、哥哥、兒子、姪子都是進士，這是宋代的特色，科舉制真正能網羅文學之士，真才實學的人很多。柳永受家庭影響，到了成年後，自然要進科場的。可是，大約是他那做詞浪漫的文風，不利於寫策論，結果，三年一次的考試，前兩次都沒考取。這時，他在民間已經相當有名氣了，到處都在傳唱他的歌詞，怎麼會考不取呢？太氣人了！一氣之下，他在酒後寫下了一曲〈鶴沖天〉：

黃金榜上，偶失龍頭望。
明代暫遺賢，如何向？
未遂風雲便，爭不恣遊狂蕩，
何須論得喪。
才子詞人，自是白衣卿相。
煙花巷陌，依約丹青屏障。
幸有意中人，堪尋訪。
且恁偎紅倚翠，風流事、平生暢。
青春都一晌。
忍把浮名，換了淺斟低唱。

大意很清楚：當官無望了，就去風流瀟灑吧，青春苦短，抱抱小姐、喝喝小酒、唱唱小曲，就這樣快活快活吧，我是才子詞人啊，享受也抵得上那些達官卿相了。

這曲詞讓妓女們喜歡，看：還有不愛功名愛美女的才子哦，那我們就好好地唱這首歌吧！

這曲詞讓讀書人喜歡，看：考不取功名也不要緊嘛，還可以做風流才子，可是當「白衣卿相」。

這曲詞讓老百姓喜歡，看：咱們的隊伍裡也有才子哦，誰說天下有才的人都去為帝王服務了?!

這曲詞也讓商人喜歡，看：讀書有啥子用嘛？誰說「天子重英豪」？這個才子就沒被天子看中，落榜了；誰說「萬般皆下品，唯有讀書高」？這個才子不也和我們一樣了，整天只有以喝酒泡妞取樂?!

結果，這曲詞自然就廣泛流傳開來，而且流傳很廣。

可是，人們忽略了這個詞裡的一個字，那就是「忍把浮名，換了淺斟低唱」中的「忍」字，柳永去做風流才子，那是把功名之心「忍」住了啊。可是，忍是需要毅力的，需要拒絕功名的決心的，更需要有內在動力的，陶淵明歸隱的動力是熱愛自由，李白歸隱是痛恨當道的權貴。柳永則從小熱衷功名，又沒遇到什麼小人陷害，怎麼能忍很長時間呢？

果然，他並沒有「忍」，三年之後，他就第三次進京趕考了。這回，他的試卷過了考官的關了，最後等皇帝來定奪名次。

但，他的悲劇（當然，從文學史上看，卻是喜劇）開啟了。原來，〈鶴沖天〉那曲詞名氣太大，皇帝宋仁宗自然也聽到了，看到那些要放棄功名去泡妞、喝酒的句子，仁宗皇帝很不爽，雖然他不是朱元璋的心胸，但到底不能讓這樣的人進入士大夫的行列，所以，當他看到名冊簿上「柳永」二字時，問道：可是那位要偎紅依翠的風流主兒？然後，龍顏大怒，一筆勾去柳永的名字，並在旁批到：「且去淺斟低唱，何要浮名？」

柳永到了這個地步，文人的阿Q精神終於大放異彩，從此直奔青樓，理直氣壯地去風流了——其實是自我麻醉。但他心裡怎麼也還惦記著功名，惦記著皇帝老兒，於是，就精神勝利法地宣稱：看，這回是皇帝叫我來填詞，好了，我是「奉旨填詞」。據說，柳永還刻了塊印，叫做「奉旨填詞柳三變」。這樣，一沒工作，二沒銀子的柳永，一不留神成了個「自由撰稿人」，專門為青樓裡的妓女、歌女們譜曲填詞了。柳永的作品，流傳下來二百多首，其中自創的詞調竟有一百五十個之多，且大部分為前所未見的、或以舊腔改造成的新調，這對宋詞的發展與進步作出了巨大貢獻。他的詞通俗化、口語化，如同唐朝白居易的詩一樣流傳很廣。據說，開封的名妓沒有不認識他的。哪個妓女如果說不認識柳七官人（柳永排行老七），就會被眾人恥笑。當時城裡的妓界流傳這樣的小調：

不願穿綾羅，願依柳七哥；
不願君王召，願得柳七叫；

不願千黃金，願中柳七心；
不願神仙見，願識柳七面。

既然這麼受歡迎，豔遇自然是難免的。柳永在一首〈西江月〉中寫道：

調笑師師最慣，香香暗地情多，
冬冬與我煞脾和，獨自窩盤三個。

這裡面的「師師」、「香香」、「冬冬」據說分別是當時的三大名妓：陳師師、趙香香、徐冬冬，這些人都成了他的紅顏知己。

明清的一些道學家們，曾攻擊柳永生活不檢點，同時，也覺得他靠妓女養著，是可悲。其實，用今天的眼光看，這正是他輝煌之處。如果中國的詩詞文人，都這樣生活，中國文學會更加燦爛多姿。君不見，在元朝廢除科舉制時期，一大批被視為「與丐為伍」的文人，走進勾欄，這樣，中國文學史上才出現了關漢卿、羅貫中、湯顯祖、施耐庵這些真正的文學大家！

柳永真正可悲的是他到底忘不了功名！在五十多歲時，他再次參加科舉，並終於金榜題名，但結果只是當了個餘杭縣宰。在任三年，未做出什麼大的業績（官太小，也沒舞臺），他實際上照例是結交妓女、創作新詞。

據說，他途經江州，結識了他的一個超級粉絲、名妓謝玉英，她用蠅頭小楷抄錄了一冊《柳七新詞》收藏在床頭，這一條，立即打動了多情的柳永，二人才情相配，一談而引為知音。臨別時，柳永寫新詞表示永不變心，謝玉英則發誓從此閉門謝客，只等柳永有朝一日回來。柳永在餘杭任上三年，又結識了許多江浙名妓，但未忘謝玉英，並在任滿後的回京路上，到江州與她相會。不想，謝玉英已重操舊業，陪人喝酒去了。柳永十分惆悵，在花牆上賦詞一首，描述三年前恩愛光景，又表達今日失約之不快。最後寫道：「見說蘭臺宋玉，多才多藝善賦，試問朝朝暮暮，行雲何處去？」謝玉英回來見到柳永詞，感歎他果然是位多情才子，自愧未守前盟，就賣掉家私趕往東京尋柳永。幾經周折，謝玉英終於在東京名妓陳師師家找到了柳永，並再修前好。

柳永最後死在東京的妓家。由於沒有官界的好朋友，他死後無人過問，是趙香香、陳師師等一批名妓湊了一筆錢才讓他入土為安。據說，柳永出殯那天，全開封城的妓女集體放假，全部都來出席他的葬禮，這便是「群妓合金葬柳七」的佳話。而且據說，以後每年春天的清明節，都有無數妓女不約而同地來掃墓，從而上映了一齣「眾名妓春風弔柳七」的人間喜劇。

想那柳永一生，要當那三年破官做甚！卻原來，功名與自由相比，功名已獨霸文人的心！

不得其門而入便自甘墮落

我們現在都說《聊齋志異》裡諷刺科舉，《儒林外史》更是在批判中否定了科舉。然而，仔細讀後，作者也只是諷刺、批判、否定八股取仕，但並不反對功名，相反，倒是覺得像自己這樣的學問，應該有個正常的考試途徑直取功名。

實際上，到了明清時期，文人們對「獨立」二字，已經沒有意識了，他們想的只是功名。比如，人們最熟悉的風流才子唐伯虎，真的一心只愛風花雪月而棄功名如敝屣嗎？否！他是無法取得功名，逆反心理而已。他的詩文中，充滿對功名富貴的咒罵，其實正是吃不到葡萄說葡萄酸、吃不到葡萄說葡萄有毒！否則，他不會這樣念念不忘功名。罵也好、諷刺也好，只是「念念不忘」的另一種體現。

唐寅，字伯虎，一字子畏，號六如居士、桃花庵主等，吳縣（今江蘇蘇州）人。他自幼聰穎，能詩擅畫，十六歲便中秀才，十九歲娶徐氏。徐氏文靜秀氣，溫柔體貼，夫妻恩愛。其父唐廣德，經營一家唐記酒店。可是，正在唐伯虎意氣風發時，父親突然中風過世，母親因太悲傷也隨父親而去，其後，妹妹在夫家喪亡，徐氏在生育孩子時，產後風而死，小嬰兒則在出世三天後，也隨親娘而去。親人接連病故，打擊甚大，使他意志消沉。後在好友祝枝山、文徵明等人的鼓勵下，他重拾古文，發憤苦讀，結果鄉試名列榜首（第一名稱解元），「唐解元」一時名聞南京城。二十七歲時，他續弦，但接著，悲劇再次降臨：當唐寅上京考取進士時，卻被同鄉舉子出賣，被誣告行賄主考官，拖入刑堂棍打，押入大牢，後經人保舉出獄，但被宣布再不能參加科舉考試。他回家後，發現妻子已經改嫁，悲憤加貧困，使他幾近精神崩潰。後來，一位小侯爺請他去做秘書，他欣然而往，但時間不長，接著，便開始了一段漫遊，先後遊歷了江、浙、皖、湘、鄂、閩、贛等地，自然風光給了他極大的啟迪，他畫技大長，畫風更獨具一格。明正德四年（一五〇九），唐寅回到蘇州，在城北的宋人章莊簡廢園址上，築室桃花塢，自稱「桃花塢主」，曾作〈桃花庵歌〉，自比「采花仙人」，並自署一枚「江南第一風流才子」印，「任逸不羈，頗嗜聲色」，賣文鬻畫，很快竟名聞江南，與徐禎卿、祝允明、文徵明交遊甚密，人稱「吳中四才子」。

唐寅的風流韻事，傳說很多，但正史裡卻幾乎沒有，這說明，他的所謂風流，不過是嫖嫖娼而已。如果說，柳永還是以情為上，只是濫了一點；則唐寅連濫情也沒有了，有的只是肉體的墮落和靈魂的麻醉！

有意思的是，他寫了一首〈把酒對月歌〉，借李白的月亮，抒自己的志：

李白前時原有月，惟有李白詩能說。
李白如今已仙去，月在青天幾圓缺？
今人猶歌李白詩，明月還如李白時。
我學李白對明月，白與明月安能知！
李白能詩復能酒，我今百杯復千首。
我愧雖無李白才，料應月不嫌我醜。
我也不登天子船，我也不上長安眠。
姑蘇城外一茅屋，萬樹桃花月滿天。

但，唐寅可能不明白，他追求自由的心，已經沒有李白那樣的覺悟了。月是不嫌他，但他愛月嗎？他懂月嗎？他不登天子船，是因為沒有天子呼他；他不上長安眠，是因為長安根本就沒有人認識他，眠了也白眠。「姑蘇城外一茅屋，萬樹桃花月滿天。」聊以自慰而已。小小的一個侯爺請他去做秘書，他都去了。

這些文人，只能將風流當做自由了，這樣風流墮落，與自由無干、與愛情無關，只能說與麻醉、墮落有關。

不信，看看唐伯虎的畫就知道了，他的畫主要有三個題材，除了桃花，就是仕女圖和春宮圖，仕女圖是讓仕女收藏的，春宮圖是讓商人收藏的，說白了，也是為了迎合市場，為了金錢美女。

唐寅最傑出的仕女畫作品是〈秋風紈扇〉。行家認為，從人物形象看，此畫可以稱為明清對女性陰柔美定義的範本——畫中女子纖腰削肩、弱不禁風、孱弱病態。為了表達女子「三寸金蓮」的「小、瘦、尖、彎」，他故意在畫中不畫腳，而以高山流水為背景，形成女子的裙角隨風飄動，讓人想像。他其他的仕女圖裡仕女形象，也多是這個樣子。

唐寅的春宮畫作品很少傳世，據說，有一幅〈小姑窺春圖〉，今藏日本。畫幅左邊有一對男女隱約地在帳中做雲雨之歡，門外一個少女在偷看，還情不自禁地把手伸進自己的裙中。許多風流名士紛紛題詞其上，如清初的陳其年就題了一首〈菩薩蠻〉詞：「桃笙小擁樓東玉，紅蕤濃染春鬢綠。寶帳縝垂垂，珊瑚鈎響時。花陰搖屈戍（開關窗戶的鐵環紐），小妹潛偷窺，故意繡屏中，瞬他銀燭紅。」清代有畫家仿唐寅畫意，畫了〈隔牆有耳〉，觀之亦可知唐畫之梗概。

我們知道，明朝中後期，中國東南沿海因為工商業的興起、市民文藝的發展，已經初露出啟蒙的曙光。但是，中國知識分子注定無法成為啟蒙者，就如這風流才子唐伯虎，他根本不知道展示健康的女性美，同時，也不會展示正當的性愛美。他的仕女，仍然是明朝士大夫、達官貴人的玩物形象；他的春宮圖，只是淫技的展示。古籍中，我們會看到好多首清人對唐寅畫的題詩，他們看到的全是淫樂，如：「雞頭嫩如何？蓮船僅盈握；鴛鴦不足羨，深閨樂正多」，「清風明月無從覓，且探桃源洞底春」等，其中，雞頭是指少女的乳房，蓮船指小腳（三寸金蓮），桃源洞底，就不用我說了。

唐寅的詩存下來不少，他的詩總體上，水平還不錯，內容基本上是「言志」，我們看幾首，或可一睹他的精神面貌。

〈言志〉詩寫道：

> 不煉金丹不坐禪，不為商賈不耕田。
> 閒來寫就青山賣，不使人間造孽錢。

這首詩算是有創意的，他正式提出文人可以以文養生。

〈桃花庵〉詩寫道：

桃花塢裡桃花庵，桃花庵裡桃花仙。
桃花仙人種桃樹。又折花枝換酒錢。
酒醒只在花前坐，酒醉還須花底眠。
酒醉酒醒日復日，花開花落年復年。
但願老死花酒間，不願鞠躬車馬前。
車塵馬足貴者趣，酒盞花枝貧者緣。
若將富貴比貧賤，一在平地一在天。
若將花酒比車馬，它得驅使我得閒。
世人笑我忒瘋癲，我笑世人看不穿。
不見五陵豪傑墓，無花無酒鋤作田。

非常消極，談不上任何「自由」、「獨立」的精神，典型的吃不到葡萄說葡萄酸啊。不錯，功名都是身外物，「古來將相在何方，荒塚一堆草沒了」，但，任何人都有死，任何人都有生，你唐伯虎笑人家什麼呢？笑那些人只立了功名，沒有你天天沉溺酒色的瀟灑快樂嗎？那就大錯特錯了，他們可比你瀟灑快樂得多呀！哈哈，誰笑誰，甭用我說了吧！

〈歎世〉一詩展現了他的人生觀：

萬事由天莫強求，何須苦苦用機謀。
飽三餐飯常知足，得一帆風便可收。
生事事生何日了，害人人害幾時休。
冤家宜解不宜結，各自回頭看後頭。

這種無欲無求的藝術大師，生錯了時代、生錯了國度，終於在五十四歲時，潦倒落魄，悄然病逝。他的絕筆詩寫道：

生在陽間有散場，死歸地府也何妨。
陽間地府俱相似，只當漂流在異鄉。

這樣的藝術大師，沒有也罷！

第四章 迫害史

兩千多年裡，統治者對思想異己的知識分子，殘酷鎮壓、無情打擊，毀書、殺戮之事，不絕於史，一直把他們從百家爭鳴弄到噤若寒蟬、再弄到失去創造力為止。

聖人也殘暴

統治者迫害知識分子的事，由來已久！

看到「迫害」這個詞，首先讓人想到的恐怕是秦始皇焚書坑儒。然而，在此之前，已經橫亙了三個觸目驚心的傳說，這就是「大禹疏儀狄」、「姜太公殺隱士」和「孔子誅少正卯」。所以說他們觸目驚心，是因為這三個殘酷對待知識分子的人，不是暴君、不是殺人魔王、不是變態者，而是千古以來最為知識分子所頌揚的偶像、是史書裡不斷被歌頌的大聖人、也都是偉大的知識分子。

先說說「大禹疏儀狄」。

據《戰國策》記載，儀狄是大禹的一個大臣，也是一個釀酒師，他敬佩治水的大禹，就獻上他發明釀製的美酒。大禹在喝了儀狄的美酒之後，覺得甘醇香美之極，飄飄然有如神仙。可是，等大禹清醒之後，他竟下令不准飲酒，並從此疏遠儀狄，理由是：「後世必有以酒亡其國者」。大禹好像一個預言者：中國後來確實就有了「酒色亡國」之論，大禹此言，是個開端。我想，如果哪位美女那時要向大禹獻身（就像韓國明星向足球英雄獻身一樣），大禹也必然會在享受完美色之後下個「禁色令」，並從此遠離美女，理由則是「後世必有以色亡其國者」。

根據史料和傳說，我們知道，大禹是個實用主義者，做事很務實，思想也很務實，比如，他對妻子就談不上什麼感情：據說他為了治水，三過家門而不入。他妻子叫塗山氏，多年不見老公，只得像孟姜女一樣，千里尋夫，她看到丈夫的一幕是：大禹正在像一頭熊一樣，開通河道。於是，她羞憤而死。大禹看到塗山氏死後，什麼反應呢？大禹直奔她的屍體，以利劍劃開她的肚子，並大叫「還我兒來！」他的兒子啟就這樣從已經死了的娘肚子裡被挑出來。這個啟就是中國第一個「家天下」（把天子之位由自家兄弟子孫代代相傳下去）的創立者，夏朝的第一任國王。有人戲稱啟是第一個剖腹產的嬰兒，但我每次讀到這個「剖腹產」的故事，總是聯想起當年日本侵略軍在中國的暴行——用刺刀劃開孕婦的肚子然後挑出胎兒的情景。

最有諷刺意味的是，夏朝的最後一個天子（大禹的N代孫子）、後世聞名的夏桀王，就是特喜歡喝酒的一個人，同時當然還喜歡一個叫做妹喜的美女，並因此而亡了國。但我們理性地分析一下，就會發現，夏朝亡在酒色上，不過是為尊者諱——為天子開脫罪名，中國知識分子從來如此，不敢正面抨擊帝王，讓「酒色」做帝王的替罪羊。

酒是糧食造，被稱為「糧食精」，喝酒之後，人的想像力得到空前釋放，所以，在西方的古希臘時代，很講酒神精神的，把酒神與日神並列為人類兩大應該歌頌的精神，酒神是精神力量的源泉，日神則是理性的象徵。理性與感性交相輝映，才能讓人類勇敢地面對世界，進行創造、進行思考。在古希臘神話中，酒神名叫戴奧尼修斯（Dionysus），他身著狐狸皮，象徵新生，不僅握有葡萄酒醉人的力量，還以佈施歡樂與慈愛而極具感召力，他推動了文明的進步、確立了法則、維護著世界的和平。此外，他還護佑著希臘的農業與戲劇文化。

中國是一個農業社會，五千年來，生活在這個區域的中華民族，太劬勞、太辛苦了，他們有理由在豐收之際，用他們的勞動成果——糧食，釀造出糧食之精——酒，讓自己狂歡、發揮自己的創造精神、弘揚樂觀主義。大禹要做的，應該是如何對待酒，如何對待創造力，而不是簡單地廢棄它，實行可與不可的「一刀切」政策。

大禹是個以「疏導」著稱的人物，但在這一點上，他偏沒有搞好疏導。

一位大發明家、一位頂級釀酒師，就這樣被打入冷宮了。我想，他從此就只能在民間傳授釀酒技術了。這樣也好，畢竟，在釀酒上，中國並不亞於西方，近來在山東齊魯大地上發現的一個遠古墓葬，出土了釀酒工具和盛酒工具，經考證，至少有五千年以上的歷史！雖然，中國關於酒的悲劇層出不窮，但真正的大文學家、藝術家們，卻多數都是愛酒的。可見，統治者的政策與實際經常是背道而馳的。

關於這個傳說，我想展開一點說的是：大禹對酒的認識，實在是一個偏見，他以一己之偏見，而阻礙一門科學技術的發展，這才是開了一個壞頭。因為大禹能禁酒、疏遠釀酒者，也一定會疏遠其他他認為沒有價值的發明家，以一人之理解而絕天下之發明，這才是一個大悲劇，中華民族的悲劇。

後來，中國將很多發明創造列為「奇技淫巧」，其標準，不正是一些當權者的個人認識、個人好惡嗎?!

再看看「姜太公殺隱士」。

所謂隱士，就是「不臣於天子、不友於諸侯」、有本領、有見識、有修養的特立獨行者。姜太公本人就是一個隱士，在渭水邊垂釣，被愛賢、訪賢的周文王遇上，聘為助手（後世裡叫「丞相」），文王死時，遺詔讓他輔助武王，並讓武王尊稱其為「相父」：在國為相，教王如父，何等的尊遇，這是千古文人的一個夢想！但就是這位太公，作為周朝的開國元勳，在被封到齊地時，在齊國大地上，遇到一個叫做華士的隱士，華士「義不臣天子，不友諸侯，人稱其賢」。姜太公派人請他來當官，請了三次，華士都不來，姜太公就下命「誅之」。周公問他：「此人，齊之高士，奈何誅之？」太公回答說：這種不願做天子之臣、諸侯之友的人，我還能使得他做臣子或朋友嗎？不做我臣子與朋友的人，就是「棄民」；我請了他三次，他不來，就是「逆民」，如果我們尊重他，就是樹立了一個壞典型，假如全國人都以他為榜樣，我們還怎麼稱君？

看看：姜太公這一番高論，把統治者對隱士的態度說得太明白不過了。在他們心目中，不為他們服務的人，就是棄民——自絕於朝廷的人；給他官做，他不做，就是逆民——大逆不道的人，就該殺。殺華士的理由其實很簡單：不聽話、不順從、不合作。不合作者，就是逆民。不願做奴才、做幫凶，就應該殺掉，這樣才能樹立帝王的權威。這就是統治者的邏輯。姜太公這種想法，其實在春秋戰國時代，相當有市場。《戰國策》載，戰國末期，齊國派使臣到趙國去，主政的趙威后在接見齊國大使的時候，問了幾個有關齊國政治的問題後，便話題一轉地問：「于陵的那個子仲還在嗎？這種人啊，對上，不做天子的臣子；對下，也不治家業；中間呢，也不願為我們諸侯出力。這是在引導天下百姓不為我們統治所用啊！為什麼你們至今還沒把他給殺掉？」這個當權老太婆的邏輯，竟然和姜太公驚人的一致。

最後，我們再說說「孔子誅少正卯」。

少正卯被孔子加罪而誅，實在是千古奇冤。僅從知識分子聚徒講學角度而言，少正卯和孔子是一樣的人。據說少正卯講演時，很多人都去聽，包括孔子的學生，孔子把學生叫回來，但他們又去了，「三盈三虛」——孔子學堂上的學生三次坐滿了，又三次空了。少正卯因此成為全國的「聞人」——大名人，相當於現在「百家講壇」裡的學術名星。問題出在少正卯所持觀點，與孔子不同，甚至完全相反。這本是學術之爭，但是，孔子在魯國當了大司寇，事情就變了樣了：孔子坐不住了，在他當權的第七天，他就用起了自己的職權——刑法，宣布了少正卯的罪行：「一曰心達而險，二曰行僻而堅，三曰言偽而辯，四曰強記而博，五曰順非而澤」。然後，判了他死刑。

這五個什麼罪呀？以這五條看，他觸犯了當時的刑律了嗎？心達而險（有知識但心懷險惡），是政見不同，但他並沒參政，最多是議政；行僻而堅（特立獨行而又堅持不改），是特立獨行，但沒有違法啊；言偽而辯（主張與官方不一樣的理論卻有煽動力），是別有見解而又言之成理，只是你孔子辯不過人家呀；記醜而博（關注當權者的醜聞並且還廣為宣傳），是博學多識，也是輿論監督啊；順非而澤（贊成不同見解者並施以恩澤），這是他個人的權力呀。所以，連孔子的學生子貢都認為不應該殺他，子貢質問孔子為什麼要殺這樣的「聞人」，我們聽聽孔子對這五樁「罪」的解釋：「此五者，有一於人，則不免君子之誅，而少正卯兼有之。故居處足以聚徒成群言談，足以飾邪熒眾，強記足以反是獨立，此小人雄桀也，不可不誅也。」並舉前輩聖人的例子：「是以湯誅尹諧，文王誅潘正，太公誅華士，管仲誅付里乙，子產誅鄧析、史付。此六子者，異世而同心，不可不誅也。」兩次強調「不可不誅也」之後，孔子還舉《詩》曰：「憂心悄悄，慍於群小。小人成群，斯足畏也。」

對孔子誅少正卯，馮夢龍評價說：「小人如果沒有過人的才幹，就不足以危害國家；小人如果有才幹，但願意接受君子的駕馭，也未嘗不可以有利於國家；但小人有才幹卻特立獨行又堅持不改，則必定會危害國家。所以，孔子誅少正卯，實乃聖人誅小人之舉。」

馮夢龍是個有識見的人，由於他處在一個輿論環境相當險惡的時代，所以，他很多言論是正話反說的。他說的這段話，可以從正、反兩面來理解：正面看，從統治者利益出發，對特立獨行的知識分子，一定要殺；反面看：那些損害統治者利益的特立獨行的知識分子，一定會遭到殘殺！

我們在此必須指出，對孔子誅少正卯一事，是否確為史實，歷史上歷來存在爭議。肯定的一派，以戰國末期的儒學大師荀子為代表，此事也首先出現在他的《荀子》一書中；否定的一派以宋代的儒學大師（理學集大成者）朱熹為代表。有意思的是，這兩派都是從尊孔的角度，對此事的真實性予以肯定和否定，而不是像後來有些人說的，有人是為了傷害孔子，才編這個故事的。

其實，問題的實質很簡單：孔子有沒有誅少正卯的史實，本身並不重要，重要的是何以有人要贊成孔子誅少正卯，而且贊成的人很多。朱熹之前，絕大多數人都贊成；朱熹之後，一大半人贊成。贊成的原因就是要獨裁，帝王搞權力獨裁，學術界也要搞思想獨裁，只能有一種聲音。不要以為只有帝王搞獨裁，李斯、董仲舒這些當了奴才、居了高位的「知識分子」們也需要獨裁，他們是帝王的幫凶，為他們獨裁出主意、想辦法，而且非常周全。由此，我們有理由相信，孔子這樣的知識分子，權力上不得志時，可能會呼籲一下言論、思想自由；權力上一得志，便也參加到獨裁隊伍中，提起屠刀，去殺未得志的同類。這樣殘酷的推理，你接受也好，反對也好，只要翻開《二十四史》一看，案例多著呢！孟子罵楊朱咒墨子、韓愈排釋佛抑老莊、魯迅批西學諷國學，這些很偉大的人，對思想異己者的態度，基本上與孔子一脈相承，只是他們沒當「大司寇」，未掌大權而已。不信請看清代皇帝搞文字獄，那些打手們全是知識分子！

如果這些都僅僅是傳說的話，那麼，傳說也是為統治者服務的。

再說，做這個傳說的人，難道不是知識分子隊伍裡的人嗎？

好了，我們可以總結一下這三個傳說故事了——迫害知識分子，有三個原因：最輕的，是當權者認為你那些東西有害；重一點的，是你有用，但不為我所用；最重的，是你的想法和我不一樣，這一點中，又以你的能力、影響的大小而定，能力越大、影響越大，越罪該萬死！

三個大聖人，為後來的獨裁者做了偉大的榜樣。

獨裁者的焚書坑儒

焚書坑儒的罪魁禍首是秦始皇、李斯，一個帝王加一個法家思想的謀士，後者提議，前者下令。而這事，早在秦始皇、李斯之前一百四十六年裡，已經預演了一次。史載，西元前三五九年，秦孝公任用商鞅實行變法，商鞅就提出：「燔《詩》、《書》」的主張，按歷史記載，商鞅才是我國歷史上第一個提出焚書的人。然而，當時這一主張並沒有得以認真執行，更為重要的是，當時也僅僅局限在一個秦國內，而且秦也不是文化大國，焚書並沒有什麼大的破壞性。

西元前二二一年，秦王嬴政掃平六合，一統天下，實現了很多仁人志士的「天下一統」的理想。無疑，這位帝王是在眾多的知識分子的幫助下，完成這項偉大事業的，至少，韓非、李斯、尉繚的功勞，至大。僅從擁有知識、運用知識的角度，秦始皇本人也是一個知識分子，據說他每天要批閱一車書，他看到韓非的著作，激動不已，引為知己；他看到李斯的〈諫逐客令〉，立即收回逐客的成命，僅此，就可以知道他是有知識的。正因為他和他的謀士們有知識，才知道知識的厲害。這一點，恐怕與西方羅馬帝國的有區別，也是中國知識分子的悲劇所在。天下統一了，不能懷疑秦始皇有讓天下人安定的美好意願，但他更多想的是要讓自己的子孫萬代做皇帝，君臨天下。為此，他必須獨裁，必須消滅知識上的異己，辦法就是「焚書坑儒」。

整個事件的過程是：西元前二一三年（統一之後的第三年），秦始皇召集了一次「關於國是」問題的御前會議，也就是討論走什麼道路、如何治理天下的問題。會上，博士淳于越提出應該根據古制，即學習周武王，分封子弟。丞相李斯立即加以駁斥，他認為，春秋戰國諸侯紛爭、戰亂不已，都是分封惹的禍，因此，要堅決地廢分封、實行郡縣制。此一建議為秦始皇所採納，因為秦始皇認為，這樣一來，除了可以避免戰亂外，還可以讓自己做天下真正的、獨一無二的主人。但如果有人反對、特別是六國貴族們不服，怎麼辦？李斯認為，反對者的理論依據是「古制」，消滅反對者的辦法，是銷毀記載、闡述這些「古制」內容的典籍。於是乎，朝廷下令：焚燒《秦記》以外的列國史記，對不屬於博士館的私藏，醫農等自然科學技術工程方面之外的《詩》、《書》、《春秋》等有思想性的書，也限期交出燒毀；有敢談論《詩》、《書》的處死，以古非今的滅族；禁止私學，想學法令的人要以官吏為師。過了一年，有兩個為秦始皇煉丹的術士（侯生和盧生），因為煉不出「不死之藥」，就暗地裡誹謗秦始皇，後來又亡命而去。秦始皇得知此事，大怒，派御史調查，審理下來，共抓到這樣的術士四百六十餘人，秦始皇下令將他們全部坑殺在咸陽。這兩件事合稱「焚書坑儒」。

至今，很多人對焚書坑儒事件仍有異議，異議者有三：第一，秦始皇所坑之儒，並不是所有的知識分子，而是「四百六十人」，雖然之後又「坑」或「殺」了一些，但不是很多。第二，這些「儒」也並非全是儒家人物，或我們所說的知識分子，而多數是騙人的方士，方士欺騙秦始皇弄什麼不死之藥，未成，竟然還誹謗他，故而坑殺之。第三，書也沒燒盡，一方面，明令只燒各國史記以及詩書，科技方面的書並未燒；另一方面，皇家肯定還是藏書的，藏的書後來被項羽一把火燒了。

其實，秦始皇焚書，說明獨裁者已經發現知識的力量，要毀滅不利於自己統治的言論和思想，要在思想上實行專制，對異己者，堅決打擊，毫不留情。這一點，古今中外，莫不如此，如清代的文字獄、納粹德國的禁書等。而中國歷史上，大批量、有組織地殺文人、焚毀書籍，秦始皇開了先河。更何況，後世裡發生類似的事太多，文人們不敢罵當世者，就取秦始皇為靶子，集中火力攻擊他，所以，誇大一點，將「焚書坑儒」作為迫害知識分子的典型案例，也不為過。

中國書籍的厄運

「書籍是人類進步的階梯」，因為在古代，書籍是知識成果的主要載體，焚毀書籍，就是焚毀以往的知識成果。如果焚毀的是自然科學方面的書籍，就會使一些發明創造失傳，人類以往的努力將付諸東流。而如果焚毀的是人文書籍，則會焚毀過去人類所創造的一些光輝思想。其中最可怕的應該是：焚毀了一些偉大的思想，使後人以為前人僅有剩下來的那種思想。

比如春秋戰國時代，諸子百家們曾創造了很多偉大的思想，但經過秦始皇、項羽焚書之後，所剩無幾，漢代在整理、修復時，只注重儒家經典，結果，儒學從此占據了中國學術思想的主導地位。甚至人們根本發現不了，中國先秦時代，還有邏輯學、還有自然科學、還有民主思想、還有法的精神。

無數書籍的被毀，就使得後世的知識分子喪失了無數的精神食糧。所以，我們說：書之厄，也是中國文化之厄，也是中國知識分子之厄！

不幸的是，中國歷史上，焚書、毀書事件，層出不窮，今日觀之，觸目驚心。

歷史上記載的焚書事件，規模超過秦始皇時期的，至少有二十多次，我們可以將其分為四大類型。

第一類，無知的造反者、作亂者焚書。

項羽燒秦宮殃及書籍，就是典型的例子。

史載，項羽進咸陽後，放火燒了咸陽的宮殿，大火三月才滅，這其中，化為灰燼的，除了各種房屋、珍寶，當然還有文物、典籍。此事的嚴重性，在於項羽焚書之前，秦始皇曾經下過令，民間不得藏書，所以，人文典籍，只有朝廷及朝廷所立的博士可以收藏。可以想像，此次項羽放火，除了少量的書被一些博士帶走外，幾乎都焚毀了。中國文明軸心時代很多偉大的思想，由此而湮沒，中國文化在此實際上產生了一個斷層，這一點，我們將在後面〈學術思想衰變〉一章中再詳述。

唐代章碣寫過一首諷刺秦始皇焚書坑儒的〈焚書坑〉詩：

竹帛煙銷帝業虛，關河空鎖祖龍居。
坑灰未冷山東亂，劉項原來不讀書。

這首詩，從另一個角度，幫我們理解為什麼造反者會燒書，因為他們都「不讀書」。「不讀書」，就是無知，不知道書籍的重要性。

比如，《史記》裡曾記載，劉邦進入咸陽後，蕭何曾將一些諸如戶口、地圖、法令、財政等方面的檔案材料進行了整理、保管，但沒有很好地整理、保管博士們的藏書。這不是蕭何的錯。一方面，蕭何沒料到項羽會放那麼大的火；另一方面，以蕭何的文化修養，也不知道那些書的重要性。

再比如，項羽放火時，沒有任何人提出，要去搶救書籍。這些造反者們，想到的，只是發洩憤怒。

歷史上，由無知的造反者如此大規模地焚書，還有很多次。

接在秦亡時的項羽焚書之後的，是王莽政權倒臺時的赤眉軍焚書。漢代開國之後，朝廷鑒於秦亡的教訓，在政治上採取「與民休息」的政策，朝廷與民間的文化也逐漸活躍起來。漢惠帝四年（前一九一）解除挾書令，民間藏書才得以合法。朝廷鼓勵民間獻書，同時，也整理、修復了很多先秦典籍。漢武帝獨尊儒術，也很重視圖書的收集，特別是先秦的六經及其解說方面的書籍。到漢成帝時（前三一～前七），朝廷藏書有了相當大的發展，按劉歆《七略》記載，共有圖書六大類、三十八種、六百零三家、一萬三千三百一十九篇（卷）。可是，西元二五年，赤眉軍攻破長安，火燒宮室市里，《漢書》載：「及王莽之末，長安兵起，宮中圖書，並縱焚燼。」西漢積累兩百多年的典章文物，就這樣「焚燒無遺」。

接在王莽政權倒臺時的赤眉軍焚書之後的，是東漢將亡時，董卓遷都毀書。東漢開國皇帝漢光武帝劉秀是太學生出身，《後漢書》上說：「光武中興，愛好經術，未及下車，而先訪儒雅，采術闕文，補綴漏遺。」在劉秀的感召下，王莽之亂時攜帶圖書、隱匿林野的學者們「莫不抱負典策，雲會京師。」西元二五年，劉秀遷都洛陽，「經牒秘書」裝滿了兩千餘輛車。其後，明、章諸帝繼續徵集遺書，東漢藏書最盛時「書增三倍，以其數計之，當為六千餘乘。」可是，漢獻帝初平元年（一九〇），涼州大軍閥董卓挾持漢獻帝從洛陽遷都長安，在辟雍、東觀、蘭臺、石室、宣明、鴻都等處所藏圖書、檔案，全都被你搶我奪，瓜分散失，「圖函縑帛」都被軍人取作帷幕，圖書、檔案七十餘車在運往長安途中遇雨，道路難行，全被廢毀。董卓死後，其舊部爭鬥不已，長安大亂，「符策典籍略無所遺」。

接在東漢將亡時董卓遷都毀書之後的，是西晉時，「五胡亂中華」中的劉、石焚書。曹魏政權建立後，作為文學家的曹丕很愛書，朝廷因此又開始搜集圖書，朝廷館藏又漸豐富。西元二八〇年，西晉統一全國後，館藏目錄《中經新簿》著錄的圖書，多達二萬九千九百四十五卷。可是，晉惠帝時的「八王之亂」，書籍已開始遭遇戰火。西元三〇七年至三一二年，北方匈奴、鮮卑等民族南下燒掠，史稱「永嘉之戰」。在西晉這兩次戰亂中，兩個首領劉曜、石勒都大肆縱火搶掠，京都洛陽皇室圖籍損毀嚴重，史載：「惠懷之亂，京華蕩覆，渠閣文籍，靡有孑遺」。東晉著作郎李充以《中國新簿》檢校朝廷藏書，已「十去其九」，剩下不到三千零一十四卷。

接在「五胡亂中華」中的劉、石焚書之後的，是隋亡時的反將宇文化及焚書。西元五八一年，隋文帝滅周，接收周朝圖書一萬五千卷，以梁代書目檢校，只得其半。西元五八三年，秘書監牛弘上書，指出自春秋之後，圖書已歷「五厄」，如今承南北亂離，政府典藏亟需擴充。隋文帝採納了這個建議，於同年下詔求書，獻書一卷，賞絹一匹。此後，「民間異書，往往間出」，「一二年間，篇籍稍備。」西元五八八年，隋滅陳，大將高熲接收陳朝圖書。自此，分散的圖書，開始向朝廷集中。隋煬帝即位後，為了進一步完善政府典藏，在繼續徵書的同時，增補學士官一百二十人，專事修撰新書。《唐書・藝文志》說，隋藏書最盛時，有三十七萬卷，為歷史上朝廷藏書的最高峰。以後，雖經校定，除去重複，尚有七萬七千卷。可是，隋末，天下大亂，隋煬帝於西元六一六年逃往江都，並帶走所有藏書。西元六一八年，禁軍將領宇文化及發動兵變，攻入宮中，放起大火，所有藏書「並無一頁傳入後代」。

接在隋亡時的反將宇文化及焚書之後的，是唐朝安史之亂時叛軍入長安焚書。眾所周知，唐朝，尤其是盛唐，是我國歷史上少有的隆盛時代，對書籍的收集自然很重視。唐代聚書，自高祖時即已開始，以後，唐太宗、唐高宗、武則天、唐玄宗都繼續徵集遺書。到唐玄宗開元時期，朝廷典藏，達於極盛。西元七一九年，唐玄宗「詔公卿士庶之家，所有異書，官借繕寫」。進而有「兩都（即東都洛陽，西都長安）各聚書四部，以甲、乙、丙、丁為次，列經、史、子、集四庫」。《唐書・藝文志》著錄唐以前圖書五萬三千九百一十五卷，唐學者自著書二萬八千四百六十九卷，總八萬餘卷，可謂大觀。可是，在經歷了一百三十多年的和平之後，天寶十四年（七五五），范陽節度使安祿山和平盧兵馬使史思明起兵叛亂，先後攻陷洛陽、長安，乾元殿所藏圖籍「散失殆盡」、「尺簡不藏」，興慶宮所存寫的本國史、實錄、起居注及圖籍三千六百多卷都被焚毀。

接在唐朝安史之亂時叛軍入長安焚書之後的，是唐末黃巢起義時焚書。安史之亂被平後，唐朝廷極力重建館藏。唐代宗時，以千錢購書一卷，並設立拾遺史到江南尋訪圖書。唐文宗時，「搜訪遺文，日令添寫」，到西元八三六年，聚書又達五萬六千四百七十六卷。但是，四年之後，黃巢領導的農民軍攻破長安，兵火之中，「內庫燒為錦繡灰」。《舊唐書‧經籍志》載：「廣明初，黃巢干紀，再陷兩京，宮廟寺署焚蕩殆盡。曩時遺籍，尺簡無存。」不過，據史書所載，義軍紀律嚴明，所過之處，「閭里晏然」。因此，也有一說認為，很有可能唐宮室並非義軍所焚，而是唐潰兵所為。反正，藏書都被燒了。

第二類，蓄意毀書。

秦始皇焚書，是為了統一國家意識形態，消滅文化異己者。此種做法，我們稱之為「蓄意毀書」，它為後代一些帝王所仿效，只是燒的內容有所不同。著名的有王莽、清帝、洪秀全毀書，此外，還有梁元帝等人自焚其書的可笑行為。

王莽焚書，焚的是非儒家書籍，因為此人是個有偏執狂傾向的儒教信徒，為了表達對儒學經典的推崇，他除了鼓勵大造偽書外，就是將非儒家書籍焚毀。與王莽焚書相映成趣的是，洪秀全大肆焚毀儒家典籍，因為洪秀全是個落第的秀才，他不僅認為孔教誤己，而且認為孔教誤國，因而，極度反孔，起義過程中，逢儒家書籍，必聚而燒之。王、洪二人，不管出於什麼心態、針對什麼樣的內容，結果，都是焚毀書籍的歷史罪人！

清朝廷在大肆推行文字獄的同時，開始有目的地整理典籍。乾隆年間，朝廷借修《四庫全書》之名，對歷史上的文字來了一次徹底的「清算」，即要求全國圖書都要進獻、檢查，然後，將他們認為不利於清朝廷的書銷毀掉。據史載，乾隆時被銷毀的書籍「將近三千餘種，六、七萬卷以上」，「幾與四庫現收書相埒」。除此之外，他們還借機大量篡改古典，如岳飛的〈滿江紅〉詞中有「壯志飢餐胡虜肉，笑談渴飲匈奴血」的句子，他們認為「胡虜」、「匈奴」二詞是對滿清的貶稱（滿清人自稱是秦人、金人的後代），便將其改為「壯志飢餐飛食肉，笑談欲灑盈腔血」。後人感歎地說：「清人纂修《四庫全書》而古書亡矣！」。

南宋高宗時，秦檜為相，曾委託其子秦熺為秘書少監，秦熺秘密焚毀了秦檜罷相六年間的全部檔案（包括歷年頒行的詔書、布告及抗金主戰派彈劾控訴秦檜罪狀的奏書等），並對秦檜為相期間的《起居注》、《時政記》等進行刪改。

除此之外，還有帝王們可笑的自焚藏書，其中尤為可笑的是梁元帝將政權垮臺的罪過諉之於書。史載，南朝時，「蕭繹（梁元帝）據有江陵，遣將破平侯景，收文德之書及公私典籍，重本七萬餘卷，悉送荊州。因江表圖書盡萃於繹矣。及周師入郢，繹悉焚之於外城，所收十才一二。」具體情況是：南朝梁武帝太清二年（五四八），北朝東魏降將河南王侯景叛亂，所到之處焚燒搶掠，攻入建康圍攻宮城，叛軍登上東宮射擊宮內，太子蕭綱在敗亡之際，竟派人焚燒東宮臺殿，「圖籍數百廚，一皆灰燼」。

蕭綱的弟弟蕭繹是個極愛讀書的人，他在江陵當湘東王時，即有七萬卷藏書；侯景之亂被平息後，他下令將文德殿的藏書和在首都建康（今南京）收集到的公私藏書共七萬餘卷都運回江陵，至此，他的藏書達到了前所未有的十四萬卷。西元五五二年，蕭繹即位，史稱梁元帝。但是，這個書生，雖然會玩陰謀，卻不會治國。西元五五四年，江陵即被西魏軍隊攻破，梁元帝在敗亡之際，竟然將失敗原因，歸罪於書，於是，「入東閣行殿，命舍人高善寶焚古今圖書十四萬卷。」西魏軍從餘燼中，僅搶救出殘遺書籍四千餘卷。魏軍俘獲梁元帝後，問他為何焚書，他答到：「讀書萬卷，猶有今日，故焚之！」嗚呼，如此讀書人，竟如此無知！中國歷史上，書籍遭遇過無數焚毀的劫難，但皇帝不問內容、主動、一次焚毀十四萬卷書的記錄，在兩千多年間是絕無僅有的，在世界史上也是罕見的！

第三類：入侵者洗劫。

入侵者看到珍寶，常常將其洗劫，其中，書籍也包括在其中，由此造成書的另一種厄運。這一方面，規模最大的有五次：金人對北宋、南宋的兩次洗劫，英法聯軍入圓明園的洗劫、八國聯軍占領北京時的洗劫，以及西方列強對敦煌的洗劫。

可以稍微對人有點安慰的是，入侵者劫走圖書典籍，總比焚毀要好，因為這些圖書尚在人間，何況這是人類的精神財富，藏書於何處，並不重要，重要的是，它們能不能流傳於世、能不能發揮它應有的作用。

第四類：葬於地下。

中國素有用財物甚至活人陪葬的傳統，帝王將相、達官貴人，尤有厚葬之風，在一個重視文化的國度裡，將圖書當作陪葬品，正是情理之中的事。我們今天已經發掘的古墓，如秦陵、馬王堆、十三陵等，都有大量圖書出土，其中很多書簡，是後來的歷史上，再也沒見過的典籍。中國歷史文化典籍就這樣失傳的，非常多。

或者有人會說，這樣保險啊，以後我們還可以慢慢發掘、好好保存。可是，我們要知道，文化精神，需要代代相傳，否則，很多前代精華，將失傳。比如，我們前面說過的先秦文化精髓，漢代人在整理時，就喪失了很多。

再者，一些典籍埋在地下，在它重見天日之際，與被焚者一樣，同樣會給文化史帶來很多難決的公案。比如，《老子》一書，是不是寫定於春秋時期，多年來，一直爭論不休，直到馬王堆出土竹簡，經考古認證，一段公案才初告一個段落。

上述這麼多關於書籍的厄運，還使我們想到：夏、商歷史，至今除了殷墟發掘的甲骨文外，不知有多少典籍被戰火、被帝王所焚毀！你能說在商湯伐桀、武王伐紂時，沒有燒毀典籍嗎？商湯立國後，不焚毀不利於商的夏代典籍嗎？同樣，周武王、周公不焚毀不利於周的商朝典籍嗎？喜愛八卦的周文王在死後，沒有將很多甲骨文當作陪葬品帶入地下嗎？

科學家的悲慘遭遇

中國古代的科學家的遭遇，我們可以分為三大類型，以便看個究竟。

第一類：被曲解。

上古的科學發明創造者們，我們在本書第一章已經敘述了很多，但我們應該注意到的是，在先秦兩漢的著作裡，他們不是當作科學家而受到推崇，而是當作「天生聖人」才渲染的，這些典籍裡的話告訴我們：他們是「聖王」。歌頌他們，不是為了歌頌科學家，而是歌頌聖明的帝王。

第二類：被輕視。

《黃帝內經》裡說：作為醫者，太上醫國、其次醫人，其次醫病。也就是說，能治病的真正的醫生，是不如能救人、教人的聖賢，更不如那些能治國安邦的帝王將相。科學家的地位由此可見一斑。

事實上，中國先秦時的科學家，個人事蹟及其著述（成果）基本湮沒，作為科學之王的數學，著作有《周髀算經》，但在漢代已經沒有全本了，其作者生平更是一片空白。其他如工程學家，如魯班，我們只知一些零散的事蹟，也沒有完整的木工、建築工程方面的書籍流傳到漢代。

我們只知道李冰父子築都江堰、蒙田修萬里長城，卻不知道都江堰、萬里長城真正的設計者，其實，我們都明白，李冰父子不過是都江堰的「建設工程總指揮」、蒙田是長城「建設工程總指揮」，他們都是「行政官員」，而不是技術人員，不是「總工程師」、「總設計師」。

司馬遷是中國歷史學家中，思想最開放、最有創造性的人，他在《史記》中，專門為刺客、為商人立傳，可就是沒為科學家立傳。

戰國和漢初的六大顯學（道家、儒家、墨家、名家、法家和陰陽家）中，道家提倡「絕聖棄智」，視科學家為詭道；儒家只教人如何做官，視科學技術為「淫巧末技」；名家把邏輯學引入詭辯之中，拋棄了理性思維；法家只教統治者玩弄權術，教被統治者順從，教農民老老實實種田，軍人勇敢作戰，除此之外，一切免談；陰陽家則只是說大話，從不去做實證，自然也談不上重視科學技術；只有墨家從百姓生存角度重視科技，可是，恰恰是墨家，在戰國後期到秦漢以及漢以後，最不被重視，甚至受打擊，直到滅亡。

張衡曾著有《靈憲》等關於宇宙起源、天文學方面知識的書，全本已不能見。他所作的渾天儀、地動儀、多級刻漏等，全部失傳。

據《隋書・經籍志》載，祖沖之著有《長水校尉祖沖之集》，其他各種史籍中，還記載著他有如下一些著作：《安邊論》、《述異記》、《易老莊義釋》、《論語孝經注》、《綴術》、《九章算術義注》、《重差注》、《大明曆》、《上大明曆表》、《駁議》、《開立圓術》，只有後四部流傳下來。其中《綴術》一書，彙集了祖沖之父子的數學研究成果，在唐代被收入《算經十書》，成為唐代國子監算學課本，但據說這本書內容極其深奧，以至「學官莫能究其深奧，故廢而不理」，終於在宋朝失傳。

八〇年代初，人們在河南省南陽市看到一個奇觀：南陽出了三大名人，政治家諸葛亮、醫學家張仲景、科學家張衡，他們三個人的墓，一個比一個差，諸葛亮的墓極其堂皇，張仲景的墓一般般，張衡的墓很寒酸。醫學雖然是科學，但它究竟能治病救人，其中包括救治帝王將相、達官貴人，所以，有人願給他修墓，張仲景因此而沾光。張衡之有一寒酸之墓，還不是因為他是科學家，因為中國歷史上的科學家基本上沒有墓被保存下來的。他之有墓，完全是因為他曾經做過一個諸侯王的相，他的歷史地位是因為他會寫賦，在當時是個著名的文學家。

第三類：被當做異端邪說。

曹操有頭痛病，找華佗來治，華佗是中國古代傑出的外科醫生，他在診完後，認為要開刀──做切顱手術，曹操一聽大怒，認為華佗是以此為藉口來謀殺他，於是，將華佗打入死牢。

祖沖之是中國古代最著名的數學家、天文學家、曆法家。西元四六二年（南朝宋大明六年），祖沖之把精心編成的《大明曆》獻給朝廷，請求公布實行。宋孝武帝命令懂得曆法的官員對這部曆法的優劣進行討論，結果，他遭到以權臣戴法興為首的一大批官員的反對。戴法興首先上書皇帝，說：「冬至時的太陽總在一定的位置上，這是古聖先賢測定的，是萬世不能改變的；現在，祖沖之則說冬至點每年會稍微作點移動，這是誣衊了天，違背了聖人的經典。是一種大逆不道的行為。」他又把當時通行的十九年七閏的曆法，也說成是古聖先賢所制定，永遠不能更改。他甚至罵祖沖之是淺陋的凡夫俗子，根本沒有資格談改革曆法。祖沖之於是寫了一篇有名的駁議。他根據古代的文獻記載和當時觀測太陽的記錄，證明冬至點是有變動的。他指出：「事實十分明白，怎麼可以信古而疑今?!」他又詳細地舉出多年來親自觀測冬至前後各天正午日影長短的變化，精確地推算出冬至的日期和時刻，從而說明十九年七閏是很不精密的。他說：「舊的曆法不精確，難道還應當永遠用下去，永遠不許改革？誰要說《大明曆》不好，應當拿出確鑿的證據來。如果有證據，我願受過。」當時，戴法興指不出新曆到底有哪些缺點，於是就轉移話題，爭論到日行快慢、日影長短、月行快慢等等問題上去。祖沖之也都一項一項地據理力爭，並駁倒了他。戴法興沒話可以答辯了，竟蠻不講理地說：「新曆法再好也不能用！」但，許多大臣被祖沖之精闢透澈的理論說服了，其中有一個叫巢尚之的大臣出來對祖沖之表示支持。他說：《大明曆》是祖沖之多年研究的成果，根據《大明曆》來推算元嘉十三年（四三六）、十四年（四三七）、二十八年（四五一）、大明三年（四五九）的四次月蝕都很準確，用舊曆法推算的結果誤差就很大，《大明曆》既然由事實證明比較好，就應當採用。最後，宋孝武帝決定在大明九年（四六五）改行新曆，可是，在大明八年（四六四），孝武帝就死了，接著，朝廷發生變亂，改曆這件事就被擱置起來。後來，一直到祖沖之去世十年之後，在梁朝天監九年（五一〇），新曆才被正式採用。

比祖沖之命運更慘的是清朝名醫朱方旦。康熙十九年（一六八〇），朱方旦發現了「腦」是思想中樞，而不是傳統醫學認定的「心」，他撰文說：「古號為聖賢者，安知中道？中道在我山根之上，兩眉之間」。此說一發表，引起醫學界極大的震撼，群起撻伐，最後朝廷按「妖言惑眾」之罪將其處斬，所有著作一律焚毀（他還有不少醫學著作，如《中質秘錄》，我們可以想像到這些著作中一定有不少超越西方醫學的發現，但都化作了灰燼，使我們無從查考）。當時征吳三桂有功的順承郡王勒爾錦十分尊敬朱方旦，因此極力營救，康熙帝便先革了勒爾錦的職，再下詔殺死朱方旦。朱方旦的死，正與西方的布魯諾（Giordano Bruno, 1548-1600）一樣。

文字獄

如果說科舉制在客觀上採用了以功名為誘餌，對知識分子獨立意識和精神進行了一次整體閹割的話，那麼，它總會還剩下些「漏網之魚」，因為中國傳統思想裡本來還有一種「淡泊功名」，更有甚者，傳統上還有「通古今之變、成一家之言」，還有「秉筆直書」。於是乎，帝王及其幫凶們便向那些「不聽話」的文人們舉起了屠刀，文字獄遂應運而生！

由於中國的象形文字所蘊含的信息量博大精深，利用文字來傷害別人，也就古已有之。如李賀的遭遇就是一個大家比較熟悉的故事。李賀是唐代一個青年才子、天才詩人，由於他父親名字叫李晉肅，一些嫉妒他才華的人就說「進士」的「進」與他父親名字中的「晉」音同，因此，按儒家經義中所說的「為親者諱」，他是不能考進士、中進士的，否則就是「大不孝」、「大逆不道」。當時的文壇領袖韓愈為此專門寫了一篇〈諱辯〉，文章在從理論上駁斥了這些人的荒唐議論後，在結尾時又指出：如果一個人的父親做「某某仁」（「仁」這個字經常出現在中國人的名字中），則他的兒子就不能做「人」了嗎?!可惜，如此重量級的人物寫出的如此重量級文章，也不能改變李賀不能參加進士考試的命運，李賀在寫下諸如「天若有情天亦老」一類美麗詩句後，於二十七歲時，在鬱鬱不得志的心境下貧病而死。

而早在李賀之前，大詩人李白在皇帝要他為愛妃楊玉環填寫歌詞時，因將楊貴妃比作漢代美女趙飛燕而遭到小人攻擊。他們的理由是：漢成帝的皇后趙飛燕與哥哥關係曖昧，李白是想借此諷刺楊玉環與哥哥楊國忠的關係。好在皇帝李隆基與美人楊玉環都很大度，沒有治他的大罪。

最早最有名的文字獄，一般認為是北宋年間蘇軾的「烏臺詩案」：烏臺指的是御史臺，漢代時御史臺外柏樹很多、聚集了很多烏鴉，所以人稱御史臺為烏臺，也戲指御史們都是烏鴉嘴。蘇東坡在調任湖州太守時，作〈湖州謝上表〉，其中最後有這麼兩句話：「陛下知其愚不適時，難以追陪新進；察其老不生事，或能牧養小民。」結果，監察御史里行何大正摘引「新進」、「生事」等語上奏，給蘇軾扣上「愚弄朝廷，妄自尊大」的帽子。說「生事」是攻擊王安石變法，「新進」則是蘇軾對王安石引薦的新人的貶稱。這還不夠，監察御史臺里行舒亶經過四個月的「潛心鑽研」，又從剛剛出版的《元豐續添蘇子瞻學士錢塘集》（蘇軾在杭州時所寫的詩文集）中找到一些詩句，妄加定罪，說蘇軾「包藏禍心，怨望其上，訕瀆漫罵，而無復人臣之節者」，如罵「贏得兒童語音好，一年強半在城中」是諷刺青苗法；「讀書萬卷不讀律，致君堯舜知無術」是諷刺朝廷對官員實行考核太苛刻；「東海若知明主意，應教斥鹵（鹽鹼地）變桑田」是諷刺朝廷搞水利工程；「豈是聞韶解忘味，邇來三月食無鹽」是諷刺朝廷搞鹽專賣。有些說法，連王安石都感到驚訝。但蘇軾誹謗朝廷的罪名最後還是「成立」，依法當定死罪，只因為北宋立國之初有「不殺大臣」的規矩，最後才免死而貶為黃州團練副使，算是不幸中的萬幸。所以有此結果，都是因為朝廷用殺一儆百的方法，禁止文人非議朝廷政策。

到了黑暗的明、清王朝後，情形就要比上述這些事件的結果嚴重得多：可憐的文人們常常因一不留神而寫下的文字，最後被皇帝定罪——輕則削職、重則斬首、滅門乃至於誅滅數族。後世的史家一般稱這種現象為「文字獄」。

朱元璋出身卑微，內心陰暗，最怕別人看不起他。為了樹立自己的威嚴，他胡亂猜忌，大臣和文人妄加殺戮。文人因為在朝廷表書中一不留神寫下了一些被他認為是「譏諷」之意的字或詞，便稀裡糊塗送了小命。如浙江府學教授林元亮因所作〈萬壽增俸表〉中有「作則垂憲」句被殺、北平府學訓導趙伯寧因作〈萬壽表〉中有「垂子孫而作則」被殺等等，原因是當時的江淮方言，「則」與「賊」讀音相似，朱元璋以為這是在譏諷他有落草為寇的經歷。

但所有這些，都沒有清朝的文字獄來得規模大、立意深、影響深遠。究其原因，是滿清入關取得中國政權後，為了從精神上統治漢人，他們軟硬兼施，在實施優待奴才政策的同時，用文字獄方式，以根除不利於滿清統治的思想。這和當年秦始皇統一天下後，為了統一思想所做的「焚書事業」如出一轍。但他們的手段之殘暴、範圍之廣泛、時間之持久、力度之巨大，都是秦始皇望塵莫及的。如清代禁書，那真是五花八門，有令人歎為觀止的感慨：凡是涉及思想、歷史、政治以及民族問題的書籍皆被禁被毀，當然在意料之中，但令人匪夷所思的是大量純粹的文學、科學，技術，經濟方面的書籍也赫然在目——真是比秦始皇有過之而無不及了！

早在清軍入關不久，即順治四年（一六四七），廣東和尚釋函可身攜一本紀錄抗清志士悲壯事蹟的史稿《變記》，被南京城門的清兵查獲，在嚴刑折磨一年後，以「私撰逆書」的罪名流放瀋陽。次年，又有毛重倬等因為坊刻制藝所寫的序文沒有寫上「順治」年號，被大學士剛林認為是「目無本朝」、目無「正統」的「不赦之條」。朝廷還從此規定：今後民間印書，必須先由朝廷相關的官員校閱後，才准刊行，從而形成了世界上最早的言論審查專制制度。

康熙在中國史學家眼中，算是個大明君，但他的文字獄卻很「空前」，最著名的有明史案、黃培詩案、《南山集》案、朱方旦中補說案等四大文字獄。莊廷鑨明史案大略經過是：明熹宗天啟朝內閣首輔朱國禎受魏忠賢排擠，告病回到老家浙江烏程，編了一本《皇明史概》並刊行，未刊的稿本有《列朝諸臣傳》。明亡後，浙江湖州有個叫莊廷鑨的富戶，他是個盲人，受「左丘失明，厥有國語」的鼓舞，也想搞一部傳世史作。但他自己並不通曉史事，於是出錢從朱國禎後人處買了史稿，並延攬江南一帶有志於纂修明史的才子，補寫崇禎朝和南明史事。在敘及南明史事時，仍尊奉明朝年號，不承認清朝的正統，還提到了明末建州女真的事，如直寫努爾哈赤的名字，寫明將李成梁殺死努爾哈赤的祖父，斥罵降清的尚可喜、耿仲明為「尚賊」、「耿賊」，寫清軍入關用了「夷寇」等等，這些都是清廷極為忌諱的。這部《明史輯略》刊刻後，起初並無事，只因幾年後幾個無恥小人，想去敲詐莊家，才惹出事來。當時主事者莊廷鑨已死去多年，莊父仗著有錢買通官府將敲詐者一一頂回。不想一個叫吳之榮的小官一怒之下告到了北京。鰲拜等人對此大感興趣，頒旨嚴究。於是與莊氏《明史》有關連的人大禍臨頭。康熙二年（一六六三）五月二十六日，在山水秀麗的杭州城，清軍將《明史》案一千人犯七十餘人（為《明史》寫序的、校對的，甚至賣書的、買書的、刻字印刷的以及當地官吏），在弼教坊同時或凌遲、或杖斃、或絞死，一時血濺人間天堂。「主犯」莊廷鑨照大逆律剖棺戮屍，另有數百人受牽連發配充軍。

《南山集》案大略經過是：因翰林院編修戴名世對清廷隨意篡改明朝歷史甚感憤慨，他通過訪問明朝遺老和參考文字資料寫了一本記錄明末歷史的《南山集》。康熙五十年（一七一一），書印出十年後被人告發，因為書中用南明年號並涉及多爾袞不軌之事，康熙帝十分震怒，下旨將戴名世凌遲處死，戴氏家族凡男子十六歲以上者立斬，女子及十五歲以下男子，發給滿清功臣家作奴僕。同鄉方孝標曾提供參考資料《黔貴記事》，也和戴名世同樣治罪；戴氏同族人有職銜者，一律革去；給《南山集》作序的汪灝、方苞、王源等處斬刑；給《南山集》捐款刊印出版的方正玉、尤雲鶚等人及其妻、子，發配充軍。由《南山集》受到牽連的有三百多人，後來康熙帝故作慈悲，改戴名世凌遲為斬刑，本來應處斬刑之人如戴家、方家都流放黑龍江，方孝標已死，但仍被發棺戮屍。

如果說上述兩案因為直接觸痛了清朝廷的醜陋的「發家史」而獲罪，還有政治鬥爭需要緣由的話，則「朱方旦中補說案」，簡直就是屠殺知識。我們知道，康熙帝還是個對科學十分有興趣的皇帝，尚且如此，「文字獄」對中國科學技術發展的摧毀力，於此可見一斑！明中葉以來的文藝和科技復興，就被這一系列的文字獄扼殺中斷了。

雍正朝的文字獄更達到了令人髮指、顫慄的程度，數量也極其驚人。僅舉兩三例以見其概貌：雍正皇帝為了找「功高震主」的年羹堯「把柄」，在一張奏表中發現他將成語「朝乾夕惕」寫成了「夕惕朝乾」（此語意為終日勤慎，寫倒了意思也不變），便說他居功藐上、心懷不軌、想顛倒位次。皇帝一言既出，平時嫉恨年羹堯的人便群起而攻之，最後劾成九十二條大罪，令年羹堯自裁，親族、同黨或斬首或流放或貶謫，凡是與他有一絲牽連的人統統受到處罰。大臣汪景祺因隨年羹堯西征寫了《讀書堂西征隨筆》二卷，獻年羹堯收藏，便被定處斬，梟首示眾（其頭骨在北京菜市口掛了十年），妻子兒女發配黑龍江給披甲人（滿洲軍士）為奴，兄弟叔姪輩流放寧古塔，疏遠親族凡在官的都革職，交原籍地方官管束。由於牽累的人多，汪景祺僑居的平湖縣城甚至傳出「屠城」的謠言，居民驚惶逃竄。

更為荒唐的是「裘璉案」和「清風不識字」案：裘璉是浙江慈溪人，少年時（還在康熙時代），曾戲作〈擬張良招四皓書〉，說到漢初張良如何用計保住了「太子之位」（漢高祖劉邦有重立太子的想法，呂后找到張良出主意）。這傢伙在七十歲（康熙末年）才中進士當了官，後來已退休回鄉，但在雍正七年（一七二九），八十五歲的裘璉突然被捕，原來有人告發他那篇代張良寫的招賢信是替廢太子允礽出謀劃策，真正讓人感到匪夷所思！更不可理喻的是翰林院庶吉士徐駿在奏章裡，把「陛下」的「陛」字錯寫成「狴」字，雍正見了，馬上將其革職，接著再派人一查，在徐駿的詩集裡找到「清風不識字，何事亂翻書」、「明月有情還顧我，清風無意不留人」等詩句，於是皇帝認為這是存心誹謗「大清」，照大不敬律「斬立決」。

到了所謂的「聖主」、「十全老人」乾隆帝時，文字獄更達到一個新的頂峰，共發生一百三十餘案，被處凌遲、戮屍、連坐立斬者不計其數，而多數罪名竟都來自牽強附會、望文生義、捕風捉影，直到他後來發現，如此下去，已經到了不可收拾之程度（因為任何一篇詩文裡似乎都能找出「罪證」來），才在乾隆四十七年（一七八二）下詔說「不勝其擾……嗣後各省督撫，遇有似此鄙俚書籍，俱不必查辦」。顯然，像這類案件，如果都要徹底查究的話，勢必是案件山積，株連甚眾，「將不勝其擾」。但文字獄的陰影一直籠罩著文壇，文人們個個自危，終於形成了「萬馬齊喑」的局面。

第五章
沉淪與墮落

知識分子在經過主流蛻變、精神萎縮、政策迫害後，剩下的那些「青史留名」者，竟然多數都是一些說大話、謊話和馬屁話的人，大發牢騷的人，清高傲慢的人，沉溺酒色的人，走歪門邪道的人以及做白日夢的人。

大話、謊話與馬屁話

知識分子因為擁有知識，特別是「文學才華」，因此，說什麼話，都比別人動聽些，包括大話、謊話與馬屁話。以下僅列舉幾個特有名的人物特有名的大話、謊話與馬屁話。

孔子雖然說過「巧言令色，鮮矣仁」，可他還是很注重說話藝術的，他的弟子（包括弟子的弟子）在編撰他的語錄《論語》時，將他的「教導」分為四科，即「德行、言語、政事、文學」，其中，「言語」、「文學」兩科，都是講語言藝術。孔子還多次說過：「不學詩，無以言」。詩，指的是《詩經》，學好《詩經》，有三大作用，一是可以引《詩經》裡的話來做論證的證據，中國歷史文人說話寫文章常說「有詩為證」中的「詩」，在春秋戰國時代，就是特指《詩經》；二是可以學到很多知識，因為《詩經》內容博大精深，僅鳥獸蟲魚、山川器物之名，就不可勝數，形容詞就更加豐富；三是可以學習那種「賦、比、興」的說話方式，讓自己的語言更具藝術性和感染力。

孔子不僅「言傳」，而且「身教」，他的「巧言令色」，也是第一流的，最集中體現在自吹自擂的大話、蒙人的謊話和對他的偶像（一些古聖賢）的馬屁話上。

孔子是以負有天命而自許的。所謂「天命」，就是認為自己來到這個世界裡，是上天派來說一些話（真理）或做一些事（功業）的。這一點，對偉大的思想家們而言，是通例，如沙特就說過「我是負有天命的！」唯其如此，古今中外偉大的思想家們才有了在艱難困苦中堅持探索的勇氣和動力。孔子對自己的天命，是自比周公，以周公傳人自居。他看到禮崩樂壞的亂世，聲言要拯救這個時代，讓世界恢復到周公那個秩序井然的時代，把東周治理得像西周一樣。周公是周文王的兒子、周武王的弟弟、周成王（周公當政時的天子）的叔叔，而孔子先人是商朝後裔。孔子怎麼背宗忘祖，認敵為祖呢？原來，在周朝，人們已經神化了他們的開國元勳們，將周文王捧上了天，周武王也是聖明之主，周公則是偉大制度的制定者。周朝以前的文化，被周朝的統治者們糟蹋殆近，已經看不什麼痕跡了。孔子以周公繼承人自居，就是以中國正統文化的繼承人自居，而這個文化就是能讓天下安定的「禮樂」。他為了說明自己的理想偉大、正確，就開始美化周公，說周公是天生聖人，古今最偉大的道德模範，所有的叛亂都是他平定的；所有的禮樂，都是他制定的；所有的工程（如國都、陪都、祭壇等）都是他設計的；所有的諸侯都是他分封的；所有的官員都是他任命的；所有的政務，都是他處理的。為此，周公忙到了「一沐三握髮、一飯三吐哺」的地步。

吹了周公，目的是吹自己這個「繼承人」，他放出話來：如果有人用我三年，三年我就能讓天下成為和西周一樣的時代。可惜，周天子那時已經是泥菩薩了。

於是乎，孔子就等而下之，去找那些小諸侯了，首選當然是他的出生地——魯國。在魯國，他從一個小小的管理員，一步步，幾經周折，後來終於幹到大司寇，但在大司寇的位置上，不滿三年，就被人排擠去職。無奈，他開始了「朝秦暮楚」的求官生涯。五六十歲的孔子，在外奔波了十四年，號稱「周遊列國」，實際上只跑了山東及附近的幾個國家，一路上還「累累若喪家之犬」。為了做官，孔子不惜找他認為是「女人」、「小人」的當權者引薦，同時自我推銷地說：「苟有用我者，期月可也。」即他只需要一個月，就能讓國家治理好。齊魯大地上，因為受齊國管仲的影響大，管仲講「霸道」——舉著周天子的大旗號召諸侯、稱霸天下，這與他「仁政」的主張不太一樣，可他為了迎合大眾，就說：「管仲當然很偉大，沒有他，天下戰亂，我們不都沒衣穿、沒房子住了！」當時，有些隱士，尊堯舜，把堯舜時代描寫成一個無為而治的時代，這與孔子主張周公以禮樂治天下是最理想的制度是矛盾的，但孔子為了迎合這部分人，就讚歎堯說：「堯太偉大了，望上去，像太陽一樣！」但即便如此，還是沒有一個諸侯正式聘用他。在奔波過程中，他缺銀子花，想到了金錢的重要性，一反當年表揚顏回「甘貧樂道」的態度，開始說「富而可求也，雖執鞭之士，吾亦為之。」就是說，只要有錢，當駕駛員也可以，並且對顏回改口說：「如果你是大財主，我就為你當大管家！」瞧瞧，老夫子窮途末路，所有的大話都說完了，開始想錢，說起「醜話」來了。

孔子聲稱自己學問大，別人就請教他：「天是怎麼回事」、「鬼是怎麼回事」等高難度問題，他就說：人的問題還沒談好，我是不會說天的，也不會談鬼神的。於是，他的學生就為他記下一條：「子不語怪力亂神」。但是，他為了證明自己非同凡響、證明自己的理論受之於天，一而再、再而三地編造了很多關於天命一類的謊言，說什麼聖時、盛世會出鳳凰、麒麟。

晚年，孔子回到老家，開始了教書生涯。他知道自己的理想無法實現了，就對人說：「我久未夢見周公了」，感情他原來一直在夢中與周公討論問題啊！臨死時，聽說有人捕獲了一頭怪獸，他就說：「完了，這就是麒麟啊，現在麒麟被獵獲，我也該死了！」臨死也不忘自己是個有「天象」的人。

孔子的學生，自然對他也有很多奉承之詞，其中奉承最厲害的，是最窮的顏回。我們在《論語》中看到，子路常常會不客氣地質問孔子一些言行不一或與事實不符的問題，子貢也問過，唯獨這個顏回，除了諂媚之辭，就是順竿子爬，問幾個孔子正要發揮的問題。其實，原因很簡單：子路是個俠士型人物，心直口快；子貢是個富商，而且又是外交家。他們都有資格向老師請教、諮詢。窮學生顏回則只有奉承的份，以便得到老師的賞識、推薦。顏回說：老師的學問太大太大了：「望之彌高，鑽之彌堅」。顏回最大的苦惱，是趕不上孔子，結果，後來就有一句成語，叫做「顏苦孔之卓之至也」。「之至也」，就是太高太高，高得不能再高了。顏回怎麼辦呢？辦法是：「夫子步亦步、趨亦趨」，就是孔子走路時，他就跟在後面走；孔子小跑時，他就跟在後面小跑。後來，「亦步亦趨」就成了一個成語。孔子也回報他，認為他的學生中，只有顏回最賢，最得他的學說「仁」的真義。孔子七十二賢人中，顏回排名第一，其實，他既無功業，也無學術建樹，功夫只是敬佩老師，如果孔子之言屬實，顏回最多也只是個甘貧樂道的人，而這種人，在當時也並不少——春秋時期的隱士多著呢！然而，孔子對這個學生，做得也夠絕情，除了回敬幾句表揚外，沒有做任何有補於顏回的事。據說，顏回很短命，顏回死時，家裡連棺材也買不起，顏回的父親就去找孔子，想讓他把他的車子上的木板拆下來，湊合做個棺材。孔子一口回絕：

「那怎麼可以?!我是大夫級的人，出入沒有專車怎麼行！」

孔子在世和死後，孔子的學生都在竭力吹捧孔子，目的也無非是「拉虎旗，做大旗」，因為「名師出高徒」，孔子厲害，則孔子的學生自然也厲害。於是，到了戰國和漢代，就出現了很多糊塗帳：六經是不是孔子修訂的？《春秋》是不是他「筆削」的？

不僅孔子學生吹捧他，還有號稱是學生的人，也吹捧他，其中最有名的，是戰國時的孟子。孟子號稱是孔子孫子子思的學生，是孔子的「私淑弟子」。孟子繼承孔子的衣缽，除了他的學術思想，自然也包括說大話、謊話和馬屁話。

根據現存的文獻，我們發現：最早、最系統、最無稽、也最頂級的說大話者，非孟子莫屬。

孟子為了得到諸侯王的重用，以便施展自己所謂「王道」的主張，就自吹自擂，無限誇大自己的能力，其中最有名的一句是：「欲平治天下，當今之世，捨我其誰也?!」

這句話見於《孟子・公孫丑下》。原來，孟子在齊國，向齊王宣揚「王道」，結果，「王顧左右而言他」，沒有理睬他，他悻悻然離開了齊國，一臉的不高興。他的弟子充虞就在路上問道：老師，您怎麼這樣啊？以前您不是說過：君子不怨天、不尤人嗎？孟子說：此一時，彼一時啊！歷史上，是「五百年必有王者興」，從西周開國以來，七百年了，如果按年頭計算，已經過了五百這個數了；以時勢來對照呢，也差不多該是時候了。唉，老天沒想讓天下太平啊，如果要讓天下太平，當今這個天下，除了我還有誰有這個能耐呢?!

顯然，孟子是以五百年才出一個的「王者」自居。

他還專門解釋過這樣的「王者」。《孟子．滕文公下》說：人類世界由來已久了，社會以「一治一亂」（太平時代與混亂時代）循環著。堯的時代，洪水氾濫，老百姓無法安居，只得在山上打洞或在樹上結巢，於是，堯以及後來的舜讓禹去治水，後來「人民得平土而居之」。堯、舜之後，「聖人之道衰，暴君代作」，到了桀的時代，天下混亂不堪，於是，商湯伐夏桀，天下又回到太平；以後又一天不如一天，到商紂王時代，天下又大亂，這時，周公輔助周武王，「誅紂討奄……天下大悅」；周公之後，又一天不如一天，到了東周時代，「世道衰微，邪說暴行有作，臣弒君者有之，子弒父者有之」，於是，出了個孔子，寫了一本《春秋》。在《孟子．盡心下》裡，他更明確地解釋說：「由堯舜至湯，五百有餘歲……由湯至於文王，五百有餘歲……由文王至於孔子，五百有餘歲。」

孔子又怎麼能和身為帝王的堯、舜、禹、湯、文、武、周公們相提並論呢？孟子認為，能比的！因為孔子「筆削《春秋》而亂臣賊子懼」，就是說，孔子只寫（或刪改）了一部《春秋》，那些亂臣賊子們就嚇壞了，再也沒人敢謀反、擅權、犯上、作亂了。所以，孔子的能耐，和堯、舜、禹、湯、文、武、周公們是一樣的，都是能「平治天下」的「王者」，孔子生當亂世，沒有「王者」的位子，而實際上做了王者的功績，所以，他可以叫「素王」（素王，就是沒有穿上王者的服裝的王者）。現在，離周公時代已經七百年了，新的「王者」應該應運而生了，這個人，就是我孟子！

從上述言論中，我們可以看出，孟子大話說得是越來越離譜，其中還夾雜著許多謊言。首先，他假定了一個「一治一亂」的循環史觀；其次，對史實開始閉著眼睛說瞎話。例如，堯、舜之時，洪水氾濫，治水一開始，並不是禹，而是他父親鯀；鯀沒治好，才改由禹的。再說，鯀、禹治水，也不是堯、舜想派就派去的，而是各部落首領推舉的。接著，是夏朝，也大約五百年，但並不是全治世、或全亂世、或全衰世，裡面有亂世、有中興、有衰世——其中就經歷了一個「太康失位」和「少康中興」的時代。商朝也是這樣，它不是五百年，而是近六百年，中間也是有亂、有治、有衰，其中國都就遷了好幾回。東周的亂世裡，禮崩樂壞，亂臣賊子在孔子之前有，在孔子之後，更是不可計數，如田氏代姜、三家分晉等，哪個人看了《春秋》而「懼」了？直到秦始皇吞滅六國，沒人「懼」過《春秋》，可能大部分亂臣賊子根本就沒看過這本書！孟子說大話，根本就是睜眼說瞎話、閉眼亂吹牛。最後，孟子將落腳點放在自己身上，原來，他整出的一套「治亂循環」、「五百年間必出王者」理論，就是要論證自己是當今的王者，而且是獨一無二的王者。

孟子還極力吹捧文王的仁政，竟然說：文王伐紂時，因為廣布仁義，所以，正義之師一出動，兵不血刃，就推翻了商紂王。而事實上，文王根本沒能力去伐紂，伐紂的事業是由他兒子武王完成的；輔助武王的也不是周公，而主要是姜太公；伐紂也經過十多年準備，第一次條件不成熟，已經發兵，中途卻又取消了，然後，再展開了很多宣傳、外交、間諜活動；周武王與商紂王最後決戰時，《詩經》上說是「流血漂杵」。

孟子的算術也有問題，犯了「幼稚園級」錯誤：他一會兒說，孔子是「五百年一出」的「王者」，一會兒又說，從周公到他那個時代，已經七百年沒出「王者」了。讓人糊塗啊！從孔子到孟子，不過兩百年嘛，離「五百年」還遠著呢！

孟子被後代的儒家信徒們尊為亞聖，這種大話、謊話，也為後人所繼承。

中國寫歷史的作者們，都號稱按孔子不談「怪力亂神」的教導，一是尊重史實，二是不記神話傳說。可是，從《春秋》到《史記》再到後來的二十三史，為了吹捧開國帝王、名將、名相們出身不平凡、來頭大，無一不進行荒誕的神化。這一點，我們翻開二十四史，隨處可見。比如，漢代開國皇帝劉邦，就是他媽媽在農田邊睡午覺時，一條龍伏在她身上，弄出了這個龍種來的。這事，司馬遷煞有介事地把它記錄在《史記》裡！

文人說話，當然也很講技巧，繞著彎子說。例如，南朝詩人謝靈運為了吹自己是天下才華最高的人，就對別人說：「天下才華有十斗，曹子建獨占八斗，我謝靈運占一斗，天下共分一斗。」曹子建就是三國時代曾「七步成詩」的曹植，他是後來公認的大才子。謝靈運抬高曹子建，實際上是繞彎子抬高自己，因為他那個時代，曹植已死去數百年。所以，他這句話是告訴人們：當今時代，天下人的才華加起來，才能抵得過他一個謝靈運！

唐朝文人的大話、謊話、馬屁話多出現在詩裡。唐詩有很多內容，是自我吹噓，加上吹噓別人。吹噓帝王和地方官功績的詩，很像今天的廣告詞，大部分寫得很有水平。比如，詩人描寫盛唐氣象時，有兩句著名的詩，後人一直津津樂道，一句是：

千官望長安，萬國拜含元。

另一句是：

九天閶闔開宮殿，萬國衣冠拜冕旒。

何等有氣勢，何等有氣派！今天那些慣做房地產的廣告推銷公司，真該好好學習！

但，寫詩畢竟是寫詩，再說，詩人可以狂一點、與眾不同一點，所以，我們暫時就不去計較了。

宋代是所謂知識分子的天堂時代，因此，宋代大文人們，大話說得也最多。北宋初年，趙普三度出將入相，先是輔助宋太祖趙匡胤，後是輔助宋太宗趙光義。他向太宗吹牛說，他唯讀一本《論語》書就夠了，「昔以其半輔太祖定天下，今欲以其半輔陛下致太平。」這就是後來流傳的「半部《論語》治天下」的所謂佳話。可事實並非如此，他只是為自己讀書少找理由而已。據說，有次京都皇宮建一城門，請趙普題名，他題了「明德之門」四個字。宋太祖批評他：「明德之門」，用個「之」字幹什麼？趙普無知地說：「語助」（語氣助詞）。皇帝沒好氣地說：「之乎者也，助的甚事?!」

大文豪范仲淹更是個說大話沒邊際的人。眾所周知，北宋對待北方的強敵，一直都是採用屈辱的方式換取暫時的和平。范仲淹曾經奉命守邊，在此任中，他未建立任何軍功，倒是做了好多吹牛的詩詞，其中就有「胸中自有百萬兵」。范仲淹從來沒有去過岳陽樓，但他在接到好朋友巴陵郡（岳陽）太守滕子京的邀請函後，立即揮毫寫起〈岳陽樓記〉。在此文中，他大書「吾觀……」，請問范夫子，你「觀（看）」到什麼了？什麼「若夫淫雨霏霏，連月不開」，其景色如何如何；「至若春和景明」，景色又如何如何，都是坐在斗室之中想像出來的。有人說，這景寫得好啊。可是，好在哪兒呢？這樣的景，放在岳陽樓、岳陰樓以及任何一個面對著大湖的樓，都適用啊！中國小說戲劇裡寫景，往往多是如此，很少有個性化的描寫。

〈岳陽樓記〉開篇說滕子京貶到巴陵郡為太守，只一年時光，就讓該地「政通人和、百廢俱興」，牛算吹到家了。范仲淹忘了，他們的「至聖先師」孔子治理一個小小的地方，也要三年嘛！而且那也是後人的吹捧之詞。我們只能說，范夫子吹牛，超過前人。〈岳陽樓記〉結尾處，以「先天下之憂而憂，後天下之樂而樂」高自標榜，范仲淹這樣吹噓自己，也是先繞了一個彎子：他先說這兩句是「古仁人之心」，然後再說，如果沒有這樣的「古仁人」，我算哪一夥的呢?!可是，我們知道，天下即便有這樣無私奉獻者，也不能做榜樣，因為若以此為道德標準得話，最後只能是人人都去喝西北風，或者，世間都是小人，只有幾個君子。再說，孔子給「君子」定下的道德標準，也沒這麼高，孔子只說「己所不欲，勿施於人」；孟子給「君子」定的道德標準是「老吾老以及人之老，幼吾幼以及人之幼」，推己及人而已，孔子是底線、孟子是頂線，過了，就是虛偽、就是偽善、就是說大話、空話。

不過，說大話已經是宋代士大夫們的家常便飯。蘇洵這個讀死書的老頭，也敢洋洋灑灑地寫出了一篇「論兵」的文章，篇名叫〈心術〉，通篇文章不著邊際地大談用兵之道，其實，全是大話、空話。可悲的是，這篇「軍事論文」還被選到《古文觀止》裡。當然，《古文觀止》裡，說大話、空話、謊話、馬屁話的文章非常多，如李白的〈上韓荊州書〉、韓愈的〈上宰相書〉（共有三篇，《古文觀止》裡竟選了兩篇），文章雖然寫得不錯，但馬屁也拍得震天響。

還有一個不得不說的大人物，即理學大師朱熹，他也是和孟子一樣想當五百年出現一個的「王者」，為此，他以「當時世孔子」自居，把孔子吹上了天，說「天不生仲尼，萬古如長夜」。明代的李贄「以子之矛攻子之盾」，只輕輕地反問他一句：「看來堯、舜、禹、湯、文、武、周公的時代，都是漫漫黑夜了?!」朱熹這個大牛皮就被戳破了。

當大話變為空談、人們最終看穿了的時候，明末清初倒是有人提出「經世致用」來。可是，用儒學來治國平天下，是「致用」不了了，「經世致用」本身就是一句大話。

儒家人物為什麼喜歡說大話、謊話、馬屁話？因為儒學嚴重脫離現實，沒有實際功效。他們設計不出來有效的治國方案，所以，只能亂吹；他們要讓這種貨色充當治國平天下的法寶，就只能說大話；歷史上沒有成功的先例，他們只能造假、說謊；他們自己想當大官、當帝王師，又沒真本領，所以，只能吹自己、吹自己的榜樣、吹自己的老師和先師。

文人牢騷尋常事

說大話的人，多是在得志之前。待其失志之時，或根本就不能得志時，他們就再也說不出大話了，怎麼辦呢？辦法是：說牢騷話。中國文學史上，牢騷文章，蔚為大觀。文人牢騷，已成尋常之事。牢騷者，其實都是不得志者，而所謂不得志，就是得不到統治者的賞識、重用，得不到文人自認為應該有的權位。他們又可分為：被誤解、得不到重用、貧窮三種。而牢騷的方式，又分為：直接表示憤怒，罵最高統治者昏庸、罵小人當道；冷嘲熱諷，繞彎子罵人；表示不合作；宣布要安貧樂道；得不到葡萄說葡萄酸；灰心喪氣、自甘墮落等六種。我們試舉一些有名的例子進行分析。

第一個大名鼎鼎的牢騷者，應該是中國第一位大詩人屈原。屈原名作《離騷》，司馬遷就解釋為「離騷者，離憂也」——離，就是遭遇的意思，「離騷」實際上就是牢騷。屈原遭到小人詆毀，被楚王流放在外，牢騷之極，發而為詩，牢騷的內容是自己忠心耿耿卻遭誤解。他借用一個出身高貴、道德高尚、修養極好、儀表出眾的男子，到處尋找心上人而不得的意象，傾訴自己得不到楚王重用的情感。但他最終表示要繼續尋找下去——「路漫漫其修遠兮，吾將上下而求索」，並且「九死而未悔」！如果不知道《離騷》是一個政治家的牢騷語、不知道作者屈原的身世，我們一定會將它看成一篇「少年屈原之煩惱」的愛情敘事詩。把牢騷發到這種份上，是文學之大幸也。西方文學名著，有很多為愛情而發牢騷的，很少為當官發牢騷的；中國則反之。但中國文人自屈原始，以香草、美女比喻政治志向，其作品，倒也彌補了這方面的缺陷。如李白見不到皇帝，就說「美女如花在雲端」，讓不知道此作品背景的，把它當做一首單相思的長詩。

屈原也有寫得很直截了當的牢騷詩，如〈卜居〉裡就直書：

> 世溷濁而不清：
> 蟬翼為重，千鈞為輕；
> 黃鐘毀棄，瓦釜雷鳴；
> 讒人高張，賢士無名！

屈原之後，發牢騷的方式和水平，幾乎都達不到《離騷》的水平了，很多文人只取到它的一點。如賈誼被貶後，只取悲傷一條，結果悲傷過度，英年早逝；董仲舒在不得志時，只能寫〈士不遇賦〉，將「不遇」平鋪直敘一番；左思當不上大官，只能寫一點「世冑躡高位，英俊沉下僚」的直白式牢騷語。直到元朝之後，劇本、小說興起，牢騷語才有了偉大作品。

為屈原做傳的司馬遷，是中國文人中能將牢騷昇華的傑出代表。他在受到宮刑之後，也是牢騷之極，但他在發了一番牢騷之後，很快「移情」，從而「發憤著書」，寫出了「史家之絕唱、無韻之離騷」的《史記》。但他對不得其志的諸如孔子、屈原、賈誼等人，充滿同情，借用他們的身世，狠狠地發了一把牢騷。

從此，發憤著書，成為文人牢騷之後的一條積極之路，甚至有人認為「文窮而後工」，就是說，只有文人政治上沒出路、經濟上沒來路時，文章才能寫好，因為「物不平則鳴」，「鳴」就是好文章。事實上，中國文學史上很多作品，確實來自於牢騷，抒情的詩詞自不必說，單就小說而言，《聊齋志異》、《紅樓夢》、《儒林外史》，既是蒲松齡、曹雪芹、吳敬梓們的發憤之作，也是他們的牢騷之語。但是，貧困而讓他們不能長壽，甚至不能將名著寫完，也就太過了。為什麼一定要「不平」再「鳴」呢？這不有點犯賤嗎？事實是：如果他們得志當官了，也就寫不出好文章了，因為他們或者用心鑽營而沒心思、或者忙於公務而沒精力、或者要說假話而虛偽、或者懼怕惹禍而不敢寫。「江郎才盡」，說的就是這個道理。

文人發牢騷，具體一點的，就是嫌官位低、有小人擋道、生不逢時以及自己目前太貧窮。其中，誇大自己生活貧窮的「哭窮」文章尤其多！

從漢代到唐朝，哭窮的文人特別多。哭窮是一種牢騷，哭窮文則是一種牢騷語，只是這種牢騷語，比之於上述情況，境界就低多了。他們甚至走極端，不再寫文章了，因為他們認為，貧窮的原因，是因為寫文章毫無用處，換不來功名富貴。揚雄年輕時，就特別推崇孔子、司馬相如兩個人，他模仿《論語》、〈上林賦〉寫了很多哲學文章和賦，但他在窮困潦倒之際，在寫完哭窮文〈逐貧賦〉之後，認為文章是雕蟲小技，從此宣布封筆。到了唐朝，一些詩人更認為「若個書生萬戶侯」、「百無一用是書生！」。

哭窮最有名的，是中唐時的賈島和孟郊兩位「苦吟詩人」。賈島為了做出好詩，一路上推推敲敲，為的就是一句「鳥宿池邊樹，僧□月下門」，他不知道，這個和尚晚上回家，是「推門」還是「敲門」？推吧，不雅；敲吧，有響聲，破壞了靜寂的意境。賈島為了形容自己清貧、寂寞，曾寫過一句「獨行潭底影，數息樹邊身」，自認為好得不得了，為此，他專門對這句「得意之作」又寫了一首詩：「兩句三年得，一吟雙淚流。知音如不賞，歸臥故山丘。」可是，據後來的文學史看來，並沒有「知音」賞他這句詩，因為唐詩流傳下來的佳句中，不包括這一句。這種用三年時光寫出來的哭窮詩句，做作的成分太大！

「唐初四傑」之一的王勃，在〈滕王閣序〉中，為牢騷語開闢了另一條路子，這就是孔子表彰他得意弟子顏回的「安貧樂道」思想。他舉出了在「聖主」漢文帝時代，賈誼被貶到長沙；在漢武帝當政的「明時」，梁鴻逃亡到海邊；馮唐到老也沒等到建功立業的機會；李廣很會打仗，可就是沒封到侯這樣一些例子。然後說，為什麼呢？命運啊！所以，他提出「君子安貧，達人知命」的主張。其實，孟子早就說過「達則兼濟天下，窮則獨善其身」。只是大多數文人做不到。

後來，很多文人寫文章，告誡自己，也勸說別人要「安貧樂道」，但那字裡行間，分明還是一種牢騷，這個牢騷，就是「生不逢時」，遇不到知己的賞識。

唐詩裡，牢騷語極多，方式也各不同。其中李白是怒斥小人之後，表示自己將不與他們合作，如「安能摧眉折腰事權貴，使我不得開心顏」，「明朝散髮弄扁舟」；杜甫則喜歡哭窮，把自己的生活寫得非常之可憐，如「朝叩富兒門，暮隨裘馬塵。殘杯與冷炙，到處潛悲辛。」李商隱則一味傷感，如「春蠶到死絲方盡，蠟炬成灰淚始乾」。杜牧則冷嘲熱諷，如「商女不知亡國恨，隔江猶唱後庭花。」劉禹錫則做曠達語，實際上是隱含牢騷於其中，如「種桃道士今何在，前度劉郎今又來。」「沉舟側畔千帆過，病樹前頭萬木春」。

到了宋朝，抗爭精神少了，發憤著書的精神也少了，比較多的是安貧樂道吧，隨遇而安吧，孤芳自賞吧。但所有這些詩詞文章，字裡行間，其實都寫滿了牢騷語。這方面，最有代表性的是陸游的那首〈卜算子・詠梅〉詞：

驛外斷橋邊，寂寞開無主。
已是黃昏獨自愁，更著風和雨。
無意苦爭春，一任群芳妒。
零落成泥碾作塵，只有香如故！

明清之際，一方面出了一些偉大的劇本、小說，另一方面，則出現了很多自甘墮落的文人，這些文人的牢騷語，主要是做對比：把富貴鄉對比溫柔鄉，說沉溺酒色之間，比上朝議事快活多了；把王公大人對比平民百姓，說做個小老百姓自由自在，帝王將相最後要走進墳墓，而且有時不得好死。這種消極的牢騷語，已經把儒家祖師爺教導的「獨善其身」忘得一乾二淨，實在是無足可觀了。

清高、傲慢與文人相輕

文人在說大話、發牢騷的同時，為了表明自己的與眾不同，就開始了自視甚高、鄙視他人的言行，這樣，就誕生了清高、高自標榜、恃才傲物、卓爾不群、不可一世、出汙泥而不染以及文人相輕等詞語，可惜，這些傲慢性的言行中，就是沒有「特立獨行」。這種種言行，不過是大話與牢騷的變種。

清高，本是褒義詞，清者，不為名利，脫俗也；高者，與眾不同，品質高尚也。北宋初年，周敦頤寫了一篇〈愛蓮說〉，將清高的品質，比擬為蓮花。全文如下：

水陸草木之花，可愛者甚蕃。晉陶淵明獨愛菊。自李唐來，世人甚愛牡丹。予獨愛蓮之出淤泥而不染，濯清漣而不妖，中通外直，不蔓不枝，香遠益清，亭亭淨植，可遠觀而不可褻玩焉！予謂菊，花之隱逸者也；牡丹，花之富貴者也；蓮，花之君子者也。噫！菊之愛，陶後鮮有聞。蓮之愛，同予者何人？牡丹之愛，宜乎眾矣。

可惜，這種「出汙泥而不染」的清高品質，卻只是文人在紙上談一談的詞。實際生活中，他們要不自以為是，要不孤芳自賞。這樣，清高就發展為傲慢、孤僻。

史載，杜甫的祖父杜審言恃才放狂，常鄙視他人如糞土。他曾自誇說：「我的文章可以令屈原、宋玉為屬官，我手中的筆能讓王羲之拜我為師。」這並非他一時的酒後狂言，而是他發自內心的想法。杜審言晚年病重，臨死之際，詩人宋之問、武平一等人前去探望，杜審言竟然說：「我死了好，因為，如果我繼續活著，我的文才就總是壓在你們頭上，讓你們難有出頭之日。如今我要死了，你們應該高興才對。我最為遺憾的是，看不到文才能夠接替我的人。」

名滿天下的蘇軾也曾有過類似於宋之問的遭遇：蘇軾曾通過黃庭堅求見已故宰相晏殊之子晏

幾道，晏幾道卻一口回絕說：「當今朝中之人，一半以上都是我家舊客，我都沒空去見。」言下之意，你個外鄉小夥子，算什麼東西！

文人之間互相看不起，有個詞叫做「文人相輕」。三國時期的曹丕說：「文人相輕，自古而然。」他認為，文人之所以互相看不起，是因為他們往往只看到了自己的長處，而文章又不是只有一種體裁，沒有人能夠樣樣精通，所以「各以所長，相輕所短」。其實，如果僅僅就文章（文學上）「相輕」，倒也沒什麼大的後果，而文人相輕如果上升到學術思想上，則情況就大不相同了。

學術思想之不同，本是正常不過的事。《莊子》說：「內聖外王之道，暗而不明，鬱而不發。天下之人各為其所欲焉以自為方。」就是說，各人認識不同，什麼是真理，各持己見，在春秋戰國時代，諸子們也只能各引一端，崇其所善，於是，各種學說彼此之間「以是其所非而非其所是」。但問題是：一旦他們大權在握，在藝術見解、學術之見外，有了利益之爭，問題就變得嚴重起來。多數情況下，他們不是在藝術或學術的層面，真誠地討論、正當地批評；而是上升到道德或政治的層面，互相攻擊、互相打擊，稱對方為小人、甚至是謀反者。

還是要說說儒家的祖師爺孔子和孟子。如果歷史上果真有「孔子誅少正卯」一事，則孔聖人就是歷史上第一件因「文人相輕」而動用國家機器進行殺戮的屠夫。「至聖」的事，真偽難辨，但「亞聖」的話，卻赫然在目：孟子對與他觀點有異的墨子、楊朱，口誅筆伐，稱他們是「無父無君」的「禽獸」。好在那是個自由爭鳴的時代，孟子只能破口大罵；要是在明清時代，墨子、楊朱可真要挨千刀萬剮之刑了。

這兩件事告訴我們，如果文人沒有為官掌權，則「相輕」的後果，只能是道德上的攻擊；一旦當官掌權，可就是政治上的打擊和殺戮了！

戰國時，有兩對互為同學的知識分子——孫臏與龐涓、李斯與韓非，就是典型自相殘殺的例子。

孫臏和龐涓同在鬼谷子門下學習兵法。而龐涓自知不如孫臏。龐涓在魏國當大將後，嫉恨孫臏的軍事才能，把孫臏騙到魏國，施以刖刑。後孫臏設計逃往齊國，齊王拜他為軍師。魏國攻打趙國，孫臏使出「圍魏救趙」的計謀，大敗魏軍，後來終於在馬陵道旁將龐涓亂箭射死。

李斯和韓非同是荀子的學生，但是，李斯在學業上不及韓非。韓非的《韓非子》一書被秦王看重，說「嗟乎！寡人得見此人，與之遊，死不恨矣！」。為此，秦王派兵攻打韓國，逼著韓國交出韓非。韓非到了秦國，李斯忌其才，建議秦王殺掉他，秦王聽信了李斯的讒言，把韓非關進大牢，最後被李斯害死。韓非死後，李斯用韓非的治國方略幫助秦王統一了中國。

明朝的黨爭、清朝的文字獄中，很多都是文人相輕，借當權者的「刀」殺害藝術上、學術上、仕途上的異己者和競爭者。這一點，我們在其他章節裡專文敘述。

沉溺酒色溫柔鄉

說大話謊言、牢騷太盛、自以為是者，都是墮落的無品文人。

中國的無品文人，其「無品」者，主要體現在「兩玩」上，即玩政治、玩女人。玩政治，美其名曰建功立業，實際上就是為了功名，手段當然離不開權術，但書生的權術有限，於是，他們就發揮文章的功能，這就是我們前面說的說大話、說謊話、說馬屁話。玩女人，美其名曰風流，實際上是為了感官的快樂，在玩女人時，他們很少有什麼愛情火花，多數是尋求刺激。玩政治有時有兩種極端的結果：得志與失志，而每當得志時，他們就以玩女人以刺激感官；失志時，就以玩女人來麻醉意志。這兩方面，唐代有兩個姓孟的詩人，都有代表性，前者，是唐代的詩人孟郊，他在中進士時，就「春風得意馬蹄疾，一日看盡長安花」——「長安花」暗喻京城的妓家；後者，是唐代詩人孟浩然，他在失意之後，號稱要去隱居，其實，他是不可能隱在茅廬裡的——煙花三月，他就下揚州去享受美色了，因為盛唐時，揚州是美女的集中地。李白最懂孟浩然，也羨慕孟浩然，說他是「醉月頻中聖，眠花不事君」。

當然，與色最分不開的是酒，因為他們都同樣具有刺激感官、麻醉意志的功能。所以，得志與失志的無品文人，都沉溺於酒色之中。偏偏，中國古代的文人，多數處在得志與失志兩頭，很少有中間狀態，於是乎，沉溺酒色者，就相當多。

南北朝時，是中國文學開始大發展的時代，這時，出現了一批沉溺於酒色之中的文人。當時，許多詩人是宮廷侍臣、貴族幫閒，或者本身就是帝王貴族。他們把詩歌作為沉溺酒色的工具和添加劑。宋、齊時期的詩壇領袖、宮廷文人沈約就寫過〈夢見美人〉、〈攜手曲〉、〈夜夜曲〉等詩，已有色情的成分。梁簡文帝蕭綱更公開提倡這種色情詩，他說：「余七歲有詩癖，長而不倦。然傷於輕靡，時號『宮體』。」「宮體」之名，就由此而來。簡文帝還公開提出所謂「立身之道與文章異，立身先須謹重，文章且須放蕩」的荒謬理論。在文人帝王的帶動下，各色文人紛紛樂此不疲起來。徐摛與徐陵父子、庾肩吾與庾信父子是當時著名的宮體詩人，大肆描寫女人容貌、形態、心理、裝飾，用濃豔綺靡的形式寄寓放蕩色情的內容，世號為「徐庾體」。這是文人詩走向墮落的標誌，其影響延續一百多年。

唐代官員狎妓成風，官妓、私妓都盛行一時，很多官吏在職務變更交接班時，除了交割各種檔案、財物外，還交割妓女：前任由於帶不走所寵妓女戀戀不捨，引為憾事；後任欣然接受，有的人還會感歎沒有接收到更好的。於是乎，文人也不例外，其中大名鼎鼎的大詩人白居易，就是唐代官員中狎妓最有名的人。他除了在任上玩官妓外，還蓄養很多私妓，隨著職務變遷，他將家妓一會帶到蘇州、一會帶到杭州、一會帶到洛陽，玩厭了才遣送回去。他還和另一個詩人元稹交換家妓，相互狎玩，並以此為樂。他到底有多少家妓，誰也說不清楚，但他家專管吹拉彈唱的家妓就有上百人，他的詩中，常常冒出很多家妓的名字，其中樊素和小蠻是其中最有名、也最受他喜愛的兩個藝妓，樊素善歌，小蠻善舞，白居易為此寫詩道「櫻桃樊素口，楊柳小蠻腰」。除此之外，他還寫有這樣一首詩：「菱角執笙簧，谷兒抹琵琶。紅綃信手舞，紫綃隨意歌」。這詩中，菱角、谷兒、紅綃、紫綃都是藝妓的名字，這些藝妓對老白可都是又獻藝又獻身的哦。

白居易不僅注重數量，還注重質量，他在〈追歡偶作〉中寫道：「十載春啼變鶯舌，三嫌老醜換蛾眉。」就是說，他的家妓，每過三年多，他就嫌她們老了醜了，又換一批年輕的進來，十年間換了三次。

白居易晚年信佛，但並不放棄酒色，他一邊請人喝酒——「天陰晚欲雪，能飲一杯無？」一邊教導他的家妓要守節——他的好友張愔的妾關盼盼原是徐州名妓，張愔病逝，關盼盼矢志守節，十年不下燕子樓，白居易居然指手劃腳，認為她應該以死殉夫，結果，性情貞烈的關盼盼在十天後絕食身亡。而此時的白居易已近八十，樊素小蠻們才十八九歲。

荒淫的白居易到臨死前，才「放妓養馬」，竟然還恬不知恥地自我標榜是「解風情」。

晚唐詩人溫庭筠是歷史上一個著名的無行文人，沉溺於飲酒、賭博、嫖妓，「士行塵雜，不修邊幅，能逐弦吹之音，為浮豔之詞」。他「尤善作樂府歌詞，思致神速，語工新造，其描寫富貴處，芊綿綺合，為人所不能及」。他的詞幾乎全是寫女人、相思之類，以濃豔的色彩、華麗的辭藻構成他所特有的「香而軟」的風格。他把女人的姿色、風情寫得可算是到了窮妍極態的地步。例如〈訴哀情〉：

鶯語花舞春晝午。雨霏微。
金帶枕宮錦，鳳凰惟。
柳弱蝶交飛，依依。
遼陽音信稀，夢中歸！

自此，詞成了文人們沉溺酒色的一道新的風景線，五代至北宋初，是豔詞最盛行的時代。晏殊是北宋填詞度曲的大家，他的詞，除了祝頌之外，基本上都是寫男歡女愛的，有些詞句，相當流行，如：

「重頭歌韻響琤琮，入破舞腰紅亂旋」

「蕭娘勸我金卮，殷勤更唱新詞」

「春風不解禁楊花，留留亂撲行人面」

「無可奈何花落去，似曾相識燕歸來」

「舞低楊柳樓心月，歌盡桃花扇底風」

「夢魂慣得無拘檢，又踏楊花過謝橋」

另外兩個詞人——秦觀和柳永，則是失意的文人，同樣沉溺於酒色之中。便是那滿嘴仁義道德的歐陽修，其實也一肚子娼妓酒色，我們今天只要去一下滁州的醉翁亭，就知道他在當太守之餘，還幹了什麼——除了喝酒，就是泡妞！他很多詞，都是寫他的狎妓言行，所以，他出版詞集時，不好意思著自己的真名。比之於柳永，他在墮落的同時，還加上一條虛偽！

南宋偏安一隅時，仍然是「西湖歌舞幾時休」，明朝更有名聞古今的「香豔秦淮河」，其實，秦淮河也只是一個縮影。這方面的資料很多，我就不再贅述了。

這些人，還有什麼資格叫「知識分子」?!

由歪門到邪道

很多知識分子，在當官享樂之餘，或貧窮無聊之際，開始走進歪門，進而走上邪道，他們用所掌握的一點點知識，不再去探索真理、思考人生、創造藝術，而是去做文字遊戲、去測字算命，去研究長生術、房中術、甚至騙人術。

第一種：文字遊戲

一些所謂的「文學之士」，除了會點文字、文章方面的技藝外，別無所長，他們沒有職業文人的概念，不知道專心去進行文學創作，於是，就沉淪在對文字的把玩上。首先，是字謎，這本是一種正常的遊戲，但發展下去，中國出現了測字，即將漢字與算命聯繫起來，演繹出中國一種獨特的算命之術。測字的方法很多，如諧音、象形、拆筆畫、與五行結合、與姓名結合等等，由簡單到複雜，不一而足。其中，單就姓名中的用字，最後又發展到「姓名」學，也竟然洋洋大觀起來。其次，在詩詞韻律上，越來越講究，不僅是對仗、押韻、平仄聲，還有用典，直至什麼藏頭詩、回文，這玩藝不知要耗費多少人多少精力。十四世紀之後，當西方的知識分子坐在蘋果樹下思考萬有引力、看到沸騰的開水衝開鍋蓋從而思考蒸汽機原理時，中國的文人正在殫精竭慮地測字、苦吟。誰說中國落後是因為中國人不聰明？完全是聰明得不是地方！

第二種：算命

自從伏羲畫八卦、文王演周易之後，中國文人就將預測命運當作一門大學問來研究，皇室有專門看天象、弄八卦的巫官、天官，民間則有很多很多的術士，算命的方式也五花八門起來。算卦只是一種，其他方式還有前面說的測字，還有根據生辰八字、相貌、屬相等來預測禍福。明朝時，有人將算命術歸結為六爻納甲、四柱八字、紫微斗數、奇門遁甲、太乙神術、大六壬、梅花易數、鐵板神數、面相學、摸骨算命、稱骨算命、星相學等類型，實際上，都是一些墮落、無聊的文人根據當時有限的科學技術和文學藝術，對天命妄自揣測而杜撰的一套理論體系。佛教傳入中國、道教創立之後，一些文人更是利用宗教佛仙的神秘性，將算命術推向一個高峰，以至於現在還有一些專家學者，把算命術稱為預測學，號稱是中國傳統文化的瑰寶！

第三種：風水學

自從晉朝的郭璞寫出了一本《葬書》（一直有人疑為偽書），敘述墳墓葬地的方向、地勢、土壤條件會影響死者家屬後代之後，風水之學在中國盛行起來，並從陰宅（墳墓）發展到陽宅（居家）甚至城市建築與規劃。本來，一個城市的規劃、工程的平面設計、住宅的選址等，在地勢、地質、採光等方面，應予充分考慮，可無限誇大它的作用，已經不可理喻，更何況他們所建立的理論體系，越來越荒誕不經。如今，天文學、地質學、醫學、環境科學等日益發達，一些學者專家開始用新的科學來解釋風水，並聲言要將風水學發揚光大。許多著名的大學還設立了風水專業甚至院系，將所掌握到的一點點可憐的科學知識，用所謂陰陽五行、八卦周易的理論進行詮釋，進而建立一套半懂半不懂、似是而非的「理論體系」，本來是中國傳統文人墮落的表現，今天此風竟然還在繼續，並有大行其道之勢，豈不可歎！

第四種：長生術

先秦時代，由於知識的限制，巫醫不分，本來很正常，但後來的無聊、墮落的文人，開始故弄玄虛，利用人類想長生的妄想，編造了很多長生之術與長壽的神話來坑蒙拐騙。我們知道，因為幾個術士欺騙秦始皇煉長生不老之藥，結果導致了一場「坑儒」的文禍。長生之術結合古代的巫術、佛教的修行、道教的修煉，「發明」了很多方法，如靜坐、求藥、煉丹、遇仙等，靜坐就是忘世事、摒除俗念；求藥就是希望找到仙草，一食而長生；煉丹就是煉汞製丹藥；遇仙就是希望遇到神仙直接度人成仙。這些方式，上自帝王將相、下自平民百姓，千古以來有無數人嘗試過，除了有很多人走火入魔、中毒身亡外，沒有一個成功者；如果一定說有，則只有在無聊文人的筆記小說中。

第五種：房中術

中國的學術思想，本來最講「陰陽之道」，儒家的倫理學，也建立在「夫妻人倫」的基礎上。然而，中國的一些文人，表面上道貌岸然，卻一肚子男盜女娼，他們不去研究情愛學、不去探求性知識，而大做特做房中術的文章。所謂房中術，就是研究男女性交中，男人如何通過有關技巧，達到快樂和健康。所謂快樂，就是時間長、感覺好；所謂健康，就是能「採陰補陽」，不傷身體。古人認為，男人在性交中射精，是很傷身體的，所以，要節慾，即該釋放時要釋放，但不能縱慾，否則，極傷元氣。那麼，墮落的文人們，又要多多性交、又要保健，怎麼辦呢？辦法就是這些房中術，他通過各種技巧，讓你性交時間長、花樣多、感覺爽，同時，還能採陰補陽。房中術的反動之處有三條：第一，以男人為本位，將女性當玩物，與愛情、與性愛沒有一點點關係。第二，原理荒唐，所謂採陰補陽，只能讓人誤入歧途。第三，教人荒淫之道。房中術在明朝盛行，而真正的情愛、性愛被迫害、被扭曲、被遺忘。

白日夢

不得志的文人，一邊沉淪、墮落，一邊開始做起了白日夢。白日夢有兩種，一種是將歷史上的同類進行理想化處理，表面上是塑造偶像，實際上是找意淫的對象；另一種就是直接根據自己的需要，虛構一個理想的書生、理想的境遇，表面上是進行文學創作，實際上是意淫。

歷史上文人的偶像，大體上有八類。

一、先師偶像

中國知識分子在思想上沒有什麼建樹，都以儒學思想為中心，為了標榜他們的思想是偉大、正確的，必須美化、神化儒學的創立者，於是，孔子、孟子以及朱熹們被抬到很高很高的位置上。

其中，孔子被列為最高偶像，並把他神化為曠古絕今、超凡絕倫、無所不知的天生聖人、萬世師表。除了神話般的傳說以外，歷史學家、學問家們也大做文章，美化他出身的不平凡，童年時就如何天才早熟，短短的為政期內，如何能達到政通人和，當然，最重要的是他的知識，那簡直就是人類的巔峰，是「萬世之師」。六經都是他修訂出來的，《春秋》是他寫的，甚至很多文字也是他發明的，等等。事實上，孔子的音樂修養、駕車技術非常高，但，後世裡的那些文弱書生卻沒有美化他這一點，為什麼？因為這一點，他們太不具備了，這不是他們意淫的對象。孔子所以被美化、神化到頂點，是因為統治者和書生雙方都需要他，統治者肢解他的思想，做奴化教育，以收羅奴才型的人才；書生將儒學歸於他的門下，拉虎皮做大旗，以抬高自己。而從漢朝以六經設博士、取官員，唐宋以後，以儒學經典做進士考試內容，孔子成了書生們取功名的工具、進官場的敲門磚，孔子的地位就無以復加了。神州大地，處處是孔廟，也就不足為怪。最有意思的是，中國自鴉片戰爭後，落後挨打，民族自尊心大損，特別在文化上，只有抬出孔子來。他們把某些諾貝爾獎得主特定環境下所說的片言隻語當作救命稻草，那些話的大意是：「世界進入二十一世紀後，人類要想尋求和諧的生存、發展之路，只有從兩千多年前的孔子學術思想中吸取營養。」當然，聯合國總部三樓上有一幅油畫，畫面上是世界一些弱勢國家與民族少年兒童祈望著的面容和神情，畫面上寫著一行英文字：“DO UNTO OTHERS AS YOU WOULD HAVE THEM DO UNTO YOU”，大意是：「不要做那些你不願讓別人對你做的事」。有人將它說成是孔子的名言：「己所不欲，勿施於人」，這讓新儒家們歡天喜地、如獲至寶。其實，作為一個大思想家，流傳下來一些警世名言，再正常不過。這種用外國人的承認、推崇，來證明自己老祖宗偉大的做法，本身就與孔子思想背道而馳，也是民族自信心不足的表現。

二、功名偶像

中國知識分子，頭等重要的事，是取得功名。但功名之路，實在是太艱難了，第一，帝王們選擇標準往往是說一套、做一套，讓書生們沒有底，對路子的很少；第二，求功名的人太多，千萬人過獨木橋，擠破了頭；第三，「小人」當道。於是，他們就幻想有聖明的君王來賞識他、有特殊的機遇垂顧他、有非常的捷徑呈現在面前。於是，一批平步青雲的歷史人物，被他們塑造成偶像。他們都是歷史上，憑著知識成為帝王之師、帝王助手的歷史名人，如伊尹、姜尚、管仲、樂毅、張良、諸葛亮等，其中尤以諸葛亮為代表，這個在三國時代，既不是軍事天才、又不怎麼會培養人才的蜀國丞相，所以被神化到極端，原因是他出身低微但卻受到帝王極大的禮遇，劉備三顧茅廬而使他這個二十幾歲的農民一躍成為帝王師，書生們將諸葛亮塑造成神機妙算的軍師，面對強大的敵人，所有的戰將，在關鍵時刻往往能靠他事前給的錦囊妙計而轉危為安、轉敗為勝，而事實上，蜀國在劉備生前，處於發展壯大階段、劉備死後則一直走下坡路。他六出祁山，前五次皆無功而返，第六次終於累死軍中，自己在生前為自己定義了一個「鞠躬盡瘁、死而後已」的光輝形象。這個充其量只能算是蕭何似的人物，經書生們神化之後，在中國也是廟宇遍地，至今，還有許多術士在利用假冒的《諸葛神課》一書做算命、卜卦的招牌，唬弄老百姓。

三、文采偶像

因為書生不甘心「百無一用是書生」，就希望他們的手中的這枝筆，能為他們創造出各種財富，包括精神財富，他們說「書中自有黃金屋、書中自有顏如玉」，意思是，讀好了書，金錢美女都有了。這一點，除了中舉當官而外，對那些中不了舉的書生，只能神化、塑造一些偶像來意淫，蘇秦、司馬相如、李白等，都是這方面的典型。蘇秦讀書熬夜，便「頭懸梁、椎刺骨」，最後終於「佩六國相印」。司馬相如更是憑著才華，先哄得富家美女卓文君的芳心，做了富翁的乘龍快婿，從而財色雙收；既而又以辭賦哄得大漢天子漢武帝的開心，當上高官；他的文章，能讓皇后花一千兩黃金做稿費。李白則一邊喝酒、一邊做詩，因為他曾夢筆生花，所以，做詩是毫不費力，他受到皇帝、貴妃的尊寵，可以不把權臣放在眼中，並隨時捉弄他們。這三個人，還都不用考進士。書生的意淫，在這三個偶像身上，達到頂點：寫點文章，就可以得到美女和愛情；得到金錢和富貴；得到帝王恩寵和高位；得到可以隨意捉弄「小人」的資本。我們今天的電視上，常常出現這些偶像，同時，還在塑造新的偶像，以供那些窮知識分子們豔羨。

四、風流偶像

一些窮酸文人，只會寫點破詩，在現實中，既沒有談情說愛的資本，也沒有納妾嫖娼的開銷，無奈之下，就將那些歷史上曾經沉溺於酒色之中的墮落文人事蹟，進行添油加醋的加工，以成為他們意淫的偶像。司馬相如琴挑卓文君、杜牧的「十年一覺揚州夢，贏得青樓薄倖名」、柳永的「倚紅偎翠」、唐伯虎的「點香秋」等，都被無聊書生們進行「藝術加工」和「文學想像」，從而成為人們津津樂道的「風流韻事」。如今，文人們又對上世紀二、三〇年代中國所謂「新文人」的風流韻事，大感興趣起來，徐志摩與陸小曼、張愛玲與胡蘭成、魯迅與許廣平、沈從文與張兆和、胡適與表妹、郭沫若與安娜等等，再度成為書攤上、銀屏上的熱鬧人物。

五、隱逸偶像

落第秀才們，幾乎沒有想當隱士的，但客觀現實，讓他們不隱也得隱，因為功、名二字，對他們而言，就是鏡中花、水中月，於是，他們只有坐在陋室裡，編寫著歷史上一些隱士的故事進行意淫。他們在塑造這方面偶像時，最大的特點是，隱士們無一例外地都成了有仙術的異人，因為「功名富貴」四個字不能出現在隱士身上，於是，他們只能別開生面，另尋他途。比如，莊子這個思想家，被他們改寫成飄飄然的仙人。

六、卜算偶像

由於沒有科學方法和科學思維，墮落的文人們，為了誇大文人的本領，就塑造了很多能未卜先知的偶像。其中，姜太公呂尚被描寫成最早的神機妙算者，諸葛亮是未卜先知的神人，他們都有相應的專著流傳於世，前者叫《太公陰符》、後者叫《諸葛神課》，他們憑著神算，建功名、取富貴，既不要苦讀，也不要實踐，實在是不勞永逸。塑造偶像最厲害的時代是明朝，他們塑造古人，感到不過癮，就開始塑造當代人，於是，明朝的開國文臣劉基，成為明朝當代的諸葛亮。劉基字伯溫，人稱劉伯溫，他是朱元璋的重要謀士之一，曾被朱元璋譽為「我的張子房」（朱元璋顯然是為了自比劉邦，才將劉基比為張良）。關於劉基的傳說很多，其中有很多料事如神的史料，至今讓人難以斷定真偽。關於劉伯溫傳說中最為廣泛的是《燒餅歌》，說的是有一次朱元璋召見劉伯溫，想和他談談未來的事。劉伯溫進門時，朱元璋將正在吃的一塊燒餅藏在一個缽子裡，然後讓他猜，結果，他一測而中，並用歌謠（打油詩）形式說出來。接著，朱元璋開始問他關於明朝下一步會發生什麼大事、江山能統治多久、天下會有什麼災變、世界未來的發展會怎麼樣，劉基也都用歌謠形式一一相答。事後，這些歌謠被彙集成書，名為《燒餅歌》，據說，這部全文計一千九百一十二字、由四十餘首隱語歌謠組成的著作，有點像西方的諾查丹瑪斯（Nostradamus）大預言，共預見了未來近一千年的大事，只是它全部是「隱語」，直接從字面上看，很難理解，於是，破解《燒餅歌》成為一些文人的一件新事業。比如，朱元璋問：國家當前最要緊的是什麼？劉伯溫說：要加強城防，「恐燕子飛來」。這裡，「燕子飛來」就是預見了後來燕王朱棣造反之事。又說到明朝最後在萬曆年間會走向衰落、崇禎時會亡國，亡國之人有李自成、吳三桂等，其中，萬曆、崇禎、李自成、吳三桂這些名詞，都像字謎一樣出現在歌謠裡。明朝之後，他還預言了清兵入關、雍正在位十三年、乾隆盛世六十年、八國聯軍入侵、孫中山辛亥革命、軍閥混戰、國共之爭，等等。

七、機變偶像

口口聲聲自稱為孔子門徒的書生們，在實際言行中，全然不把孔子所說的「君子訥於言而敏於行（不善於說話，能很好地做事）」放在心中，他們認為，「文官動動嘴，武官跑斷腿」，武夫靠武功，文人靠文才，文才又主要表現在隨機應變，隨機應變又主要表現在面對當權者考問、質問時的對答如流、巧舌如簧上。他們虛構的一些歷史故事，真真假假，讀來像做夢一樣，感覺那些主人公都在戲臺上，特別是皇帝，和我們今天的電視劇《還珠格格》一樣。最早的偶像，有東方朔，他與漢武帝像玩遊戲一樣，非常幽默、搞笑，只是漢武帝視他為「俳優（唱戲搞笑的人）」，為自己的生活增添一點色彩。但在明清時期，文人們以為真有這樣的好事，與帝王耍耍嘴皮子，就可以撈到功名富貴。這方面，最有名的兩個偶像，一個是明朝的解縉，一個是清朝的紀曉嵐。解縉被塑造成神童，只要出口成章，做點歪詩，學校也不收他學費了、鄰居也不敢欺負他老爹了、惡霸也收斂了、皇帝也封他當大官了、奸臣也開始學好了。紀曉嵐的故事更多，現在電視裡正在熱播，好像有點長盛不衰。

八、才女偶像

無聊的文人，在塑造偶像時，不忘女人，這一點，倒比太史公司馬遷「史學觀」強，因為《史記》沒有為女人立傳。本來，宋代以後的儒家宣稱：「女子無才便是德」，但為了好玩，他們偏偏塑造了一些才女，作為偶像，以便能與他們這些「才子」們唱和。想來，是「才子」們太寂寞，詩文沒有人欣賞，希望遇到個才女做老婆或小妾。於是乎，從卓文君做〈白頭吟〉到蘇蕙的回文詩〈璇璣圖〉，才女們開始多起來，其中，以蘇小妹最為有名。其實，蘇軾好像沒有妹妹，最起碼，沒有嫁秦觀的妹妹。編造才女偶像，正如編造功名偶像一樣，是文人們「尋找知音」的意淫。

在偶像之外，他們開始編寫小說、民間傳說、戲劇，來展開他們的白日夢。

四大民間傳說中，「梁山泊與祝英台」、「白娘子」都成熟於明代。這兩個傳說非常荒誕：試問，與一個女人相處三年，都分辨不出男女的書呆子，憑什麼讓女人鍾情於他、並為不能嫁他而死?!白娘子放棄千年的修行，去人間尋找愛情，卻對一個儒弱的窮書生一見鍾情，怪啊！這個窮書生，在惡勢力面前，膽子都嚇破了，憑什麼讓白娘子還去愛他?!回答只有一句話：書生的白日夢。

比較完整的書生白日夢，是《西廂記》，「多愁多病」的張生，遇上了傾國傾城的相府千金崔鶯鶯，崔鶯鶯對他一見鍾情，在紅娘穿針引線下，終於和他偷起情來。一個從未見過男人的少女，又有這麼好的修養，又處在那樣保守的環境裡，可能嗎？有人說，《西廂記》是歌頌愛情的好作品，但張崔二人的愛情可靠嗎？從戲文上看過去，真正兩人相處相悅的是紅娘與張生，紅娘與崔鶯鶯相比，應該更可愛，但張生為什麼不愛紅娘呢？因為她是奴僕，崔鶯鶯是大家閨秀。這裡面，說的不是愛情，而是婚姻！更讓人垂涎的是，張生最後金榜題名，中了狀元，從而「奉旨成婚」。

明清時期，社會上流行很多才子佳人小說，也多是《西廂記》的翻版。

除了功名、愛情雙豐收的白日夢，還有等而下之的大量的淫慾白日夢，其中，明清時期，有很多這方面的淫邪小說，主人公都是書生，大部分經歷是：遇到高人，指點出發財之路和房中術，遇上一群一見面就能愛自己並愛得死去活來的女人，然後就一邊坐享富貴、一邊與眾妻妾床上大戰。其中，很多主人公最後還得道成仙了。

「寫妖寫狐高人一等」的蒲松齡，在《聊齋志異》裡，也編織了很多性愛白日夢：窮書生孤館寒窗苦讀，然後，絕色鬼狐飄然而至，三句調情話說完（有時，話也不需要說），就上床性交，而且「十分款洽」，搞完了，又飄然而去。要知道，這些窮書生，或者娶不起老婆、或者只有「陋妻」而且還可能「悍而妒」，他們不僅沒有愛情，也得不到性滿足，因為嫖娼也需要銀子。現在好了，妖精鬼狐送上門來了，多麼美妙：又不要錢，又不計較貴賤，又沒有風險——呼之即來、揮之即去，又聰明伶俐，又才貌雙全，又善解人意，又風情萬種，有時還能為他們猜猜「高考」題目，有時還能送來美味佳肴，甚至送來白花花的銀子以及豪宅別墅。老蒲算是把窮書生的白日夢做到家了！

第六章
學術思想的衰變

知識的進步，首先表現在學術思想的進步。而展開中國兩千年的一部學術史，我們卻發現，學術思想一直在衰退：從「百家」到「獨尊」、從獨創到為帝王謀、從儒學到理學、從「格物」到「致良知」、從經世致用到考據，最後，不僅沒有新思想的影子，連舊思想中固有的一些的光芒，也全部黯淡下去。

中國的學術思想一直在衰變

中國的學術史演變，比較公認的說法是：先秦時為諸子百家，兩漢為經學，魏晉時是玄學，而後是佛學，一直到唐朝，儒、釋、道開始融合，儒學、道學（實際上是玄學）、佛學都有發展，但以佛學研究者功夫下得最深，宋代是理學，明代以理學、心學為主，清代是樸學，以後西學漸進，新文化運動時，又有點新諸子百家的味道了。

這種說法，只是一種表面現象，根本沒有觸及到問題的實質。

我們在研究中國學術思想史時，應該是尋找以下問題的答案：

第一，兩千年中，中國的學術思想，是進步還是退步？

第二，逐步退步的原因是什麼？

第三，在退步的過程中，哪些精華喪失了？

如果以上三個問題得到明確的答案，則中國的學術思想在今天的發展任務，就呈現在我們的面前，中國知識分子在實現中國文化偉大復興的過程中，就明白了自己的使命。

中國學術思想史研究，是一項大課題，需要很多人來進行長期而深入的研究，其中還不時會出現很多爭鳴，更重要的是找到科學的方法。我花了近三十年時間，亦僅得出個大的脈絡，這個脈絡是關於中國學術思想「一代代衰變及衰變的主要原因」。

其衰變的脈絡是：

春秋戰國（軸心時代）由諸子之「學」到百家之「術」——漢代對典籍整理中的取捨、篡改、歪曲及偽造——東漢魏晉至唐的信仰追求（儒教、道教及佛教演變以及「神學」中的尊儒和經學、心性研究及談玄、佛經研究）——從中唐提出道統到宋代的理學——明代的理學、心學與假道學——清代的經世致用到考據學。

結果，儒家的「經」，根本不能「用」，考據也使得學術界毫無思想光亮，此後，竟然只有模仿西方的了。

實際上，學術思想的衰變，原因就是知識分子主流的蛻變、獨立精神的喪失、失意者的沉淪與墮落以及統治者的籠絡、打擊和迫害，中國學術思想，也與中國知識分子一樣，逐步淪亡。

本書不是做學術思想方面的專著，下面，我也只說一個大概，展示中國學術思想衰變的脈絡，有的章節寫得特別簡略。

從「學」到「術」：戰國「百家」的急功近利

我們從第一章〈座標點〉中可以看到，春秋戰國的諸子百家是有區別的，一部分人或者某些大家學術的其中一部分，是建立一種學說；而另一部分人或某些大家學術的另一部分，是關於方法的，前者我們姑且稱之為「學」，後者我們姑且稱之為「術」。

在整個東周時期，隨著時間的推移，由於大量知識分子蛻變為策士，很多學說成為他們的謀術，比如：他們將孔子學術拿來做大旗，形成儒術，將「仁義」當作工具，說服國王們去推行仁義，以達到王天下的目的。再比如，《老子》學說裡，有很多「示人以弱」、「以柔克剛」、「物極必反」的辯證思想，兵家就將它作為「詭道」的術略，法家將它作為國王統治術，以至於後來很多人認為兵家、法家都來源於道家，如司馬遷就將老子和商鞅、韓非併在一起立傳。再比如，戰國末期的「顯學」之一——鄒衍的「陰陽學」，並沒有關於陰陽理論的專著，他們只是急於將「五行」理論，用於忽悠諸侯，說什麼「五德終始」，諸侯們都等著鄒衍說下一「德」即「代周者」是誰？

所以，整個百家爭鳴時代，沒有獨立的做學問的人，大家都關心「這個學術有什麼用？」表面上看，這似乎是「學以致用」的思想，其實，作為軸心文明時代，怎麼能沒有獨立的學問誕生呢？這就好比搞自然科學，我們不僅需要有人搞新產品開發去賺錢，還需要有基礎科學的研究。沒有相對論、波耳氫原子理論，會有核電站嗎？

但是，在戰國末年，已經被前期諸子們提到的如邏輯學、物理學、修辭學、政治學、法學等等，都沒有任何一個人撰寫任何一部專著來構建完整的體系。

所以，這種「學以致用」，實質上是急功近利。

從百家爭鳴到大一統：漢初學者們的「爲帝王謀」

秦為了一統天下，在戰國末年，已經開始有將「百家」進行綜合、形成「大一統」學術的行為，其中，《呂氏春秋》就是這方面的一個代表作。

呂不韋在後來的名聲不是很好，其實，他是秦能統一全國、建立中國第一個大一統帝國的一個承前啟後的關鍵人物。這個大商人出身的大知識分子，在那個亂世裡，充分認清了天下形勢，毅然棄商從政，培養了帝國的開創人嬴政。他協助秦始皇父親及少年秦始皇，不僅將秦國治理得富國強兵，而且在人才上、思想上，做了充足的準備。比如，帝國首席謀臣李斯，就是他招攬的人才。呂不韋領銜撰寫的《呂氏春秋》，實際上就是一次對學術思想的「一統」行為。該書據說延請了三千多個作者，參閱了所有當時秦國能夠得到的典籍。全書分為十二紀、八覽、六論，共二十六卷，一百六十篇，二十餘萬字。它以陰陽家的學術作為全書的架構，以道家「法天地」的思想作指導，集「老聃貴柔，孔子貴仁，墨翟貴廉，關尹貴清，列子貴虛，陳駢貴齊，陽生貴己，孫臏貴勢，王廖貴先，倪良貴後」於一體，提出：「天下沒有純粹白色的狐狸，但有純粹白色的裘皮大衣，這就是博採眾長！」而各取所長，目的是為了統一思想，因為「一則治，異則亂；一則安，異則危。」它特別強調儒家的尊王思想，並把它用在「維護君權」上，明白地說：周王室已經完蛋了，天下現在沒有天子，而沒有天子，就會引起天下大亂，因此，必須要擁立新天子，建立集權制度。把尊王改造成擁護新天子搞集權，《呂氏春秋》開了一個頭，此後，在漢初的謀士們的學說思想裡，無不以此為標幟。

秦漢之間，有一個楚漢相爭時期，這時，中國的政權體系，再次出現了一個「沒有天子」的時代。但就在這個沒有天子的時代，一批儒生躲在山東的一個角落裡，悄悄地「為帝王謀」。這批儒生的領頭人叫叔孫通，他原是秦朝廷裡的博士官，只為研究儒術而不受重視，就辭官跑到魯國來。秦朝廷垮臺後，他糾集了一批儒生，開始演練朝廷禮儀，以便為將來新皇帝建立新朝廷服務。果然，劉邦當上天子後，要講君臣之別、講朝廷規矩，這一下，這幫儒生們獲得了展示才能的舞臺，迅速為漢朝廷制定了全套禮儀，讓劉邦開心得不得了，一個個都得到封賞。看來，機會是為有準備的人準備的，這話一點不假。

經過秦始皇的「焚書坑儒」、項羽的火燒咸陽宮，至漢初，中國的學術是一片凋敝。漢之初，朝廷採取與民生息的「無為而治」政策，朝廷無為，地方和民間便有為起來，在學術上，各種學說也從萌芽到昌盛，迅速發展起來。但是，由於主流知識分子從策士蛻變為謀士，這時，主流學說，也都是以大一統為標誌的「為帝王謀」。

比如，黃老之學，其核心是教人順其自然，聽天由命，不要再有「亂世」之心了。一般來說，《黃帝內經》、《列子》是這時整理出來的作品，有點先秦人的觀點，但也摻雜了大量整理者的「創作」，裡面宣揚與朝廷意識形態相一致的「無為而治」思想，要求平民無爭、貴族無欲。結果，一批貴族們，就忙著求仙得道了。《淮南子》是這方面的一個代表作。淮南王劉安，富貴無比，卻招引眾多奇才方士，搜奇獵怪，寫成人神皆有、古今俱備、天文地理無所不談的「大一統」之書，在這本書裡，不僅人間是「大一統」，仙界也是大一統，甚至人和仙「兩界」也是大一統。

自漢惠帝年間廢「挾書令」之後，朝廷鼓勵民間獻書、整理先秦典籍，這時，儒學典籍占了上風。儒學占上風，有三個原因，一是儒家將上古典籍即「六經」都據為儒家典籍；二是漢初，叔孫通為朝廷制定禮儀，一批隱居在魯國的儒生得到重用；三是孔子重教育，弟子很多，徒子徒孫自然也就很多。他們憑記憶整理出《尚書》、《詩經》、《春秋》等，無疑，會因為考慮到朝廷的好惡而進行適當的取捨，所以，這些「新古文」在詞章順序、用語上，都作了一些改動，改動的內容當然都是「為帝王謀」。

更多有理想的青年，在建立新學說，但這種學說，無疑將「為帝王謀」放到首位，其中最傑出的代表是賈誼。賈誼的文風，是《戰國策》式的，即「策士之風」，只是，他針對的對象，就只有漢家天子一人，漢家天子不聽、不用他的學術，他就沒有別的路可以走了。所以，為了讓漢家天子聽他的言論，他說，當今影響統治者的大問題有九個，「可為痛哭者一、可為流涕者二，可為長太息者六」，然後，就殫精竭慮地為這九大問題提出了解決方案。他這樣又是哭泣、又是流鼻涕、又是歎息，終於感動了漢文帝，文帝在召見他之後，準備委以重任，可是，老臣們竭力反對，因為他們要「無為而治」，不能輕易搞改革，結果，他這麼好的政策建議，只有等到四五十年之後的漢武帝時派用場了。賈誼於是只能繼續大哭、流鼻涕、歎息，最後在三十三歲時憂慮而死。他連韓非發憤著書的精神都沒有發揚，不是個做學問的人。

司馬相如是個學問家，天文、地理、文學、歷史、生物、建築等方面，都極有知識，但他不可能坐在家裡做學問，他少年就出去「遊學」、為帝王謀，首先遇到的是梁王，梁王喜歡賦，他就為梁王寫下〈子虛賦〉，後來梁王死了，天子漢武帝也喜歡賦，他又為漢武帝寫下〈上林賦〉，寫得能讓漢武帝讀後「飄飄然有如神仙」。皇后陳阿嬌需要用他的賦打動老公漢武帝，他就為皇后寫了〈長門賦〉。用文章取富貴者，司馬相如是古今第一人，以至於後來的文人不滿足於此，為他編寫了用文章泡妞的故事，即卓文君「當壚賣酒」的傳說。其實，從司馬相如的賦上看，他要是專心做學問，一定是個好的文字學家或者博物學家。

漢初，最困擾帝王的有兩件事，一是分封的諸侯們有「坐大」之勢，如果造反怎麼辦？二是劉家憑什麼做天子？如果沒有足夠的理由，則這天子之位，別人就會覬覦。

第一個問題，在漢景帝時出現了，晁錯要景帝削藩，景帝猶豫不決，削一點又停一下，結果，終於釀成七王之亂，晁錯這個可憐的「為帝王謀」的知識分子陪上了一條小命。漢武帝時，另一個「為帝王謀」的主父偃，看到了賈誼文章裡提到的「推恩策」，便將此策獻給漢武帝，結果，削藩問題被「四兩撥千斤」地解決了。

第二個問題，有點難，漢初信黃老之學，這其實是與陰陽家有關的一門學問，帝王們的意思，是想用「五德終始」理論解釋漢家得天下，但是，他們雖然虛構了劉邦是「龍種」、「斬白蛇」的傳說，可解釋得終究有些牽強。這時，董仲舒粉墨登場了，獻上了「君權神授」的理論。

董仲舒曾足不出戶、連家門口的菜園也不看一眼地潛心研究了三年《公羊春秋傳》，然後，在他一個道家朋友的幫助下，將道家理論、陰陽家理論與儒家學說結合起來，給漢武帝上了一個「天人三策」，這三策是：一要尊王攘夷，搞大一統集權制；二要統一思想，統一到孔子的《春秋》思想上來；三是設學校，用帝國的主流思想教育培養人才。「三策」的核心也是三條，一，「大一統」是「天地之正義、古今之常理」，所以，漢家一統天下，是再正當不過的事；二，五德終始，漢家得天下，是天命所歸，老劉能當天子，是上天讓他當的，即「君權神授」，誰也不得眼紅，更不能有非分之想；三，天下若有變化，老天是要做警示的，你看，現在風調雨順，說明皇帝做得好，如果要是地震了、下流星雨了，那麼，皇帝就要開始檢討自己的作為了。漢武帝一看這三條，好！太好了！這一下，皇位合法化了，搞集權也有充分的理由了。於是，漢武帝按他三策的要求，「罷黜百家，獨尊儒術」，並進行改制。

董仲舒的學說，名義上是儒家，其實是陰陽家的思想體系、儒家的理想、策士式的言論、方士的手段，但總體目標是不變的，即「為帝王謀」，所以，他的理論被漢武帝看中了。

漢武帝空前大一統的帝國氣象，感染了無數知識分子，他們紛紛樹雄心、立壯志，要在盛世裡做一番空前的大事業，這其中，以司馬談及其兒子司馬遷為傑出代表，他們要做的這項事業，就是要寫一部通史，告訴人們，漢家天子與三皇五帝是如何一脈相承的。做通史，也是對以前的史料做最大規模、最完整的整理。司馬談做的第一件事是總結「百家之學」，從學說角度看，司馬談是有眼光的，他選了道、儒、法、名、墨、陰陽六家，因為只有這六家，才談得上是「學」

而不是「術」。可是，這位鍾情於漢天子的人，漢天子卻不看中他，漢武帝去泰山封禪這種「天大的事」，竟然不帶上他，太沒面子了。老頭子一氣之下，死了。沒完成的事業，只得交給兒子司馬遷。司馬遷子承父業當了太史令，但他是個熱血青年，當了官後就要在朝廷上表現一番正義，結果，在李陵投降匈奴的事上，得罪了漢武帝，惹下殺身之禍，只是考慮他要寫通史，才給他施了個宮刑。司馬遷從此才心無旁鶩，發憤著書，要「究天人之際，通古今之變，成一家之言」。雖然司馬遷恨漢武帝，在《史記》中也曝了漢家天子很多光，但在對帝國大局上，他仍然是「為帝王謀」的，其中對漢天子也不乏美化加神化，至少有兩點可以證明：第一，他按五德終始理論，將中國歷史從炎黃二帝寫起，並且，炎帝不單列，放在黃帝傳裡寫，炎黃二帝雖然曾聯過手，但炎帝不如黃帝，這是不是有點影射項羽與劉邦的合作呀？第二，他將神化劉邦的傳說都保留下來，雖然他和孔子一樣，反對將神話寫入歷史，但諸如劉邦母親與龍性交受孕、劉邦東躲西藏時頭頂上總有一朵祥雲跟隨著、劉邦斬白蛇就是殺死了秦始皇，他都當史實寫在書中。

偉大的司馬遷尚且如此，其他人可想而知。

對經典的捨棄、篡改、偽造、歪曲

按照《漢書·藝文志》記載，先秦及西漢的著作總共有三十八種、五百九十六家、一萬三千二百六十九卷，其中有三分之一強應為先秦著作，三分之一為西漢著作，三分之一弱可能是先秦與西漢人共同的著作。

兩漢時期，對這些典籍進行整理，成為漢代知識分子的一項重大任務。我們今天所說的，漢代學術思想是「經學」，主要是指漢代人對「經」的整理、闡述。這裡的「經」主要是指被儒家指認的儒學經典著作。

我們知道，秦始皇與楚霸王的兩把火，把先秦著作燒得差不多了，恢復這些典籍，有三條路子，第一條是找會背誦的人來口述，這是一條主要路徑，有的人老得走不動了，就派人帶著文具上門去記。第二條是在民間找，如惠帝時，有個伏生，是秦時的博士，家裡藏了《尚書》，但被蟲咬、黴變得只剩下二十九篇了（原來應該有一百多篇）。第三條是意外途徑獲得的，如從墳墓裡挖到的、從倒掉的牆壁裡發現的（估計是秦朝時藏在裡面的），但這方面數量不多。

首先，我們要承認兩漢時期，朝廷和民間知識分子們在整理典籍方面貢獻巨大；但是，我們必須指出，問題也很大。

比如，記憶會有問題，靠不住。按記憶整理出來的典籍和後來從地下及牆壁裡出土的典籍，有差異，最出名的就是《尚書》，差異相當大，由此引起了「今古文之爭」，其中，人們將根據記憶整理的典籍稱為今文、將出土的典籍稱為古文。此事在晉朝還出現過一次。

除了記憶有誤外，因為別有用心而形成的問題，才是我們這裡要談的大問題！

第一個大問題，是取捨，包括重視程度。

漢初重黃老，故而老莊的書得以較大的收集整理；漢武帝尊儒，被儒家指認的六經以及《論語》、《孟子》、《小學》等得以較好的收集整理；漢皇出身楚人，好楚歌（高祖有〈大風歌〉、武帝有〈秋風辭〉），故《楚辭》也得到一定程度的收集整理。但是，墨家因為有組織，被視為「黑社會」，受到朝廷打擊，因此，墨家典籍收集得相當少。而恰恰是這個墨家，最重視科技發明，於是，許多科技發明因為「為黑社會分子所掌握」，被湮沒了。朝廷不重視科學，何況科技書記憶很難，所以，墨家之外的科學技術方面的書籍，收集得也非常少。商人是朝廷打擊的對象，所以，關於商業的書，收集得也很少。而名家著作，講邏輯的書，因為很難記憶，也沒有得到很好的收集。總之，「為帝王謀」的書、為帝王所喜好的書，收集整理得多，其他則少或無。所以，《漢書・藝文志》上的書，很多是「存目」的，看了讓人心痛。於是，很多人以為，春秋戰國那個文明的「軸心時代」，中國人已經不重視科學、沒有邏輯理性思維了。

第二個大問題，是篡改。

篡改典籍，在春秋戰國時，就很流行，如孔子，據說他在整理「六藝」時，都進行了適當的取捨，其中將《詩經》由三千多首整理成三百多首，而且將一些有傷風化的句子改掉了。另外，又筆削《春秋》，用一種特別的「筆法」來褒貶人物（後世稱為「春秋筆法」）。我想，即便孔子沒全幹，也幹了一部分，其他的是他的徒子徒孫們幹的。孟子就公然篡改《尚書》和《詩經》，把周武王伐紂時的「血流漂杵」史實篡改為周文王伐紂兵不血刃的神話，理由是「盡信書不如無書」。到了漢代，因為見不到書，根據記憶來記錄，篡改就更方便了。於是乎，我們看到的《禮》，不僅不會是周公時代的原版，也不會是春秋戰國的原版，有些明顯就是漢人的說法；《老子》裡，多少有些漢人的句子，以至於一些學者據此拚命將《老子》的作者說成是莊子之後的人；《管子》一書裡，不少是漢武帝時期的經濟思想了。

篡改典籍的目的，一是以古證今，證明自己的思想很正確；二是為聖者諱，把不利於聖人的言行隱去，從而好高舉聖人的旗幟；三是消滅不利於帝國意識形態主流思想的言辭。

第三個大問題，是歪曲。

所謂歪曲，就是誤解、曲解古人的話和史實。這事，也是春秋戰國時就有，比如孔子。《尚書》裡有一句話：「堯曰：夔一而足矣。使為樂正。」魯哀公理解成：夔是只有一隻腳的人，堯讓他當了管音樂的官。孔子說：「夔一而足矣」，是指有一個夔，就足夠了。實際上，夔是獨腳獸，皮做成鼓，聲音特別響，所以，這句話的意思是：堯說，有一隻夔就足夠了，能讓音樂聲音更符合要求。「樂正」，也不是官名，而是指通過鼓聲，使整個樂曲更符合要求。當然，對這些字句的誤解，還不是問題嚴重之所在，問題的嚴重之處，在對於一些經典著作的主旨要義的理解上，為了某種目的，而曲解。例如，自孔子始，將《易》當作周文王的作品，認為《易》闡述了天地人間所有的道理，試問，這可能嗎？現在沒有任何資料證明，周文王是個哲學家，那麼，他坐在牢裡，能演出《周易》？而且句句都能預測天地之間的道理？《周易》不過是對一些卦辭的分類而已，可能周文王在坐牢時，為自己算過卦。另外，在對卦辭的解釋上，也讓人莫名其妙：憑什麼通過一個「乾卦」，就推導出「天行健，君子以自強不息」？不錯，「天行健，君子以自強不息」是個好道理，可以作為君子的勵志名言，但這句話和「乾卦」八竿子打不著啊！

春秋戰國和兩漢在歪曲典籍上，不知出了多少問題，最嚴重的有三大類：一是出於「為帝王謀」，將大部分典籍都說成是為了治國平天下或與治國平天下有關的，如《詩經》裡的愛情詩，被他們解釋成「君子之德」、「君子之哀」；二是為了抬高地位，亂指認典籍，如儒家指認周公與孔子為儒家之祖，並把很多典籍作者歸到他們的名下，又把上古的歷史書（《尚書》）、詩歌（《詩經》）等都指認為儒家典籍；三是利用古語「簡略」的特點，根據自己的需要望文生義地解釋、發揮。

在上述三大類中，以「為帝王謀」為核心。如，在東漢時，經學興盛，對五經的解釋，各種各樣，莫衷一是，於是，漢章帝就在白虎觀舉行了一次規模盛大的講經、辯經會議，各方面代表上臺演講、辯論，最後由皇帝裁定，形成一致的意見。這次會議的「會議紀要」，就是中國學術史上有名的《白虎通義》。然而，我們必須明白，由皇帝主持、在皇帝面前發表見解，還能不受「為帝王謀」思想的主導？即便有少量耿介的學者，其聲音也會被淹沒。所以，《白虎通義》出來後，對經學見解的分歧並沒有結束。

最最應該提出的是，很多經典，包括儒家經典中，關於「民主」的言語，在詮釋中，絕大部分被歪曲了。

歪曲，加上前面的取捨、篡改，這古籍已經面目全非了。

第四個大問題，是偽造。三大方式之外，漢代一些人還不滿足，他們還發明了「偽書」，就是整本地偽造典籍。這一點，首先來自於假托。在春秋戰國時代，一些儒生為了抬高自己學說的地位，就將一些他們理想的東西，假托為古代的事、古代天子的話，如孔子將他的「大同社會」假托為堯舜時代的事；把禮樂有序的社會，假托為周公時代的事。孔子的徒子徒孫們更是將一些話語，假托為孔子所說；再後來，他們編造一些篇章，放在以前的典籍裡。篡改，從改字到改句再到整篇整本地改，然後與假托結合，乾脆另編一本書，號稱是古人寫的，或者是將古代已經散失的書名利用過來。我們可以斷定，《春秋》絕不是孔子原創的，《左傳》也不是為《春秋》做解釋的，《易經》的彖辭也不是孔子寫的（孔子說了他還沒研究透《易》），《列子》肯定不是戰國的列子所著，《黃帝內經》更不是黃帝以及黃帝時代的人所撰寫的。

有人說，寫一本書，那麼辛苦，為什麼要假托古人啊？這真是以普通人之心，度小人之腹了。其實，我們前面已經說過，他們假托古人，就為了抬高自己的學說思想的分量，為自己的行為找理論依據，達到自己的目的。

如果說西漢前期一些學者們，撰寫的大部分偽書，在思想性、藝術性上還有很多可觀之處，對我們今天的人來說，也不乏為一種文化瑰寶的話；那麼，西漢末期，一些儒生為了迎合「尊儒」的需要，神化孔子，則就只能讓人嗤之以鼻了；而更有甚者，一些無恥儒生，為了王莽受禪，大造偽書，則簡直是墮落。

西漢末年，大造偽書之風，並沒有因為後來王莽的失敗而終止，東漢一百多年間，一直盛行。

最令人髮指的是：有些人在造偽書時，假托古人之名，而將該古人原創的書悄悄毀掉了。由於這方面，涉及到大量的考據，我就不再贅述了。有興趣的讀者，可以去找一些顧頡剛的著作看看，但要小心，防止鼻子氣歪。

不過，物極必反，「禍兮福所倚」，由於虛妄之風盛行，必然就有「疾虛妄」的人出現，於是乎，在東漢，出現了一個偉大的知識分子，他就是王充。王充寫了一本《論衡》，非常系統地將古今學說校正了一番。可惜，這本書沒有得到很好的重視，因為他寫了〈問孔〉、〈刺孟〉等篇章，暴露了聖人的缺點，讓後來的儒生們非常不爽。

漢代人篡改、偽造典籍，耗費無數聰明才智；清朝人考據典籍，又耗費無數聰明才智。中國聰明才智之人很多，但又經得起多少這樣的耗費呢？

無人相繼的「絕學」

宋代名儒張載說到知識分子使命時，講了一句聽上去十分豪邁的名言：「為天地立心、為生民立命、為往聖繼絕學、為萬世開太平」，但是，他所謂「絕學」，不過是孔子學說、儒家理論。孔學、儒學，兩千五百年間，在中國大地上，不僅從來沒有「絕」過，而且還「盛」過無數次，至今還有無數的人在研究它、傳播它、發揮它、利用它，甚至還有人嫌其不足，一再倡導要「復興」它。

其實，以知識而言，諸子百家中，墨家所創立的工具論——知識論與邏輯學，才是真正的「絕學」，這一偉大的學術，隨著墨家的消亡，在中國大地上也完全湮沒無聞，直到新文化運動起來後，才重新受到有識之士的重視。

《墨子》中的〈墨辯〉，談的就是關於這方面的學問。

它分兩大內容，一是知識論，講什麼是知識、知識的表達、知識的獲取等；另一項是論辯的方法，過去我們一直稱之為名學，後來統一叫做邏輯學。

所謂工具論，是指關於獲得知識的方法，這裡的工具，就是「知識的工具」，實際上就是理性思維理論（今天的人們習慣上稱之為邏輯思維），包括思維形式（如概念、判斷、推理）、思維規律（如同一律、矛盾律、排中律、充足理由律）和思維方法（如歸納、演繹、類比）三個部分。《墨子》的〈經上〉篇和〈經說上〉篇主要是給出了一系列的概念、定義，並對它們作了解說。〈經下〉篇和〈經說下〉篇論及了命題和定理及一些思維規律。〈大取〉篇著重談了邏輯推理和判斷的基本組織形式。〈小取〉篇總結了墨辯邏輯，說明了邏輯的作用，邏輯形式和邏輯方法的意義。這六篇文章，後人總稱之為〈墨辯〉，在戰國後期，這些理論主要用於爭鳴中的辯論，所以有這樣的名稱。當時，人們的辯論，主要在「名」上做文章，所以，墨家這方面的理論，又被稱為名學。從〈墨辯〉六篇來看，作者不僅明確制定了概念、判斷、推理三種基本的邏輯思維形式、闡明了三者之間的區別和聯繫，還具體論述了概念的本質、劃分和作用，闡述了判斷的實質、類型及其相互關係，提出了推理的三個範疇和各種推理、論證的具體形式，總結了歸納、演繹、類比等邏輯方法，揭示了邏輯思維基本規律的內容，由此基本確立了一個由邏輯的基本概念和範疇所構成、以思維形式和規律為對象和內容的邏輯學體系。

百家爭鳴時代，很多人參與爭論，但除了〈墨辯〉的作者，沒有一個人去闡述這種系統的理論。包括被後世稱作名家的人物，如惠施、公孫龍等，也只是在概念上做一點文章，然後，提出了一批與眾不同的命題。發揮了一部分。

幾乎在同一時期（即被雅斯培稱為第一個軸心時代），古印度有了因明學、古希臘的亞里斯多德創立了形式邏輯。亞里斯多德寫了一本《工具論》，包括〈範疇篇〉、〈解釋篇〉、〈前分析篇〉、〈後分析篇〉、〈論辯篇〉、〈辯謬篇〉等論文，主要討論了命題、範疇、三段論等問題，闡述了證明、定義、演繹等方法，其中，主要論述了演繹法，揭示了矛盾律、排中律等思維規律的內容及其應用。三大「工具」理論，各有千秋，其中，墨子重概念、亞里斯多德側重於命題、因明學強調推理。三者所揭示的推理形式大體是相同的，有一定的對應關係。而現代邏輯學主要是從亞里斯多德理論發展而來的。

以我們今天的知識來看，墨子的知識論是初級的，邏輯學也不夠完善，但我們今天的邏輯學，是經過多少年的發展啊？

更重要的是，我們今天的邏輯學、知識論體系，是在西方希臘文化體系中產生、發展而來的。我們中國式的東西沒有發展。

這就是不可比性。

我們今天談論墨家的「工具論」，重要的，不是要瞭解這些學說的本身，而是要明白，這種理性的方法，也是中國文化的重要傳統之一！漢代對墨學的摒棄，使得中國此後的形而上學，都在玄學上打轉轉，原因就是缺少這種「工具」。所以，唐代、宋代、明代的一些知識分子們，因為缺少理性認知的「工具」，無法啟蒙！

可悲的是，我們至今還有相當多的學界人士認為，這世界有兩種認識論：中國玄學式和西方理性式。

這真是中國文化莫大的悲哀！

信仰追求與神學研究

第一個文明軸心時代之後，一般會在大一統帝國裡，產生較為完整的宗教。世界三大地區，無不如此：基督教、佛教和伊斯蘭教，都是在各地第一個文明軸心時代之後的帝國裡大行其道的。中國也正是如此，首先出現了儒教，但破產了；接著，又弄出了個道教；與此同時，佛教傳入中國，知識分子開始了對佛教的改造工作。三教的創立與傳播，相應使得儒學、道學、佛學研究昌盛起來，又因其特點，分別叫做經學、玄學和禪學。

先說儒教和儒學。

自漢武帝時「獨尊儒術」，知識分子們就有意無意之間，開始造神、造經（偽書），實際上在打造一個「儒教」。而這個儒教，是與皇權政治渾然一體的，他不是「上帝管上帝的事、凱撒管凱撒的事」，而是上帝與凱撒一體化：中國的上帝是「天」，皇帝是「天子」，皇權不是「天授」，而是「天生」的。

如果以基督教為參照系，則在西漢後期，中國的儒教大體結構如下：

第一層，即最高層，基督教叫「上帝」，儒教叫「天」，這是最高權力者，也是絕對真理之所在。

第二層，是上帝或天的旨意傳達者、執行者，他的任務是將芸芸眾生解救到天堂裡。這個人，在基督教裡是耶穌，在儒教裡是聖明的「天子」（或叫「聖王」），這一點，是基督教和儒教的重要差別點。耶穌只有一個，也是「神」一般的人，被釘在十字架上受苦難，然後復活了，彷佛一直活著；中國的聖明天子，卻是「人神一體」，代代相傳，按儒家的意思，是五百年出一個，堯舜禹湯文武周公就是這樣的人，孔子是春秋戰國時代的「聖王」，只是他沒有登上王位、沒有戴上王冠穿上王袍，所以，特地給他取名叫「素王」。中國的這些聖王們，是有血脈關係的，都是黃帝直系子孫，比如，孔子就是「黑帝」之子，他們出生時，也如同聖母生下耶穌一樣，是有異兆的。聖王的目標，是在人間建立一個如同天堂般的「大同社會」，如「堯舜聖世」，這個大同社會等同於基督教裡的「天堂」，區別是：在中國是天堂與人間一體，彼岸與此岸相連。

第三層，是直接追隨者、信奉者、護衛者，基督教裡叫「聖徒」，儒教裡叫聖賢，前者如保羅、馬太，後者如孟子、董仲舒等。他們也著書立說，其文章也是「經」的來源之一。

第四層，是廣大的傳教者、衛道士，基督教裡叫神甫，儒教裡叫儒生，儒生大部分為官，因為天子兼行人間統治者與上天旨意代表者雙重職能，所以，官員也是身兼儒教徒和人間管理者雙重職能。

基督教的教義是《聖經》，儒教的教義是「儒經」，儒經在孔子時代，有「六經」，以後又加進去一些，如《孝經》之類的書。但在漢代，最受尊崇的是六經中的《春秋》，一切人間是非的標準，都要以「春秋大義」為準，包括司法訴訟，難以決斷的案子，可以在《春秋》裡找案例，然後，依此案例進行判決，這叫「春秋決獄」。

第五層，廣大的尊奉者，基督教裡叫「教徒」，儒教裡就是儒生，他們認真地讀經，按「經義」身體力行。

在教義方面，也可以一一對照，基督教教義包括十誡、三位一體、信原罪、信救贖、因信稱義、信天國和永生、信地獄和永罰、信末世；儒教有各種倫理要求、敬天、性善論、講仁義禮智信、尚古、忠孝等。

讀書人只能讀聖賢書，所謂聖賢，就是儒教裡的聖王和儒家經義執行的榜樣所寫的書。

第六層，也就是最底層，是一些盲目信奉的老百姓，中西一樣。

作為宗教，很重儀式，儒教的儀式很多，如弱冠禮、朝禮、祭祀等。

當然，作為以天人合一為基礎「大一統」性質的儒教，它也有不同於世界三大教（基督教、伊斯蘭教、佛教）的獨特之處：

第一，儒教來源於儒學，其創立者、集大成者如周公、孔子皆不是傳教者，而是政治家或政治理論家，他們的學說理論主要是為國家政權服務的。儒教真正的創立者其實是董仲舒，他以儒學為旗幟、以道家之學為哲學基礎、以陰陽學為方法論，目的是「治世」，董仲舒其人，本質上是帝國的一個謀士，是為皇帝出謀劃策的人。所以，周公、孔子、董仲舒這三個人，顯然與耶穌、穆罕默德、釋迦牟尼有著本質區別。

第二，儒教信天敬祖，在中國文化中，「天」既是自然規律，又是宇宙的主宰者，這與人格化的上帝、真主、佛祖又有著絕大的不同。某種程度上，讓人感到它是無神論。無神論顯然不能歸入宗教。與此同時，儒教之經文，其實是改編後的歷史（「六經皆史」），因此，它與《聖經》、《古蘭經》和佛經又有著本質區別。

第三，儒教與政權合而為一，皇帝（天子）奉天承命、君臨天下，行使著大教主的職責，官員們肩負著教化的職責，祭天儀式、上朝儀式、祭祖儀式代替了宗教儀式，被神化了的道德楷模——聖賢代替了「使者」，因此，使人有時感覺儒教不具備西方理論界關於宗教的一系列「必備要素」。

第四，中國還有佛教、道教，而且有時皇帝、朝廷大力提倡他們，甚至皇帝本人還十分信奉他，從而讓人感覺那才是宗教，相比之下，儒教則不是教。

其實，宗教的實質是什麼？就是以一種神秘的旗幟、絕對的真理、先驗的戒律，來推行其自認為人間最終極的道德法則。所謂「幾要素」之說，完全要因文化的差別而有著不同的表現形式。

所以，中國漢代建立起來的儒教，完全具備了宗教的一切根本要素，所不同的核心之處，是政教完全合一，即教義與國家的意識形態合一、教主與皇帝合一、教職人員與官員合一、教堂與朝堂、郊廟合一。范仲淹就將在朝為官指為「居廟堂之高」，「廟堂」同稱是這些官員和讀書人不自覺的稱呼。

研究儒教經義的，叫「儒學」，相當於基督教裡的「神學」。因為儒教盛行，一時間，儒學也盛行起來，對六經的整理、闡述達到高峰，幾乎所有的知識分子都在幹這個事。

但是，現實的情景，卻使儒教徒們大失所望，因為現實中的「天子」、一些自私自利的官員，並不是他們心中的「聖王」、「聖賢」形象，他們只是用儒教做工具，來統治天下、牟取私利。為此，他們不惜隨意篡改、歪曲甚至偽造經典，一時間，「虛妄」之談、偽道德盛行，儒教名聲越來越壞。至王莽新政失敗後，儒教基本上瀕臨破產。此時，不僅儒教破產，儒學也有了問題。先是有王充「疾虛妄」，就是從理論上批判；接著是東漢時一批名士來衛道。但這種學術批判、維護教義的言行，很快與權力鬥爭關係不明不白起來，終於釀成「黨錮之禍」。

至此，儒教基本名聲掃地，甚至儒學也聲名狼藉，於是，知識分子們把目光投向老莊學術。為什麼投向老莊學術，而不是別的學術呢？原因有三，一是老莊學術在諸子百家中最有思想體系，有哲學基石、有宇宙觀、世界觀和方法論；二是老莊思想都是出世的，都批判假道學，反功名，其中《莊子》中，對儒家的道德標準，有很深刻的批判；三是漢初盛行黃老之學，有歷史、社會和思想基礎。

老莊之學盛行後，也分為兩個部分，即創立道教和盛行玄學。

道教在前期，借用了儒教創立者的方法，後期又模仿佛教的體系。他們將儒教徒們虛構的種種神話，拉入道教中來，而且處處高於儒家：儒家講孔子，他們講老子，老子是孔子老師；儒家講堯舜，道家講黃帝，黃帝是堯舜的先祖；儒家講文王演周易，道家講伏義畫八卦，更是「先祖加先師」。最後，受佛教裡佛、菩薩的影響，道家造出了天尊、天師，把盤古、伏羲、老子列為三大天尊，無以復加了。

道教既迎合達官貴人，又迎合勞苦大眾，前者，他教人成仙得道、長生不老；後者，他教人有超自然力量。道教之盛行，有兩件大事最值得一書：東漢暴發黃巾起義，兩晉無數享有富貴的名士沉浸在煉丹服藥中。

玄學是道教方面「神學」的一支，是魏晉富貴名士們鑽研的學問，他表現在言談高妙、旨意玄遠，內容大部分圍繞生命的意義。玄學積極的內容，是促進了中國知識分子生命意識的覺醒、促進了中國學術界對生命意義的探討；消極意義是言談故弄玄虛，最後落得個「清談誤國」的罵名。

就在道教與儒教此起彼伏的當兒，發源於印度的佛教，隨著政治、經濟交往，傳到東土。

佛教在中國傳播極快、極廣，並且極受歡迎、發展迅速，究其原因，大約有三點：第一，他從體系上，全面地、體系完備地解釋了人間有關生老病死、貧富貴賤、苦樂憂閒、天災人禍、前生後世等一切「世象」及其「因果」；第二，儒、道二教所造的神，與佛教裡的「神」，實在是小巫見大巫，佛教裡宣揚的神，其超自然力量對人們的吸引力和神秘感都達到了無以復加的程度；第三，佛教徒的超功利及修行上的極度「苦行」，太感動人了！

佛教一來，中國的儒教徹底變成宗教上的「四不像」，道教則只有模仿的份了。

佛教經書極多，佛教徒又有「苦修」的精神，因此，在中國譯介速度快、數量多、傳播廣，漸漸地，很多知識分子進入佛學研究之中，魏晉南北朝時，無數知識分子投身佛門，此風直到唐朝，不僅不衰，反而大盛。

由於佛學所研究的內容極大極廣、佛學超越世俗、佛學需要悟性、佛學講修煉，因而，許多地方與老莊之學相通，加之玄學的發展與影響，佛學逐漸發展為完全中國特色的禪學，禪學又催生了佛教禪宗派的出現，此後，禪學一直成為中國佛學的主流。

玄學與佛學，特別是後者，至大、至廣、至精、至微、至深，而且有的學理，「不可言」，甚至「不可思」，故而，本節不作敘述。

「南朝四百八十寺，多少樓臺煙雨中！」很多知識分子也孤影伴青燈地沉浸在佛學研究的風雨之中。

本來，對信仰的追求、對神學的研究，可以振興形而上的學說，但是，中國的學者們沒有抓住這個機遇，完成這一偉大的轉型。神學最後變成禪悟，形而上問題，在學術的天空裡，也從此「多少樓臺煙雨中」。

從「道統」到理學

「問世間情為何物，直教人生死相許！」其實，世間讓人生死相許、甚至相許來生的，不僅有愛情，還有信仰。這世界就是這麼奇妙，一部分人在墮落、一部分人在超脫，主宰墮落的是欲望、主宰超脫的是信仰。宗教本來是為了信仰而出現的，但卻又被欲望所利用，於是，宗教又被世俗化、工具化，儒教可以為統治者確立統治地位、為書生找到升官的機會、為官員做政治手段；道教可以為名利負累者求解脫、為富貴者求長生、為弱者提供超自然的神秘力量；佛教可以為人求來生、為痛苦找麻醉劑、為統治者消滅野心家。但儒教工具化，容易讓人看透，所以，儒教破產了；道教宣揚的工具，一樣都做不到，所以，道教沒落；只有佛教求來生，講果報，所以，信佛教的最多。

更重要的是，佛教傳入東土後，佛教徒給人的感覺，是真正超脫名利、普渡眾生的，他們行則芒鞋竹杖、食則粗飯清蔬、居靜高山深林，無功無名甚至無家室無子孫，這種精神，一度強烈感染了中國曾經受過儒學「大濟蒼生」思想熏陶、受過老莊超越世俗思想影響的中國知識分子，一時間，研究佛學者甚眾。

到了唐朝，由於統治者的提倡，佛學研究呈登峰造極之勢。盛唐是個思想開放包容的時代，三教並重，但在儒學上有些作為的，大概只有一個孔穎達（他編著了《五經正義》）。所以，「盛唐」雖然被稱為中國世界歷史上最輝煌的時代，但「盛唐」這個詞，讓儒家們聽起來，是很有些不爽的。殊不知，盛唐所以盛，正是不重「儒」！

佛、道的盛行，對儒學是個巨大衝擊，儒家講忠孝，佛家教人不治業、不治家，道家教人無為；人們都信佛道，佛道擁有了很多信徒，王朝就失去了勞動者、作戰者。知識分子醉心佛學、玄學，儒學由誰來研究？

唐憲宗時，佛教達到鼎盛，僅迎佛骨一舉，就驚動了從皇帝到百姓上百萬人，信佛達到了狂熱地步。這時，有一個書生沉不住氣了，這個剛剛被皇帝收入朝中的官員，想到了孟子這個先賢，吸了一口「浩然之氣」後，拿起了戰鬥的筆，寫了一篇〈諫迎佛骨表〉。他說：「堯舜禹湯周公時代，都不信佛，國家昌盛；梁武帝信佛，卻亡國，不僅亡國，連自己也死得很慘。佛教是外國的東西，怎麼能受到那麼高的重視？佛教教人沒有國家、沒有家庭意識，不治產業，不讀聖賢書，如果全國人民都去信佛了，誰來擁護你這個皇帝？誰來生產？誰來當兵？誰來講忠孝節義？立即停止這荒唐之舉吧！」並建議將佛骨「投諸水火，永絕根本，斷天下之疑，絕後代之惑。」文章早上遞上去，晚上這個官員就被貶到八千里之外的荒涼之地，要不是宰相救他，皇帝早送他去西天極樂世界了。

這個官員名字叫韓愈，據說是唐朝文章寫得最好的人，蘇軾說他「文起八代之衰」。其實，早在「迎佛骨」十三年之前，韓愈已經開始思考如何重振儒家的「道統」了。

「道」這個詞，是中國思想學術上僅次於「天」的一個重要概念。在《老子》一書中，道的含意是天地間蘊含的基本原理和根本法則。這個概念被諸子百家所沿用，雖然有些歧義（因為我們說了，中國古人是不太重概念定義的），但主要意思大體就是這樣。只是後來他們又發明了一個「理」字，大體上的意思是：原本存在的叫「道」，被人發現後叫「理」。其實是一回事。綜上所述，在古書中，天理、天道有時是並用的。

但對天道的解釋卻不盡相同，戰國時，孟子認為，能把天道解釋最清楚的人，只有五百年才出一個的「聖王」，為此，他又排出了這樣自古至今的九個「王」，前面七個依次是堯、舜、禹、湯、周文王、周武王、周公，第八個人是孔子。問題又來了：前面的人都是天子，至少也是可以行天子之權的人（周公），孔子卻是個純學者。但不要緊，孟子的解釋是：春秋時，天下大亂，真正的聖人是不可能執掌大權的。孔子雖然不是天子、不是諸侯王，但他是人們思想上的「王」。所以，後代人也稱孔子為「素王」（就像佛家弟子不能吃葷，便做些素雞、素香腸一樣，聊以自慰）。第九個人是孟子，他說「捨我其誰」！只是他也只能做了個「素王」（可惜後人連這一稱號也沒給他）。時代進入到漢朝，董仲舒顯然是以第十個人自居的。但後人沒有承認董仲舒是第十個人，因為他關於「天人合一」讖緯搞得太臭，聲名狼藉。

大唐盛世之後，韓愈站出來了，他顯然是以「第十個人」自居。他發憤寫了〈原道〉（探索「道統」的發展脈絡）等一批哲學文章。可惜，韓愈的思想實在不能成體系，用今天的話說，他雖然是個大文學家，卻不是一個大哲學家、大思想家。他在〈原道〉以及其他相關文章中，根本沒有論述為什麼儒家之道才是道，才應該「統」。韓愈做不出有系統的文章，其實很正常，因為儒學本來就沒有理論體系，董仲舒的儒學，是用陰陽家理論做體系的。

韓愈提出的「道統」一詞，直至北宋初年，才得到知識界的重視。北宋初年，以屈辱換和平，一時間，「國泰民安」，知識分子在「歷史上最好的朝代」，開始以佛教徒的鑽研精神，來研究起儒學。這樣，邵雍、周敦頤、二程、張載們，登上了學術思想史的舞臺。

這五個人有三個共同特點：一是治世裡，不求為官之聞達，而專心於學術研究，做俗世汙泥中的「蓮花」；二是有使命感，要「為天地立心、為生民立命、為往聖繼絕學、為萬世開太平」；三是揉合禪學、玄學理論入儒，使儒學獲得新生。他們從宇宙起源到人生意義，逐一探討，並力圖建立一個佛學似的大體系。

當今學術界有很多人認為，北宋是一個中國學術復興的年代，這應該得益於朝廷崇文抑武，文人們有了非常好的學術環境；而從技術角度講，則是紙張與印刷業的進步。四大發明裡，有兩大發明——紙和印刷術——直接與文化傳播相關。可是，當王充、張衡成為帝國知識分子之絕唱後，中國文人已經基本喪失了科學的方法與科學的精神。他們信天、信古、信聖賢，總想一下子進入一種把握「天、地、人之大理」的境界，某種意義上，他們還停留在創立大哲學體系的時代，是最古代原始哲學思想的翻版，這就注定他們不可能走上科學治學之路，他們沒有科學的方法，只能借助一種神秘性。因此，他們沒有大突破，也是情理之中的事。如果我們認真分析一下孟子所說的九個人，則有大創見者並不多：堯、舜只是理想化的人物（孔子、孟子拉虎皮做大旗而已）；文王演周易，算是一種創建，但也只是後人的說法；武王只是個「繼往開來」者；周公是將理想制度化的人；孔子是「述古」者，孟子是強調者。也就是說，最多只能說文王、周公、孔子有創建。

所以，終北宋一代，也沒出來一個能被後世承認的「道統」上「第十名」的人。

北宋（特別是初年）的知識分子們沒有做出思想上的大成就，正說明了儒教統治的厲害！現在很多人說，明清因為專制統治，中國知識分子獨立思考能力被扼殺了。但我們一定要知道：專制的不僅有政治，還有思想！正是這種「政教合一」的專制，才造成中國知識分子走向淪亡。

從理學到心學

西方在經過基督教黑暗統治的中世紀之後，迎來了文藝復興及其後的啟蒙運動，在學術思想上，宗教改革意義重大。神學經過馬丁・路德的改革後，保存、弘揚了它精華一面，而去除了其中的糟粕。與之相對應的是，中國在唐、宋、直到明代，一些研究儒學的大家們，也試圖建立適應新時代的學術體系。然而，不幸的是，最終定型的卻是「理學」和「心學」。這兩樣東西，基本拋棄了孔儒、漢儒關於人性、關於民權、關於獨立思考方面尚存在的一些積極的東西，使儒學進一步走向保守、落後、反動。究其原因，乃是政教合一之後，廟堂走向全面保守、腐朽。其中：理學誕生於一個積貧積弱的衰世（北宋末、南宋初年）；心學誕生於一個走向全面內斂的變態王朝（明代）。下面，我們將從中國學術發展史角度，簡要地談談這個問題。

中國歷史，不唯在朝代更迭上有許多驚人的相似，在學術史上，也有一些讓人感到驚訝的相似。最有代表性的當屬春秋至西漢學術史與北宋至明代初年的學術史。對應的人物是鄒衍與邵康節、董仲舒與朱熹。

戰國後期，純思辨性的哲學思想，在受到楚國之巫風、齊國道家方士派以及地理學成果的影響後，形成了以鄒衍為代表的陰陽學派（被稱為陰陽家），至漢代董仲舒，則仍以儒家六經之《春秋》為標誌，形成了一種不是宗教的宗教——儒教。此一點，我們在〈信仰時代〉已專門討論過。北宋年間，以邵康節為代表的一些學者（包括邵康節的兒子邵伯溫），在受到道教神秘主義、佛教禪宗派以及漢唐以來數學成果的影響後，以儒家六經之《易經》為標誌，形成了一門揣測天地、預知未來的學術。到了南宋之初，朱熹則借用了這些學術的很多方法和名詞，高標儒學經典——《四書》，形成了不是神學的神學——理學。但我們更想稱之為道學。

朱熹主要生活在「國破家亡」的南宋初期，他被稱做是「理學」思想的集大成者。

朱熹父親是進士出身，受二程理學影響極深。朱熹十九歲便登進士第，當了一些職位非常低微的地方小官吏。紹興三十二年（一一六二），宋孝宗即位，準備啟用張浚出兵抗金，並下詔徵求內外朝臣陳述政見，朱熹立即上書陳事，在〈壬午應詔封事〉中指出：「今日之計，不過乎修政事，攘夷狄而矣」，並向皇帝提出三項重大措施：「夫講學所以明理而導之於前，定計所以養氣而督於後，任賢所以修政而經緯乎其中。」第二年，孝宗在垂拱殿召見朱熹，朱熹面奏三札：第一札：建議皇帝博訪真儒，講明《大學》之道，以修身為本。第二札：指出「君父之仇不共戴天」，主張「非戰無以復仇，非守無以制勝」，應當「合戰守之計以為一」。第三札：尖銳批評當時向朝廷「諫諍」的路已經堵塞，以諂媚而得寵幸者得勢，升官得賞容易而威罰不夠，天下生民受盤剝太多，應當立即「修德業、正朝廷、立紀綱」。值得注意的是，朱熹這兩次進的都是「三」策，頗有點步漢代董仲舒進「天人三策」的後塵。可惜，宋孝宗不是漢武帝，他的「三策」沒有被皇帝採納。朱熹後來便退居崇安武夷山寒泉精舍，一邊授徒講學，一邊著書立說，時間在西元一一六二年至一一七七年之間，他的理學體系基本上成熟於這一時期，許多學生也成了朝廷重臣，他的名聲也自然大起來。朝廷只得再次起用他。這時，他利用自己的影響所做的最大的一件事便是在廬山建白鹿洞書院，還請皇帝為書院題匾。具有諷刺意味的是，朱熹的學術思想及自身在當時的遭遇，比孔子要慘得多。朱熹晚年時，曾一度實現了中國文人「為帝王師」的夢想——在宰相趙汝愚的薦舉下當上宋光宗皇帝的侍制、侍講。可在韓侂冑擅權後，排斥趙汝愚，慶元元年（一一九五），趙汝愚終被罷相。朱熹、彭龜年因曾指責過韓，均得罪。慶元三年（一一九七），朝廷將趙汝愚、朱熹等五十九人著於「偽學逆黨籍」，而朱熹被定為「偽學之首」，史稱「慶元黨禁」。兩年後，朱熹病逝，享壽七十一歲。直到宋理宗繼位後，才被「平反」，而且實現了他的「人生追求」：贈太師，追封信國公，從祀孔廟。

宋代出現理學，有三大基本條件，第一，朝廷提倡儒學，也提倡佛教、道教，皇帝們已經認識到這三者都有利於奴化百姓（即所謂「精神鴉片」），宋真宗就說過「儒、佛、道三家的道理要義是完全一致的」。第二，因為推行崇文抑武的政策，文人待遇好，這些文人們閒來無事，就開始研究起「人生的意義」等哲學問題；但由於他們深受儒學關於「治國安民」的理論影響，所以，並不太注重「終極關懷」等哲學大問題，而是想著怎樣研究出一套治國安民的大道理來。第三，由於紙張的發明和印刷術的出現，購書、讀書、著書在當時物質條件下變成一件比較容易的事。

二程提出了「天理」的概念，朱熹要人們去認識這個天理，其途徑是「格物」（就是對著一事或一物進行專注地觀察、思考、探究），因為他認為萬事萬物中都包含著天理。這是他第一個重要觀點。接著，他提出了認識「天理」的重要性，即人們的一切言行都要按「天理」去做，否則，就會遭到懲罰（現在有人將天理解釋成「規律」，按規律辦事成為現在人普遍知道的常識。但朱熹理論的保守反動之處不在這一句話，而在後面兩條），這是他的第二個觀點。第三條，他提出古代的聖賢們已經認識了很多「天理」，其中孔子、孟子認識得最多，孔孟及其學生的著作和言論集中（即四書五經）已經把天理說得相當透澈了。他的一句名言是「天不生仲尼，萬古如長夜」（仲尼就是孔子），由此，他又提出，認真地讀孔孟等聖賢的書，也是知曉天理的一條重要途徑。由此可見他學術理論的保守性！第四條，也是最反動的一條，即他認為，與天理相對應的有一個「人欲」，人欲中包含了很多貪欲，如對財富美色的追求，這些東西的存在，影響了對天理的知曉和執行，為此，必須「存天理、滅人欲」。

前面說了，他們研究理論，是為了指導治國安民的實踐，所以，將這些理學中的學術思想運用到國家治理和社會倫理建設中，他們便大力倡導漢儒們所說的一套「三綱五常」觀念，認為那就是「天理」。

與朱熹同時代的還有個思想家叫陸九淵，他在本質上也是「天理」一派的，所不同的是，他對什麼叫天理、認識天理的途徑提出了異議。他認為「天理就是我們的心」，以此而論，則人心所擁有的正當的欲望也都是天理了。為此，他與朱熹展開了一場學術辯論，時間是西元一一七五年的六月，地點是信州鵝湖寺（今江西上饒境內），學術界稱之為「鵝湖之會」，是我國自戰國時齊國稷下學術爭鳴之後難得的一次學術辯論會，其中雙方沒有進行任何人身攻擊。於此，多少也可看出朱熹人格的偉大，比孔子還略勝一籌，因為孔子就沒能和「持不同政見」的少正卯辯論，相反，卻是利用職權定罪殺了他。陸九淵還對「四書」提出了一些疑問。

就此而論，陸九淵的思想是進步的，如果往前進一步，可以走上儒教改革的光明之路了。事實上，南宋時期的陳亮、葉適等人也確實利用這個理論，高標「事功」旗幟，他們甚至提出了大力發展經濟、鼓勵工商業者發財的理論。只可惜，這種學術思想與南宋朝廷一同，在蒙古人打進來之後消亡了。

距「鵝湖之會」三百三十三年後，在貴州一個叫做龍場的窮鄉僻壤裡，有一座驛站（郵政所），一個小驛丞（郵政所長）正在對著竹子苦苦地思考。因為按照朱熹「格物」理論，他對著這個竹子應該可以認識到「天理」的，但七天七夜過去了，他一無所獲。可就在第七天快結束時，他忽然像佛祖當年坐在菩提樹下醍醐灌頂一樣頓悟了。他豁然開朗地認識到：天理不就在我的心中嗎？我心就是天理啊！發現我心中的真善美的東西，就是發現了天理；按內心真善美的要求行事，就是按天理行事了。當然，那時沒有「真善美」這個詞，他取的名叫「良知」，發現並按照這個「良知」行事的過程，叫「致良知」。於是，一門新的學問誕生了。這個人後來離開了龍場，並當了大官，曾帶兵平過叛，可謂是文武全才。戰功加上學問，他名聲大振，追隨者雲集。這個學術思想一般稱之為「心學」，這個人叫王守仁，號陽明先生，人們習慣上稱他為王陽明。

按朱熹的方法去做人、做事、做學問，真是太難了：天地之間的理，我們要揣摸透才能去行，但如何揣摸呢？格物嗎？對著物，沒有悟性怎麼辦？況且又要格物、又要讀聖賢書，這二者又有什麼區別呢？王陽明的理論是：既然天地間的道理已經全部體現在聖賢書裡，則我們熟讀聖賢書不就解決問題了嗎?!沿著這個思路想下去，又想起聖賢（孟子）說了：人人心中都具備了做聖賢的東西，我們只要發現它、培育它就行了。於是，他認為：聖賢書也不要多讀了，向我們的心靈深處求真理就是了！相比之下，王陽明的學說，更容易為人接受，因為這省了很多做學問的苦處。用我們今天的眼光看，朱熹的「格物」就方法而言，還有很多科學的精神；而王陽明的「返觀其心」，則完全是偷懶——我們沒有任何理由說它是提倡獨立思考，因為他所說的「良知」，是人心裡面存在的與儒家教義相一致的東西。這實際上與禪宗的路是一致的。最後，他的一些弟子、傳人們也真的提倡人們少讀書、少思考，「保持本心」就可以了，不僅「可以了」，而且可以成為聖人，因為人人都有「心」，所以，「人人得而為堯舜」。

至此，知識分子們，既不要去實踐、也不要獨立思考了。中國學術思想到了這個地步，可以說已經淪亡；學術思想淪亡了，知識分子也就差不多了。

事實正是這樣：明朝除了出了一個張居正，沒有第二個像樣的政治家，而張居正還是靠勾結宦官執掌大權的；除了明末出了一個會打仗的袁崇煥，沒有第二個像樣的武將，而袁崇煥又剛愎自用，最後落得一個剮刑下場。明朝絕大部分所謂的忠臣、有識之士們，只會清談道德、高標仁義，到了大敵當前，只有一死報效君王。

其實，明朝正是可以出思想、出制度的時候：東南經濟發達，有了近代工業文明的「經濟基礎」；元朝天文、航海發達，加之明中後期西學東漸，有了大國和全球意識；元朝民間文藝發達，明中後期再度有了文藝復興景象，有了思想解放前提；明朝很多君主無為，清談盛行，可以搞議會、甚至虛君制。可是，知識分子已經快淪亡了，誰能想到這些啊?!

從經世致用到考據

文人本有好空談的毛病，理學、心學形成後，都成為空談的內容和方法，至明朝中後期，清議之風猶勝，最後，國破家亡。

明亡以後，一些大知識分子開始了反思。這些人中，以「三大家」即顧炎武、黃宗羲、王夫之最有名。他們三人研究的重點和成就是：顧炎武重點在學術史上、黃宗羲在制度上、王夫之在哲學體系上。

顧炎武反思的結果，是提出了「經世致用」的口號，這一點，黃宗羲、王夫之及李顒、顏元、李塨、王源等都予回應。「經世致用」的來源很早，至少在王安石變法時就強調這點，他那時改革科舉考試，就要求書生們將讀「經」與「實務」結合起來，學以致用。南宋時，面對文人唱高調，又有人提出「經世致用」，但一直沒得到重視。清初這些學者在總結明亡教訓的基礎上，深感明代「書生徒講義理，不揣時勢，未有不誤人國家者」，從而提倡「經世致用」和「以實為宗」的新學風。簡單地說，經世致用，就是學習儒家經文，要杜絕空談，重點是要在儒家的「經」中，找到對現實社會有用的東西，認真研究學習，加以發揮，從而為解決現實問題提出方案。「經世致用」主張的內容有：務當世之務，康濟時艱，反對脫離社會實際；勇於任事，不務空談，「生存一日當為民辦事一日」；致力於創新，絕不蹈襲古人；實事求是，注重調查研究。他們的研究範圍，幾乎涉及社會問題的一切方面，包括政治、經濟、軍事、國家、民族、法律、邊疆、地理、人情、風俗、自然科學等等，即「事關民生國命者，必窮源溯本，討論其所以然」。為此，他們重點研究社會問題，並提出以下觀點和「經世」方案：一是「非君論」，即反對集權，提出「庶民干政」的主張；二是提出了各種解決土地問題的辦法，但主要還是「均田」思想；三是激烈批判科舉制，特別是八股取仕。

清初，即所謂的康乾盛世裡，這些「前朝遺民」的思想主張，根本不受重視；反之，他們倒是更加重視儒家經典來。但是，我們在前面說過，經過漢代整理出來的經典，虛妄者極多，宋代一些學者曾做過一些質疑、爭論、考證，但絕大多數問題懸而未決。盛世書生們，在文字獄高壓下，正閒得荒，加之朝廷正在大修《四庫全書》等類書，正在整理古籍，他們於是就趁勢鑽進故紙堆裡，研究起經典來。這樣，所謂「考據之學」就誕生了。

按梁啟超的定義，考據學可以這樣概括：「其治學之根本方法，在實事求是、無證不信；其研究範圍，以經學為中心，而衍及小學、音韻、史學、天算、水地、典章制度、金石、校勘、輯佚，等等。而引證取材，多極於兩漢；故亦有漢學之目。」其主要工作是對古籍加以整理、校勘、注疏、輯佚等。因此，考據學又稱考證學、漢學、樸學（樸實之意）。考據學盛行於乾隆、嘉慶年間，故而這些學者又稱乾嘉學派。

考據學在整個清代，長盛不衰，代表人物有惠棟、戴震、段玉裁、王引之、王念孫、孫詒讓等等，至清末明初，尚有章學誠這樣的大家。純從學術角度講，這些人對中國古籍研究、整理功績非常大，因為「欲論古人或研究古史，而不從事考據，或利用清儒成績，是捨路而不由。」考據學的發展，帶動了相關的學科如文字學、音韻學、訓詁學、歷史學、地理學、曆算學、目錄學、版本學、校勘學、辨偽學、輯佚學等發展，這些都對我們今天研究古籍深有用途。所以，從學術角度看，考據學來源於「經世致用」，而其本身，也是一種「經世致用」。

但是，考據學畢竟是一門技術性的學問，部分人去從事此項工作，不僅無可厚非，而且至為必要；但是，清代知識界是什麼形勢？是幾乎所有的文人都要講考據，無數文人鑽到故紙堆裡後，爬不出來，這是又一種意義上的「皓首窮經」。他們考證、修訂了「經」之後，就忘記了用它來「致用」了。

清末，面對日益加重的內憂外患、朝廷腐敗無能、國家面臨著生死存亡的嚴峻形勢，「經世致用」之學再度興起，按說，此時，他們拿出來的「經」，更「真」更「樸」了，可是，有用嗎？魏源、龔自珍以及後來的張之洞、康有為們，無論怎樣發揮「致用」的精神，無論用經過怎麼考據出來的「經」，也無論怎樣發揮這些「經」裡面的「微言大義」，都沒有用了！

中國的學術思想已經衰亡了，中國的知識分子已經淪亡了。

第七章
特殊時代

都說元朝是中國歷史上最不重視文化的朝代，殊不知這個朝代，文化成果最輝煌燦爛。原因何在？在於知識分子暫時有了一定的獨立性，創造力得到了一定程度的發揮。這個現象，很值得我們去反思中國知識分子淪亡的原因。

元朝的正統地位

中國有個特殊的朝代，叫元朝，時間在西元一二七一年至一三六八年，夾在南宋和明朝之間，共九十八年光景，有十一世皇帝。很多人對它有爭議、不瞭解、很忽視、產生誤解甚至曲解。在此，我們將從知識分子的生存狀態角度，對它重新審視一番。

大元，取名於《易經》，《易經》關於乾卦的彖辭裡有：「大哉乾元，萬物資始，乃統天。」《易經》將事物發展的過程分為「元、亨、利、貞」四種，元，是開始、開端的意思；亨，是發展、發達的意思；利，是成熟、圓滿的意思；貞，是穩當、收斂的意思。比如，一年四季，則是：春生發、夏通達、秋圓熟、冬斂藏。

《易經》是中國文化瑰寶，孔子將其列為六經之一，以後儒家更將它列為眾經之首。時至今日，也沒有誰敢說《易經》不是中國最博大精深的一部著作，很多學者甚至認為它囊括了「天地人間」一切原理、真理。元朝創始人為自己取這樣的國號名稱，表明他們很尊崇中國文化。

可是，元朝有兩個問題，引發了一個爭論。第一個問題：元帝國的創立者是蒙古族人，不是漢人。第二個問題：元帝國所擁有的領土，十分廣袤，《元史‧地理志》說：「北逾陰山，西極流沙，東盡遼東，南越海表」，有人測算，達到三千三百萬平方公里，是宋代（北宋最盛時約三百平方公里）的十二倍、清代的兩倍半、新中國的三倍，元帝國建立於南宋滅亡之前（一二七九），而更重要的是，在一三六八年，元朝首都被明朝建立者朱元璋攻下，末代皇帝逃到漠北（前蘇聯境內），元帝國依然存在，其統治及直接影響的疆域甚至達到前蘇聯時華沙公約範圍的近三分之二。由此，有人說：元朝不能算是中國的一個朝代，只能算是中國的一個亡國時期——中華民族的帝國為蒙古族的元帝國所滅亡。明朝的建立，是一次復國。復的是被元帝國所侵占的地域，而元帝國仍然存在。

其實，持這種見解者，不僅不瞭解歷史，更不懂中國文化。

歷史的真相是：由成吉思汗鐵木真開創的元帝國，面積雖然很大，但很多汗國只是名義上尊奉大汗，實際上各自為政，大汗所控制的範圍是有限的。這就是說，大蒙古只是一個相當於今天的「英聯邦」，忽必烈及其所建立的「元朝廷」所統治的面積，大約不到大蒙古的一半，而在這其中，後來屬於清代的地域，無論是從面積、人口還是經濟地位上，都是占絕對主導地位的。

更重要的是，中國傳統上原本就沒有什麼民族觀，所謂「夷夏之辨」中的「夷」，不是指民族意義上的，而是指文化意義上的——凡是未開化的地區，統稱為「夷」，一旦被中原文化所同化，即是「夏」，即「中國」，如春秋時的吳越、齊國之東地區，後來都成為漢、唐時的「中國」。元朝統治者，尊奉中國文化，聲稱元朝是宋、金朝代的延續，他們用漢文、建漢制、尊漢祖，理所當然是中國的一個朝代。

元朝自滅南宋之後，主要精力也放在原先的漢人地區，他們修了前朝的「三史」——遼史、金史、宋史，儼然將南宋時期看成了歷史上的又一個「三國」時期。實際上，從歷史上看，宋代，無論是北宋還是南宋，都不是正統，因為北宋時，宋曾與遼稱兄道弟、對金還稱過臣。我們現在說歷史，將宋朝看成是中國十至十三世紀時的正統王朝，真正是漢人的自大，如同我們將黃帝看成我們唯一的祖宗（正宗的祖宗至少應該有蚩尤、神農、黃帝三個）一樣，都是對歷史的曲解。

正統的元朝歷史，應該從忽必烈建立「元」這個國號起，到朱元璋攻入元首都、元順帝逃到漠北止的九十八年。

空前絕後的開放

元朝的意識形態、經濟文化、商業貿易、對外交往、用人政策，都極度開放，在中國傳統歷史上，達到了空前絕後的程度。

忽必烈一即位，就宣布要搞「文治」，遠繼漢、唐，近承金、宋，在意識形態上，「三教」並立、多元並舉，明確提出宗教信仰自由。對「三教」，是引導而不是確立，認為「儒教入世、道教隱世、佛教出世」，他們可以分別起到治世、治身、治心的效果。西方羅馬文化也在傳入，並與亞洲各種文化融為一體。於是乎，一方面孔子被封為「至聖先師」，全國書院多達四百餘所、州縣學校的數量最高時達到二萬四千四百餘所，民眾普及教育超過了前代；另一方面，孔廟之外，喇嘛廟、道觀、清真寺等遍布各地，當時世界上所有的主要宗教在中國都有活動場所和信徒。元朝也是中國歷史上唯一沒有從官方角度提出「避諱」制度的王朝，事實上，也是中國歷史上思想文化禁錮制度最少的王朝，目前也尚未發現元代人士因言論遭受迫害的史實。

元朝開闢的海路可以到達非洲海岸、陸路往來直抵西歐，通過海上「絲綢之路」進行經貿往來的國家和地區由宋代的五十多個增加到一百四十多個。在大量阿拉伯人、歐洲人湧向東方的同時，中國人的視野也更加開闊，對周邊國家、中亞、南亞和印度洋地區的瞭解更加清楚，足跡已經延伸到西亞和西歐。人們對外部世界的瞭解和介紹，不再局限於道聽塗說，而大多是親身經歷。如汪大淵的《島夷志略》一書，所記印度洋沿岸和南海各國史實「皆身所遊覽，耳目所親見，傳說之事，則不載焉」。該書記錄了數百個地名，以及各地的山川險要、氣候物產、人物風俗，多屬前人未載內容。類似的文獻還有《西遊記》（當時的一本遊記、非明代的魔幻小說）、《西遊錄》、《北使記》、《西使記》、《真臘風土記》、《異域志》等。

上都常有阿拉失、波斯、突厥等商人往來，被稱為「色目商賈」或「回回商人」。義大利威尼斯商人尼古拉兄弟帶馬可・波羅到中國，在上都受到忽必烈極高的禮遇。馬可・波羅在中國居住十七年，深得忽必烈器重。著名的《馬可・波羅遊記》詳細記述了上都及中國很多城市的宮殿、寺院、宮廷禮儀、民情風俗，讓世界瞭解了中國。

著名的全真教道士長春真人丘處機，於西元一二一九年應成吉思汗之邀，前往中亞講道。蒙哥汗時，魯不魯乞受法王路易九世之遣，穿越蒙古高原，傳播了東西友好的訊息。陰山汪古部景教徒的西去和西方基督教的東來，在東西相互傳遞著福音。義大利旅行家馬可・波羅及其父親，帶來了羅馬教皇致蒙古皇帝的書信。中原文化與西域文化，亞洲文明與歐洲文明，進行了強有力地大交流、大貫通、大融合，推動了人類文明的發展和進步！

在中國傳統歷史上，對外影響最大的王朝是唐朝和元朝。但是，如果從對外影響範圍、往來國家數量和國際地位角度比較，元朝則遠在唐朝之上。優惠的通商政策、通暢的商路、富庶的國度、美麗的傳說，使元朝對西方和阿拉伯世界的社會各界形成了巨大的吸引力。上都、大都、杭州、泉州、廣州已具有國際化都市的色彩，泉州港成為國際最大的對外貿易口岸。旅行家、商人、傳教士、政府使節和工匠，由陸路、海路來到中國，他們當中的部分人長期旅居中國，有些人還擔任政府官員。據統計，這些人分別來自波斯、伊拉克、阿速、康里、敘利亞、摩洛哥、高麗、不丹、尼泊爾、印度、波蘭、匈牙利、俄羅斯、英國、法國、義大利、亞美尼亞、亞塞拜然、阿富汗等國。歸國後，一些人記錄了他們在中國的見聞。正是這些遊記，使西方人第一次較全面地把握了中國和東方的資訊，一個文明和富庶的中國真實地展示在世界面前。這些資訊改變了歐洲人對世界的認知和理解。學術界普遍認為，馬可・波羅等人的著作對大航海時代的到來產生了至關重要的影響。

元朝的人才政策也非常開放，忽必烈時代，朝廷及地方官廣為招攬天下英才，如：佛、道兼知的中原人士劉秉忠成為軍政大員，著有《彰所知論》的紅教喇嘛吐蕃人士八思巴位居國師，祖先為遼國皇室的耶律楚材主持制定「五戶絲制」頒行天下，波斯人札馬魯丁擔任司天臺提點並製作了「西域儀像」……一時，天下眾多英傑皆為大元帝國所用。

開放的經濟文化交流，促進了中外文明進步，中國的火藥、指南針、印刷術（被馬克思稱為奠定資本主義的「三大發明」）傳入阿拉伯和歐洲，阿拉伯的文字、醫學、天文學、農業技術，歐洲的數學、金屬工藝，南亞的雕塑藝術等傳入中國。

元曲和元劇的興盛，也得益於這種開放的環境和寬鬆的政策。

有開放的意識和寬鬆的政策，就有相對自由的思想家和思想著作，元朝一些非常有進步思想的思想家，由於在明清時代不受重視，而為歷史塵埃所湮沒，例如許衡和鄧牧。

鄧牧（一二四六～一三〇六）字牧心，錢塘（今浙江杭州）人，十多歲時，讀《莊子》、《列子》而有了與儒生不一樣的文章寫法，他終身不當官也不娶老婆，自號「三教（儒、佛、道）」外人，又號九鑒山人，人稱文行先生，一生淡泊名利，遍遊名山。著有《伯牙琴》（係生前自編詩文六十餘篇）、《洞霄宮志》、《洞霄圖志》、《大滌洞天記》、《遊山志》、《雜文稿》等傳世。精於古文，喜愛滔滔清辯，但不失修潔，決非晚宋諸人所及。在《伯牙琴》中的〈君道〉、〈吏道〉等篇中，他還猛烈抨擊君主皇權專制是「以四海之廣，足一夫之用」、「奪人之所好，取人之所爭」、「竭天下之財以自奉」；認為戰亂的原因在於：「奪其食，不得不怒；竭其力，不得不怨。人之亂也，由奪其食；人之危也，由竭其力。而號為理民者，竭之而使危，奪之而使亂！」他憧憬大同世界，以為「欲為堯舜，莫若使天下人無樂為君；欲為秦，莫若勿怪盜賊之爭天下。」幻想出現「廢有司，去縣令，聽天下自為治亂安危」或「君民間相安無事」的社會。這種思想對黃宗羲著《明夷待訪錄》及「非君論」思想的形成有相當大的影響。

元朝廷還推行務實的經濟政策，忽必烈認為：「應天者惟以至誠，拯民者惟以實惠」，因而，發展經濟以富民是首要任務；同時，他強調「務實施德，不尚虛文」，據此，他提出了「科舉虛誕，朕所不取」，從而廢止了單純「以文取勝」的科舉制度。

當然，元朝畢竟是一個專制的帝國，也有很多反動的政策，其中以民族政策為最。他們把全國人分為四等：一等蒙古人，二等色目人，三等漢人，四等南人。四等人在政治、法律和經濟上的地位，都有不同的規定，帶有明顯的種族歧視成分。

發達的經濟

有了開放、寬鬆、務實的指導思想和方針政策，經濟自然大繁榮起來。清代的魏源在《元史新編》說：「元有天下，其疆域之袤，海漕之富，兵力物力之雄廓，過於漢唐。」而經濟發達，特別是城市繁榮，是文化大發展大繁榮的重要前提。

元朝修治了以北京為中心的南北大運河（大運河原為隋朝時修建，元朝為補充修建），其中主要有從山東的濟寧（今屬山東）到東平（今屬山東）段的濟州河，從山東東平到臨清（今屬山東）段的會通河，自大都至通州（今屬北京）段的通惠河等，如今成為享譽世界的京杭大運河，對南水北調工程有巨大作用。

元朝的經濟發達，主要得益於交通和貿易，其中集中表現在城市的繁榮上。元朝初期，他們金戈鐵馬，對金、宋的經濟、文化破壞極大，但元朝建立之後，特別重視城市建設與工商貿易發展，翻開《馬可・波羅遊記》，我們能看到，元朝的首都（大都）以及很多大城市，人口、城市建設、商貿、生活水平，都位居世界前列。元朝的大都，不僅是全國的經濟中心，也是當時國際上著名的大都市，吸引了東西方很多國家的商隊和使團。其他重要城市，多集中在水、陸交通沿線，其中運河和長江沿岸的商業城市，在戰後發展迅速，如揚州（今屬江蘇）、集慶（治所在今江蘇南京）、平江（治所在今江蘇蘇州）及杭州（今屬浙江）等。此外，沿海的廣州（今屬廣東）、泉州（今屬福建）、福州（今屬福建）、溫州（今屬浙江）及慶元（治所在今浙江寧波）等，都是當時的繁華都市。

元朝雖然不是重農抑商，但因為其經濟仍以農業為主，也實行了很多促進農業發展的政策，元朝的農業生產技術、墾田面積、糧食產量、水利興修以及棉花種植等都遠遠超過了前代，朝廷還專門編印《農桑輯要》一書頒行各路。

紡織業是工業文明的先導。紡織業（棉紡）在元朝取得了突破性發展，在發明家、革新家黃道婆的推動下，松江烏泥涇成為棉紡織業的中心。同時，絲織業也有一定的發展。其中如杭州等地的私營絲織業作坊，在元朝後期達到較大的規模。這裡，我們要特別說一下黃道婆這個發明家。她生於西元一二四五年，死於一三三〇年，松江府烏泥涇鎮（今上海市華涇鎮）人，出身極貧苦，少年曾流落崖州（今海南島），以道觀為家，勞動、生活在黎族姊妹中，但這也讓她學會了運用製棉工具和織崖州被的方法。元代元貞年間（一二九五～一二九六），黃道婆重返故鄉，教人製棉，改進、傳授、推廣「捍（攪車，即軋棉機）、彈（彈棉弓）、紡（紡車）、織（織機）」之具和使用方法以及「錯紗配色，綜線挈花」等織造新技術。她所織的被褥巾帶，其上折枝團鳳棋局字樣「粲然若寫」。先進的織造技術在烏泥涇和松江一帶迅速推廣傳播開來，一時間，「烏泥涇被不脛而走，廣傳於大江南北」。棉紡織品五光十色，呈現了空前盛況。黃道婆去世以後，松江府曾成為全國最大的棉紡織中心，松江布有「衣被天下」的美稱。松江人民為感念她的恩德，在順帝至元二年（一三三六），曾為她立祠，歲時享祀。

元代的製瓷業在宋朝基礎上，也有新的發展，景德鎮是全國最大的製瓷中心，產品精美，其中的青花瓷最為著名。其餘如龍泉窯、鈞窯、定窯等，都繼續得到發展，產品遠銷海內外。

此外，元代的礦冶、造船以及印刷等行業也都取得了相當的成就。

昌盛的文化

很多人對元朝有個大誤解：即以武立國的元朝，不重視文化（特別是中國文化），在文化上無所建樹。

我在認真研究元史之前，也這麼認為。然而，當我們熟讀元史、深入思考以後，卻發現，正是這個不一樣的朝代，創造了中國歷史上最輝煌的文化、湧現了一批最傑出的文化巨人。只是，元朝第一等知識分子中，儒學大師很少，多的是進步的思想家、平民文學家，而更多的是一些天文學、工程學、經濟學、器械學方面的科學家。

明朝的科學技術發明不僅多，而且意義重大，特別在天文、水利工程、印刷、紡織、船舶以及武器製造上，對後世影響巨大。

王禎設計發明的轉輪排字盤，用於排放活字字模。字盤為圓盤狀，分為若干格，活字字模依韻排列在格內，下有立軸支承，立軸固定在底座上。排版時兩人合作，一人讀稿，一人則轉動字盤，方便地取出所需要的字模排入版內。印刷完畢後，將字模逐個還原在格內。宋朝所謂「四大發明」之一的活字印刷，其實在宋代基本上沒用過，只有在元朝發明了「輪盤排字盤」基礎上，才逐步推廣開來。

最近從山東出土的元代蓬萊戰船，是世界上迄今發現的最長的中國古船，它擁有世界上最早的艦炮裝置，在當時海軍中是最先進的，可見元朝海軍發展到了一個怎樣的水平。現如今很多人在大談鄭和船隊如何強大，殊不知這也是在元朝基礎上發展起來的。如在明代造船家沈整《南船記》中所列舉的明代十幾種戰船，居然都大大小於元代蓬萊戰船規模。

西元七世紀，中國即有了「四大發明」之一的火藥，但並非如魯迅所言，中國人只能將它用來做煙花爆竹，而是在十三世紀的元朝，中國人就製造出發射鐵彈丸的管形火銃。這種火銃，大者用車，小者用架、用樁、用托，發射時，從點火孔裝入引線，從銃口裝入火藥和彈丸，用火點燃引線，引著火藥，將彈丸射出。最大的口徑一〇六毫米，應該說這已經是真正的火炮了。另外，還有西域人發明的回回炮，此炮用超大型投石機，投出巨型彈丸，史書記載，這種巨炮「機發，聲震天地，所擊無不摧陷，入地七尺。」

元朝廷曾多次組織大規模的天文實測活動，使中國在很多天文學領域處於世界先進水平；元世祖派了十四位天文家，到當時國內二十六個地點（大都不算在內）進行天文觀測，其規模之大，在世界天文學史上也是少見的。

在地理學方面，《大元一統志》開中國官修地理總志之先河，也是中國古代史上篇幅最大的一部官修地理志書；元代編修的方志達到一百六十種，數量超過了宋代；元政府還組織了中國歷史上首次對黃河河源的實地科考。

在農業技術及農學普及方面，南北東西的農作物品種得到廣泛交流，各地農業技術取長補短，棉花種植在元代得到全面推廣，很多農作物新品種得到普及。政府加強了農業科技的總結和普及工作，司農司編輯的《農桑輯要》是中國古代政府編行的最早的、指導全國農業生產的綜合性農書，魯明善的《農桑衣食撮要》是中國月令體農書中最古的一部，王禎的《農書》是中國第一部對全國農業進行系統研究的農書。

元朝許多發明，本來是可以影響中國歷史發展軌跡的。中國從元朝之後，可以在此基礎上，發揚光大，一躍而成為近代意義上的大國。例如，簡儀、測景臺、量天尺等，可以開創近代天文學（比如，據其觀測成果，完全可以提出「日心說」）；大船，可以開創航海時代；回回炮、火銃，可以使軍事武器結束冷兵器時代，此一條與上一條合，「堅船利炮」應該首先出現在中國，出去「殖民」的應該是中國；輪盤印刷和金屬印刷，可以讓中國文化傳播得更遠、更廣；紡織機讓中國進入工業革命時代。……可惜，此後的歷史，與此相反，明朝、清朝，都進入了一個「收斂的時代」，保守、自封，明朝在科技上，基本上是吃元朝的老本，因為明朝廷基本不重視科技，也沒有科技方面傑出的知識分子，要不是東南沿海地區興起工商業，明朝的科技實在是乏善可言。

科技之外，元代文史方面，也是非常有建樹的。

文化藝術，特別是元曲、元劇，達到了相當高的水平，關漢卿、王實甫、馬致遠、鄭光祖、白樸等成為譽滿中外的文學家。書畫也有了高水準的發展，出現了趙孟頫等一批大師級藝術家。

其實，元朝對儒學也是很重視的，只是沒有「獨尊」。元朝廷封孔子為「大成至聖先師文宣王」，使其美譽達到無以復加的程度。孟子等歷代名儒也獲得了崇高的封號。元朝在中國歷史上首次專門設立「儒戶」階層，入儒戶者可以「免一身雜役」。元代的民眾普及教育超過了前代，書院達到四百餘所，州縣學校的數量最高時達到二萬四千四百餘所。對元代儒家文化的發展，有名家曾論述到，元朝為時不過百年，若按時間論，則漢、唐、清三代，前一百年裡的學術，都不到元的興盛程度。所謂「八倡九儒十丐」的說法，因為曾與文革時期知識分子被稱「臭老九」有關聯，致使在人們心中留下巨大陰影，但只要認真一點對待史料，就發現這是值得商榷的。「八倡九儒十丐」來源於何處呢？原來是南宋遺民謝枋得〈送方伯載歸三山序〉中有這樣一段話：「滑稽之雄，以儒為戲曰：我大元典制，人有十等，一官二吏……先之者貴之也；七匠八倡九儒十丐，後之者賤之也。吾人豈在倡之下丐之上者乎？」謝枋得作為南宋遺民，對元朝有國仇家恨，他說的話當然有傾向性，不過他也只是說這是「滑稽之雄」的「以儒為戲」，也就是說，這句話是幽默大師拿讀書人開玩笑。更切實的理解是：讀書人在元朝廢科舉的年代裡，不能再用「聖賢書」做富貴的敲門磚了。其實，元朝中期也恢復過科舉，共開考了十六次，錄取了一千一百三十九人。

在中國，由朝廷設局，為前朝修史，存一代制度，垂至亂教訓，從唐代以來已成制度。金朝時期，朝廷曾兩次籌備纂修《遼史》，卻因「正統」等問題懸而未決而沒有完成。元朝滅亡金與南宋，修「三史」的問題多次提出來，至元順帝時，由重臣脫脫領銜，果斷解決爭議，兩年內就迅速完成「三史」，並受到明、清兩朝學術界的好評。

元朝，在意識形態上已經打破了中國傳統歷史上的以儒學為尊的專制，走上多元發展甚至思想啟蒙的邊緣；在經濟發展上打破了重農抑商的單一，走上農工商並重甚至工業革命的前夜；在社會結構上打破了田園農耕的單調，走上了城鄉並舉甚至城市經濟繁榮的軌道；在文學藝術上打破了「文以載道」的信條，走上了平民文學之路；文藝加科技，已經開始有了「文藝復興」的雛形；外貿和軍事已經具備了殖民的基礎。

甚至，我們可以做這樣的假設：如果元後期繼續按元前中期的路線往下走，如果元朝能夠長期存在，中國很可能在十三世紀、十四世紀，就可以進入相當於歐洲的「文藝復興」時期，實現近代意義上的「大國崛起」。

可惜，歷史不容假設，元朝後期（最後一位皇帝）恰恰實行了所謂的儒學治國，元朝跟著就像隋朝末年一樣，迅速走向滅亡。

現在，我們應該明白，傳統上文人所說的「元朝不重視文化」，是指沒有尊儒或「獨尊儒術」，即尊所謂的道統；沒有實行重文抑武的政策；沒有號召人們死讀書、讀聖賢書、然後給讀書人做官，其中長期不搞科舉制、搞了也不讓「讀書人」大量進入官僚隊伍；元朝重經濟，工商業發達，重利而不是奢談仁義。

其實，這正是一種歷史巨大的進步。如同今天有人說「深圳沒有文化」一樣，其實，深圳處處是書店、天天在上演歌舞劇、人人在讀書（讀的多數是經濟、技術方面的書）、時時有文化講座、每每有創新之舉、媒體特別發達，至於現代化的遊樂園、電玩城、時裝表演、影視製作，更是隨處可見。深圳所缺少的不過是歷史人文舊遺蹟、是儒學空談的仁義道德而已。一個詩人，可以在深圳創意寫作廣告詞而賺大錢，這就像一個文人可以在元朝寫劇本活得很瀟灑一樣，難道不是一種進步嗎?!

「百科全書式」的學問家許衡

接下來，我們將設專節重點介紹元代三位非同凡響的大知識分子。

首先要說到的是一位百科全書式的知識分子，他叫許衡。

許衡（一二〇九～一二八一），字仲平，學者稱之為魯齋先生。過去，儒家將其定位為「一代大儒」、「理學大師」，其實，這是小看了他，也是曲解了他；現在，人們將其定位為：中國十三世紀傑出的思想家、教育家和天文曆法學家，也還不算準確。其實，許衡更像西方文藝復興時代的「百科全書式的學問家」。我們來看看他的經歷和作為，就知道了。

許衡出生於河南的一個農家，八歲入鄉塾，勤敏好學。十多歲時，他跟著當縣吏的舅父學習「吏事」，並協助舅父徵辦賦役一類的公務，這時，他看到民生疾苦，而官吏無情，就不願再幹下去，從而下決心去求大學問。在當時，這種大學問當然是指安邦治國平天下的「儒學」，可是，在那個亂世裡，他找不到好老師，無奈之下，又為了生存，就依父母之命跟江湖術士學習「占卜、占候之術」。有一次，許衡在一個求卜之家發現一部《尚書疑義》（可能是唐代孔穎達的《尚書正義》），他如獲至寶，抄錄而歸，從此著意研習這部經典。西元一二三二至一二三五年，他曾被蒙古兵擄去充軍，逃脫後隱居於徂徠山（今山東泰安東南），找到一本王弼的《周易注》，他為此大喜，遂晝誦夜思，並按《周易》的要求，身體力行，如「天行健，君子以自強不息」等，學識也大長。此後的一段日子，他輾轉於一些地方，以教書為生。一二三八年，元太宗下令考試諸路儒士，許衡應試合格，得入儒籍，漸有聲名。此時，有個叫竇默的人，以「精針術」聞名，並對古代典籍很熟悉，許衡就和他交往，共同研習經傳、釋老以及醫、卜、諸子百家之說。一二四二年，更深大師姚樞棄官，隱居輝州（今河南輝縣）蘇門，許衡前往求學，從此才開始讀到程頤《伊川易傳》、朱熹《論孟集注》、《中庸・大學章句》、《或問》及《小學》等書。此時的許衡，深受這些理學家的書影響，開始大力推行理學，名氣一時也大起來。他之所以尊崇程朱理學，原因有三：一是程朱理學很系統地講述一些天地人間「至理」，而他過去所學的吏事、占卜等都太雜亂；二是程朱理學教導讀書人要「修身齊家治國平天下」，他覺得自己正該做這樣的人，所以，「慨然以道為己任」；三是他非常佩服朱熹他們所說的「格物致知」、身體力行之道。他此後的行為，充分證明了這一點：首先，他寫了一本《讀易私言》專著，注意，是「讀易」而不是讀四書；其次，他在教學中，雖然以《小學》始，但「凡經傳、子史、禮樂、名物、星曆、兵刑、食貨、水利之類，無所不講」。

一二五四年，朝廷勸農興教，許衡被聘為「京兆教授」，次年，提升為「京兆提學」，此間，他一方面大量學習研究經傳子史、禮樂名物、星曆兵刑、食貨水利等多方面學問，另一方面，大興學校。元世祖即位後，許衡任中書省議事、中書左丞，與劉秉中等一起，制定朝廷禮儀和官制，特別是強烈要求朝廷「必行漢法」，推動了元朝的漢化。他為官期間，「犯顏諫諍，剛毅不屈」，有元代的「魏徵」之稱。「漢化」的建議得到朝廷許可後，他創建集賢院，並主持工作（任集賢大學士兼國子祭酒），為元朝廷培養了大量的文官人才。此後，他又任太史令，重用王恂、郭守敬、楊恭懿等，制定新曆法，包括參與撰寫《授時曆經》、創制「儀象圭表」等。

許衡道德情操高尚，留下了「梨無主，吾心獨無主乎？」的名言，即信奉「不食道旁無主之梨」的價值標準和道德信念；他治家嚴謹，教子有方，其子孫皆學有所成，第四子許師敬先後三居相位，為元仁宗推行科舉制度和使天災頻生的泰定時期呈現治平的盛世。許衡著有《魯齋集》、《魯齋心法》、《授時曆經》、《讀易私言》等，經後世多次修訂編輯再版並易名為《魯齋遺書》、《魯齋全書》、《許文正公遺書》等。

許衡在思想、教育、曆法、哲學、政治、文學、醫學、歷史、經濟、數學、民俗等方面皆有頗深的造詣和卓越的建樹，他著述豐富，但傳下來的不多，主要原因是不受後人重視，明清兩代只把他當作理學傳人之一，對他的科學方面著作，收錄、保存得非常少，以至於從他的著作裡，我們無法看到他作為百科全書式學問家的全貌。

中國最偉大的科學家郭守敬

中國歷史上最偉大的科學家，非元朝的郭守敬莫屬。理由是：第一，他從少年時代就開始學習科學知識，然後一生從事科學事業，這在中國歷史上找不到第二個人（也許有，但名不見經傳，「青史」有名的，就他一個）。漢代的張衡、南北朝時的祖沖之，科學技術成就或可與他比肩，但張衡少年時代主要是「讀經」，成年後很多精力用於文學創作；祖沖之還寫過許多「經學」方面的著作。第二，他的科學技術成就非常卓越，以成就論，整個中國科技史上，也可以排在前幾名，他發明創制的很多天文儀器，一直被運用到上個世紀。他設計的運河，至今還在發揮作用。如今，北京的京密水渠，都是根據他提出的原理設計的。第三，他的人格也很偉大，在天文學上反對流行的陰陽迷信學術，從來沒有用科學技術發明故弄玄虛過，這兩點，在中國古代的科學家中，無人可及。要知道，他活了八十六歲，晚年既沒搞迷信，也沒有以學術權威壓迫後進之人，多麼了不起，連西方科學巨人牛頓都不如他！

郭守敬是天文學家、數學家、水利工程師，西方大歷史學家湯恩比（Arnold Toynbee, 1889-1975）尊稱他為「中國的第谷」。第谷（Tycho Brahe, 1546-1601，丹麥人）是文藝復興時期近代天文學的奠基人之一，他最重要的發現是西元一五七二年十一月十一日觀測了仙后座的新星爆發，前後十六個月的詳細觀察和記載，取得了驚人的結果，徹底動搖了亞里斯多德的天體不變的學說，開闢了天文學發展的新領域。

郭守敬於西元一二三一年出生在河北省邢臺縣，生長在蒙古帝國時代。從目前史料上看，郭守敬父親已不可考，其祖父倒有記載，他叫郭榮，是金元之際一位頗有名望的學者，精通五經，熟知天文、算學，擅長水利技術。郭守敬自幼應該受到這位博學的祖父影響較大，史載，郭守敬在十五六歲時，得到了一幅「蓮花漏圖」。他對圖樣作了精細的研究，居然摸清了蓮花漏這種當時最先進的計時器製作方法。

在他二十歲時，邢臺縣的北郊，有一座毀於戰爭的石橋，橋身陷在深水泥淖裡，日子一久，竟沒有人說得清它的具體方位了。郭守敬通過對河道、水流的查勘，居然一下子就挖出了被埋沒的橋基。這件事引起了很多人的驚訝。石橋修復後，當時大文學家元好問還特意為此寫過一篇碑文。

郭榮後來把郭守敬送到自己的同鄉老友劉秉忠門下去學習。劉秉忠精通經學和天文學，郭守敬在他那兒得到了很大的教益。更重要的是，郭守敬在那兒結識了一位好朋友王恂。王恂比郭守敬小四五歲，後來也是一位傑出的數學家和天文學家。這一對好朋友後來在天文曆法工作中親密合作，做出了卓越的貢獻。

西元一二六〇年，經劉秉忠引薦，郭守敬在張文謙手下工作，主要從事地形勘測、籌劃水利方案等。張文謙做大名路（今河北省大名縣一帶）宣撫司長官時，郭守敬在那兒鑄了一套蓮花漏鑄銅器。後來，元朝廷的天文臺也採用了這種器具。

因為元帝國在戰後重農業、商貿，水利建設得到高度重視。西元一二六二年，張文謙將郭守敬推薦給朝廷，說他熟悉水利，聰明過人。郭守敬在初見元世祖時，就當面提出了六條水利建議：一是修復從當時的中都（今北京）到通州（今北京通州區）的漕運河道；二、三兩條是關於他自己家鄉城市用水和灌溉渠道的建議；四是關於磁州（今河北磁縣）、邯鄲一帶的水利建議的意見；五、六兩條是關於中原地帶（今河南省境內）沁河河水的合理利用和黃河北岸渠道建設的建議。這六條都是經過仔細查勘後提出來的切實的計劃，對於經由路線、受益面積等項，都說得清清楚楚。元世祖認為郭守敬的建議很有道理，當下就任命他為提舉諸路河渠，掌管各地河渠的整修和管理等工作，第二年又升他為銀符副河渠使。

西元一二六四年，張文謙被派往西夏巡察。寧夏地方（今銀川一帶）的漢延、唐來兩渠都是長達幾百里的古渠，分渠縱橫，灌溉田地的面積很大，是西北重要的農業基地之一。當年成吉思汗征服西夏的時候，不知道保護農業生產，兵馬到達的地方，水閘水壩都被毀壞，渠道都被填塞。張文謙此次巡察西夏重要任務之一就是重興水利，恢復農業生產。所以他帶了擅長水利的郭守敬同行。郭守敬到了那裡，經過認真勘察、精心組織，結果只用了幾個月時間，就完成了疏通舊渠、開闢新渠以及有關水閘、水壩建設的全部工程，當地百姓對此感激不盡。郭守敬離開西夏、還京之前，還逆流而上，探尋了黃河的發源地。以科學考察為目的，專程探求黃河真源的，要推郭守敬是第一個人。

西元一二六五年，郭守敬回到了上都，被任命為都水少監，協助都水監掌管河渠、堤防、橋梁、閘壩等修治工程。一二七一年升任都水監。一二七六年都水監併入工部，他被任為工部郎中。此後一段時間，他的主要成果體現在天文觀察、曆法製作和天文儀器的創造發明上。

元朝初年沿用金朝的「重修大明曆」，誤差日漸顯著。西元一二七六年（至元二十年），元軍攻下了南宋首都臨安，元世祖遷都大都，決定改訂舊曆，頒行元朝自己的曆法。於是，朝廷下令在新的京城裡組織曆局，調動了全國各地的天文學者，任命張文謙為首腦，但實際負責曆局事務和具體編算工作的是王恂、許衡和郭守敬。

郭守敬在新任上做的第一件事，就是檢查、修理了大都城裡天文臺的渾儀、圭表等天文儀器設備（在古代，渾儀和圭表是基本的天文學儀器，其中，渾儀是用來測定天體在天球上的位置，圭表是用來測定二十四節氣、特別是冬至和夏至的確切時刻的）。郭守敬改制、創制了大約二十個精密儀器，傳下來的有十三個。如：把圭表的表竿加高到五倍，使推算各個節氣時刻的誤差大大減少；創造了一個叫做「景符」的儀器，可以量取準確的影長；創造了一個叫做「窺几」的儀器，使圭表在星和月的光照下也可以進行觀測；改進量取長度的技術，使原來只能直接量到

「分」位的提高到能夠直接量到「釐」位，原來只能估計到「釐」位的提高到能夠估計到「毫」位。

郭守敬曾製作的一個圭表，臺下用三十六塊巨石鋪成一條長十餘丈的圭面，人們稱它為「量天尺」。郭守敬將渾儀改進得又簡單、又實用，因而取名「簡儀」，它的結構與現代的「天圖式望遠鏡」基本一致，像這種結構的測天儀器，歐洲十八世紀才出現。郭守敬用這架簡儀做了兩項天文發現，一項是更準確地測算了黃道和赤道的交角，這是一個天文學基本常數，對其他天文值估算意義極大；另一項是進一步精確測定二十八宿距度。

郭守敬還研製了一種非常有名的天文儀器叫「仰儀」，它是一個銅製的中空的半球面，形狀像一口仰天放著的鍋，故得名。該儀器的半球口上刻著東西南北的方向，用一縱一橫的兩根竿子架著一塊小板，板上開一個小孔，孔的位置正好在半球面的球心上。太陽光通過小孔，在球面上會投下一個圓形的象，映照在所刻的線格網上，觀察者由此可以立刻讀出太陽在天球上的位置。更妙的是，在發生日食時，仰儀面上的日象也相應地發生虧缺現象。這樣，從仰儀上可以直接觀測出日食的方向，虧缺部分的多少，以及發生各種食象的時刻等等。雖然伊斯蘭天文家在古時候就已經利用日光通過小孔成像的現象觀測日食，但他們只是利用一塊有洞的板子來觀測日面的虧缺，幫助測定各種食象的時刻，還沒有像仰儀這樣可以直接讀出數據的儀器。

其他還有候極儀、玲瓏儀、立運儀、證理儀、日月食儀以及星晷定時儀等。

大都新天文臺建立後，郭守敬所創制的這些天文儀器都被安置其中，後來在全國建立的觀察站裡，都配有他發明製作的天文儀器。

西元一二八〇年（元世祖至元十七年）春天，一部新的曆法宣告完成。按照「敬授民時」的古語，取名「授時曆」。同年冬天，正式頒發了根據《授時曆》推算出來的下一年的日曆。《授時曆》有許多革新做法、創造成果，一是使用了十進小數，二是創立了三差內插內式及合於球面三角法的計算公式等新演算法；三是重新採用南宋楊忠輔所定的回歸年，以一年為三百六十五點二四二五日，與現行西曆值完全一致；四是測出的北極出地高度平均誤差只有零點三五；五是新測二十八宿距度，平均誤差還不到5'；六是測定了黃赤交角新值，誤差僅1'多。

此曆法後來在中國沿用四百年之久。

郭守敬編撰的天文曆法著作有《推步》、《立成》、《曆議擬稿》、《儀象法式》、《上中下三曆注式》和《修曆源流》等十四種，共一〇五卷。

為紀念郭守敬的功績，國際天文學會將月球背面的一環形山命名為「郭守敬環形山」，將小行星二〇一二命名為「郭守敬小行星」。

王恂病逝，郭守敬擔任太史令。他為了破除迷信，焚毀了當時流行的陰陽書，一洗古來占驗的浮說，使天文學納入正軌。這在中國歷史上，具有劃時代意義，因為中國的天文氣象學，從古以來，就是與星相占卜等迷信相混的。可惜，他的這種劃時代，卻在明朝又被劃回去了！

晚年，郭守敬又回到水利工程的領導崗位上，主要是負責修治元大都至通州的運河，以在華北平原上利用天然水道和隋唐以來修建的運河建立了一個統一的運輸系統。此運河在金朝時曾開鑿過，但因水源選擇等問題，極容易淤積和氾濫，只過了十五年，就因山洪決堤，不得已將上游填塞了。郭守敬也經過了多次的失敗，最後才找到了正確解決的辦法。西元一二九二年（至元二十九年）春天，這條全長一百六十多華里的運河正式開工，一年半後，即全部竣工，並取名通惠河。從此以後，各地船舶可以一直駛進大都城中，作為終點碼頭的積水潭上，一時萬商雲集。

西元一二九八年（元成宗大德二年），朝廷決定在上都附近開一道渠，元成宗召郭守敬去商議。郭守敬經查勘，認為河道一定要寬達五十至七十步，可當權者卻執意把寬度削減了三分之一。結果，開通後的河渠遇上雨季，山洪暴發，兩岸氾濫成災，漂沒了人、畜、篷帳不計其數，幾乎沖毀了元成宗的行宮。元成宗被迫北遷避水時，想起了郭守敬去年的預言，不由得對左右歎道：「郭太史真是神人吶。可惜沒有聽他的話！」從此以後，郭守敬的聲望更加高了。

元朝官員按規定是七十歲退休，但皇帝為了「諮詢」，將郭守敬一直留在朝廷為官，直至他去世。元成宗之後，元順帝重儒術、重房中術、好大喜功，朝政迅速腐朽，郭守敬也趨沉寂，除了在西元一二九八年建造了一架天文儀器——靈臺水渾以外，就再沒有別的重大創制和顯著表現了。一三一六年，郭守敬去世，享壽八十六歲。

中國最偉大的文學家關漢卿

關漢卿是中國歷史上最偉大的文學家，理由與最偉大的科學家郭守敬類似，也是三條：第一，他一生從事文學事業，雖然在中國歷史上還可以排出一批可以與之比肩的文學大師，但元朝之前，中國幾乎沒有職業文人；明朝之後，少數職業文人的文學成就又不如他。他是有意識地進行戲劇創作，而且，他的創作沒有「文以載道」的思想，這後一點，也勝過了明朝的戲劇家。他至少活了六十多歲，晚年仍在創作，這一點，似乎莎士比亞也沒做到。第二，他的文學創作成就巨大，以戲劇論，他是元雜劇的鼻祖（從而也就是中國劇作之「父」），其劇作的數量、質量，都位列同行業的前幾名，對中國後來的戲劇、小說甚至今天的影視劇等敘事文學創作，都一直產生著巨大影響。他劇本的題材、表現手法和思想性，已經是後來新文學運動所提倡的「平民的而非貴族的」、「通俗的而非雕琢的」、「時代的而非保守的」。第三，他的人格也非常偉大，他一不求官，二不求財，三不「布道」，與「勾欄」職員們打成一片，對權貴沒有過阿諛奉承的表現。

關漢卿是文學家、劇作家、詩人（元曲就是當時最好的詩詞），與馬致遠、鄭光祖、白樸並稱為「元曲四大家」（關漢卿居首），一生作品六十七部，流傳下來的有十八部，在世界文學藝術史上有「東方的莎士比亞」之稱，其實，關劇數量比莎劇多了近一倍，時間更早三百年。關劇雖然在中國明代不被重視，但在西方，文藝復興和啟蒙運動中的很多文學大師對它評價極高，如今有多種譯本流行世界。西元一九五八年，世界和平理事會曾把關漢卿與達文西等人同列為世界文化名人。

關漢卿作為平民文學家，正史裡他是沒有地位的，所以，有關關漢卿的生平，和西方的莎士比亞一樣，資料相當欠缺。經過學術界長期考證，比較公認的是他大約生於西元一二二〇至一二三一年間，死於一三〇〇年左右，壽命比莎士比亞長。根據賈仲明《錄鬼簿》所述，「關漢卿，大都人，太醫院戶，號已齋叟」，「太醫院戶」是戶籍名，可能他出身醫家。

關漢卿生前名氣就相當大，是公認的劇壇領袖人物，《錄鬼簿》裡稱他為「驅梨園領袖、總編修師首、捻雜劇班頭」，他自己曾寫過一曲〈南呂一枝花〉（贈給女演員朱簾秀），自稱：「我是個普天下的郎君領袖，蓋世界浪子班頭。」元末熊夢祥在《析津志》也說他「生而倜儻，博學能文，滑稽多智，蘊藉風流，為一時之冠」。這句話同時還反映了他是個風趣、幽默的人。

元末朱經《青樓集．序》裡說：「我皇元初并海宇，而金之遺民若杜散人（杜善若）、白蘭谷（白樸）、關已齋輩，皆不屑仕進，乃嘲弄風月，流連光景。」由此可見，關漢卿是個無意仕途、專心從事戲劇事業的文學家。明代臧晉叔《元曲選．序》說他「躬踐排場，面敷粉墨。以為我家生活，偶倡優而不辭」。這就進一步說明，關漢卿還與戲劇職員打成一片，有時自己也會上臺，親自表演或示範。關漢卿在〈南呂一枝花．不伏老〉曲子裡寫道：「通五音六律滑熟」，「我也會吟詩，會篆籀，會彈絲，會品竹。我也會唱鷓鴣，舞垂手，會打圍，會蹴鞠，會圍棋，會雙陸」，「我是個蒸不爛、煮不熟、捶不扁、炒不爆、響璫璫一粒銅豌豆」。這是他多才、自信、獨立、狂傲性格的自白。

根據關漢卿的作品，我們還可以判定他到過杭州、揚州等繁華都市，與那時的戲劇界有著較為密切的交往，其中名演員朱簾秀就在揚州。

關漢卿的小曲寫得也非常好，在元曲（元曲實際上相當於唐之詩、宋之詞）中地位極高，後人有稱他為「曲聖」的。

作家是以作品說話的，文學家的意義體現在他的文學作品中。關漢卿的作品足以證明他是一位世界級的大劇作家。

關劇的題材，可以分為喜劇、悲劇、正劇；也可分為現實劇、歷史劇、浪漫劇，還可以分為愛情劇、復仇劇、生活劇，可見題材之廣。關劇有一半以上的主角是女性，而且是一些普通婦女形象，如童養媳竇娥、妓女趙盼兒和杜蕊娘、少女王瑞蘭、寡婦譚記兒、婢女燕燕等，通過這些生活在社會低層婦女受迫害受欺壓的故事，反應了時代問題，這一點，倒有點像易卜生的社會問題劇。

關劇最有名的代表作是《感天動地竇娥冤》，該劇裡，竇娥從小死了娘、七歲時被身為窮秀才的父親送到人家當童養媳以抵債，可憐她成年後，丈夫就死了，年輕守寡，艱難度日。就是這樣一位可憐的窮寡婦，卻受人謟害，被誣為「毒死公公」而處斬。劇情在竇娥上刑場時，達到高峰，她唱道：「沒來由犯王法，不提防遭刑憲，叫聲屈動地驚天！頃刻間遊魂先赴森羅殿，怎不將天地也生埋怨。」「有日月朝暮懸，有鬼神掌著生死權。天地也，只合把清濁分辨，可怎生糊突了盜跖、顏淵。為善的受貧窮更命短，造惡的享富貴又壽延。天地也，做得個怕硬欺軟，卻原來也這般順水推船。地也，你不分好歹何為地？天也，你錯勘賢愚枉做天！哎，只落得兩淚漣漣！」最後，她許下三樁「毒誓」——血濺白綾、六月降雪、大旱三年，在她被斬之後，一一應驗。直到她父親為官後，她陰魂前往訴冤，最後才得到昭雪。全劇在悲劇人物的塑造上，集中一個「悲」字，突出一個「訴」字，如，其中，竇娥的出身，集不幸之大成，又樁樁可信，如在左右；她的冤情，生時訴於天，死時訴於鬼，終於感天動地；她的「毒誓」，更將浪漫主義推向頂峰，把悲情渲染得淋漓盡致；她對上天的控訴之詞，句句讓天下心中有冤之人引為心聲。有人說，這種寄希望於天、於老子當官為女報仇的構想，是消極的。其實，殊不知，正是這種虛妄的「構想」，才反襯出弱勢群體有冤無處訴的悲劇——時代的大悲劇：「官吏每（們）無心正法，使百姓有口難言」。所以，王國維說《竇娥冤》「列之於世界大悲劇中亦無愧色」。

《趙盼兒風月救風塵》是關劇中喜劇、愛情劇的代表作。大體劇情是：涉世不深的風塵女子宋引章，本打算嫁給秀才安秀實，但經不住知府的兒子、富商、情場老手周舍的誘惑，不顧風塵姊妹趙盼兒的百般勸阻，嫁給了周舍，結果受到百般凌辱和折磨。宋引章寫信向趙盼兒求救，趙盼兒利用周舍貪戀女色、喜新厭舊的弱點，勾引周舍，並讓他休了宋引章而娶她。結果，好色的周舍給宋引章寫了一封休書。宋得休書後，便與趙盼兒逃走。周舍發現上當後，一路追趕過來，從宋引章手裡搶過休書並當場撕碎，可他沒有想到那是趙盼兒早已準備好的假休書。最後，三人鬧到官府，趙盼兒拿出真休書，周舍被判重打六十大板、與民一起當差。宋引章最後嫁給安秀實。全劇劇情緊湊，喜中寓悲，悲以襯喜。人物的對白、唱詞基本上都是當時的家常話、市面流行語，反映的婚戀問題，最有時代感和真實情，如宋引章，她並不是一個思想高尚的人，而是一個普通女子，她喜歡甜言蜜語、經不住金錢誘惑，正是她純樸天真之處，這一點，在中國古代文學作品中，尤其難得——對正面人物沒有進行道德理想化處理。兩個女性角色，都是妓女，妓女嫁人、離婚、改嫁，都被寫得天經地義，沒有任何歧視，這在中國文學史中，也是絕唱。另外，趙盼兒的機智，讓人想起莎劇《威尼斯商人》中的鮑西婭，二者的喜劇色彩如出一轍。

《杜蕊娘智賞金線池》寫的則是中國文學史裡一個「另類」的愛情故事，主角、才貌雙全的杜蕊娘，她分明「一心看上韓輔臣，思量想嫁他」，但由於自己身為「上廳行首」（官伎），命運掌握在長官手中，於是不得不把「深深愛」隱藏起來，以「惡狠狠」的態度對待韓生，致使韓生請他的「八拜之交」濟南府尹石好問出面為她主婚。女追男，不是紅拂私奔式，而是「以退為進」，積極地、智慧地採取行動。這種不自卑於自己的出身、大膽追求真愛又巧妙地變主動為被動，實在讓所謂「最偉大的愛情劇《西廂記》」相形見絀：不錯，《西廂記》的藝術性堪稱一流，但內容流俗——流於「才子佳人」型、書生白日夢型，按《西廂記》劇情，紅娘是喜歡張生的，但她不要說大膽追求，連想也不敢去想；張生作為一個男人，在愛情面前，束手無策，讓一個丫鬟去出主意、想辦法，讓千金小姐抱著枕頭來「投懷送抱」，對比之下，紅娘應該汗顏，張生則簡直無地自容！

《關大王獨赴單刀會》是關劇中歷史劇、英雄劇的代表作，該劇劇情是：三國時，魯肅為了索還荊州，請關羽赴宴，暗中設下埋伏，並請關羽故人司馬徽前來陪宴勸酒，司馬徽拒絕，並告誡魯肅不可魯莽行事。關羽接到請書後，明知是計，仍舊帶周倉一人單刀赴會。席間二人言辭交鋒，魯肅不能取勝。關羽智勇雙全，震住魯肅，令他不敢動用埋伏的軍士，最後安然返回。劇中以史詩式手法，塑造了關羽這個英雄形象，其中對關羽「虎牢關戰呂布」、「溫酒斬華雄」、「千里走單騎」、「過五關斬六將」等英雄形象、蓋世業績大加渲染，對以後的《三國演義》影響巨大。該劇還借關羽之口，對「膽小的文人」進行了諷刺，對權謀之術狠加抨擊。

關漢卿散曲流傳下來的有五十多篇，從中可以看出他的語言藝術，在中國古代詩詞中，絕對位居一流，而且通俗、生動、流暢，與「文人詩詞」迥然而異。如他寫杭州景致：

看了這壁覷了那壁，縱有丹青下不得筆。

描繪男女離愁別緒：

咫尺的天南地北，霎時間月缺花飛。
手執著餞行杯，眼閣著別離淚。
剛道得聲「保重將息」，
痛煞煞教人捨不得。

言志的：

子弟每是個茅草岡、沙土窩初生的兔羔兒，乍向圍場上走，
我是個經籠罩、受索網蒼翎毛老野雞蹅踏的陣馬兒熟。

經了些窩弓冷箭鑞槍頭，不曾落人後。
恰不道「人到中年萬事休」，我怎肯虛度了春秋！

可惜，元朝之後的明朝，是一個儒學為尊、假道學盛行的朝代，關劇不僅不受重視，而且常受到攻擊，說它言辭粗鄙、道德不倫。其實，這些恰恰是它的傑出之處。

小結

元朝所以能有如此輝煌的文化成就，產生如此眾多的傑出的知識分子，其原因很簡單，不外乎四條：

第一，元朝沒有意識形態專制，因為元朝統治者不懂這一點。

第二，統治者非常務實。元朝幅員遼闊，又重開疆闢土，需要朝廷重視武器、天文、交通、水利。

第三，工商業和城市經濟發達，對科學技術和平民文學有需求，也有能力供養。

第四，朝廷不以讀聖賢書取仕，大量知識分子流入民間，去從事生產技術的研發和平民文藝的創作。特別要強調的是，中國有兩次知識分子向下流的時代，都創造了文化的新輝煌，一次是春秋戰國時代，作為「王官」的知識分子流向諸侯等貴族階層裡；第二次就是元朝，知識分子從官府流向民間。

從元朝能產生如此偉大的知識分子、能創造如此輝煌的文化成果，正可以反觀中國知識分子淪亡的一些重要的、不言自明的原因。

第八章

淪亡之後

明朝立國之後，雖然生產力的發展還在催生文化上的啓蒙與復興，但由於知識分子已經淪亡，李贄、黃宗羲、方以智們無論有多大的勇氣、多大的智慧、多大的努力，都無法擔當歷史的使命。清朝後期，國難當頭，上帝、洋務、立憲、共和這些土洋結合的玩意，都無法救國存亡。所謂新文化運動，只是對西方知識一場全面複製的運動，它雖然徹底否定了復古，卻不能代替復興。復興，才是今天重新崛起的知識分子的時代使命！

全面淪亡的時代

通過前面的敘述和分析，我們其實已經發現，到了所謂「文人最好的時代」——宋代，中國知識分子已經基本進入全面淪亡期，到了明朝中後期，中國知識分子就已經全面淪亡了，其標誌是：

第一，主流知識分子，成為「政教合一」型的「廟堂」守夜人，其「身」為帝王之奴才，其「心」已經完全出賣給儒教。

第二，非主流知識分子完全失去了獨立性，真正的隱士基本沒有了。

第三，學術思想上，沒有形而上的思想體系，沒有科學技術的系統研究，也沒有獨立的批評，更沒有民主制度的設計，他們完全圍繞「修齊」，成為儒家聖賢（漢代塑造的）的代言人、經典的詮釋家、皇帝的「單相思情人」。他們或清議、或牢騷、或清狂、或世故、或沉淪、或走歪門邪道、或墮落成江湖騙子。

可是，民間的生產力還在發展，工商業的興起、市民階層、城市經濟的繁榮，這些條件能帶來啟蒙運動嗎？回答是：不能！

「東方不亮西方亮」，當西方經過文藝復興、工業革命、啟蒙運動之後，一個個大國迅速崛起，他們為了資本輸出，用堅船利炮打開了我們封閉的國門，中國從「泱泱大國」走向了「落後挨打」的地步。這時，無數人想到了復興。但是，我們能復興嗎？回答也只能說：也不能！

因為，真正意義上的中國知識分子已經淪亡。

接下來，我們就談談全面淪亡之後，中國知識界的情景。

李贄形成不了新思想體系

西元一五八〇年，即在伏爾泰發表《哲學書簡》之前的一百五十四年、在尼采發表《悲劇的誕生》和《不合時宜的思考》之前的二百九十八年，五十歲的姚安知府李贄毅然辭職，此後的二十多年，他一直專心研究學問，並四處傳播自己的思想。他的思想主要反映在後來出版的兩本書裡，一本叫《焚書》、一本叫《藏書》。這兩本書的書名之所以起得如此怪異，原因是李贄清醒地認識到，這些書裡的內容完全是一些「離經叛道」的議論，因此，這些書的出路只能有兩條：要麼藏起來，要麼被焚燒。所幸這兩本書雖然被朝廷一禁再禁，但到底還是傳到了今天，讓我們能看到在那個儒教統治最黑暗時代的一個叛逆者的思考。其實，在他的生前，《焚書》的命運已經不是「焚」，而是許多人都喜歡看，「人挾一冊」。

關於李贄的叛逆，不僅可以從這兩本書的書名可以一眼看出，便是他辭官的行為，已經超乎那時絕大多數人的想像。在那個官本位的時代，無數人「白首窮經」地攻讀，就是想取得一官半職；無數的官員，一門心思、無數手段地往上爬，也不過是為了加官晉爵。李贄卻在當了知府之後辭職。知府已經是相當於今天的地級市市長的位子了，那時可是「三年清知府，十萬雪花銀」！李贄生於西元一五二七年，家境較貧困，一五五二年中舉，因為家境貧困而不能再年復一年地往上考進士了，於是，他就慢慢地在政府做文員，走了一條「熬官」的路。他熬了八年後，才做了個國子監教官（相當於教育部小職員，薪俸當然很低，而且因為沒有任何「權力」，所以薪俸之外也沒有任何的「灰色收入」）。而在這八年間為了「候補」，只得以教書為生，期間的飢寒交迫自然是情理之中的事。據說有一次有七天處於半飢餓狀態。年近五十當上知府，他應該很珍惜。可是，他沒有，三年間，他在取得了一定的半合法性的「灰色收入」後，即為了心中的事業——研究學問、追求真理，掛冠而去，過上了顛沛流離的「自我放逐」生涯。

西方的思想家，多數生活也是非常窮困的，雖然他們有稿費，但並不及時和如願，因為他們的著作有時會被列為禁書。伏爾泰完全依靠他的崇拜者兼情人過日子，尼采晚年貧病交加，是他妹妹照應的，康德則是靠中學教師的職位維持平民生活。他們異於學人的地方是，他們都是獨身，否則，家人要受累。馬克思就是一個例子。

李贄是受儒學教育成長起來的中國人，他有家室，兒女成群，他必須為他們著想，但也不能全為他們著想，這樣，他的人生歷史就分為兩段：前一段為謀生。他選擇做官謀生，是真正的為「稻粱謀」，與陶淵明的出仕是一樣的。當他覺得家人生存已不存在溫飽問題、更重要的是當他覺得再也沒有時間為稻粱謀下去的時候，他終於離職而去，做一個有獨立人格的知識分子。

李贄後面的人生之路走得極其坎坷：先是投靠有一定權勢的朋友、後去廟裡當和尚，七十六歲時，被朝廷以「敢倡亂道，惑世誣民」罪抓進監獄，自殺而死。

有人說，李贄的思想還不成體系。其實，如果從啟蒙思想角度出發，李贄的所有觀點都是一以貫之、自成體系的。李贄的哲學思想受「心學」和佛教禪學（其實心學本身即在禪學影響下形成的）的影響較大，他的宇宙觀是：宇宙以物質性的陰陽二氣為基礎，經過無數變化，生出萬事萬物來。有了這個哲學基石，他便認為：人生於天地之間、宇宙之內，有發展人的「自然之性」的權力，任何教條性的儒家（理學）之清規戒律都是反人性的。在這個哲學思想貫穿下，他的一切立論就順理成章了：比如男女之愛，就是最大的「天理」。他對《西廂記》就備加讚賞，一反當時那些道學家們將其定位為「誨淫」書。在文學上，他提出了「童心說」，即不守教條、「獨抒性靈」。他反對王侯與庶民之間的等級設置，提出「人生而平等」的觀點，這比盧梭早了三百年！相應的，他極力反對「男尊女卑」。他更多的驚世駭俗之論是表現在對儒教大教主孔子以及孟子等人的批判上，他認為：《論語》、《孟子》等只是其弟子隨筆記錄，並非「萬世之至論」，反對「咸以孔子之是非為是非」。他說士大夫們不過是把「先聖」的經文當作實現自己富貴的敲門磚罷了，那些當官有權有勢、作威作福之人不過是「不操戈矛之強盜」，「吃人之老虎」，所以，「官逼民反」是必然的，為此，他高度評價了《水滸傳》。他還為商人的社會地位鳴不平，認為經商致富是理所當然的，因為人追求物質財富也是天性使然。

李贄的觀點和思想主要是在三個方面具有啟蒙意義，一是揭露道學家的虛偽，認為他們把孔學、儒學、理學中的道德當作取得功名和利祿的工具，即道德工具化問題。二是「義利」之辯，即認為人生於世，追求物質利益是正當的，儒學中的重義輕利是有失偏頗的，利己實則是天經地義的。所以，如果講「天理」，則「人欲」就是最大的「天理」。三是在人類的社會活動中，他提倡人性、提倡重商，這一點當然是前面兩個思想對實踐的闡述。

但是，李贄的理論只是批判性的，而不是建設性的，即沒有提出改造世界、改造社會或改造思想的新模式。比如人類的公平原則、社會秩序（法的精神）、教育方案等。也就是說，他提出了「天賦人權」（雖然這四個字，他沒有直接說出來），但沒有提出民主自由的制度設計。

但把李贄列為中國啟蒙第一人，完全是應該的，他最大的成就就是「對人的認識」。盧梭曾高度評價古希臘德爾斐神廟鐫刻的箴言：「認識你自己」！他認為這句話「比倫理學家們的一切巨著都更為重要，更為深奧。」其實，正是「對人的認識」道出了啟蒙思想全部真義！

可是，在那個知識分子已經淪亡的時代，李贄找不到能讓自己成為近代意義上的真正的知識分子的思想營養。李贄形成不了時代的新思想體系，連批判的體系都形成不了，遑論建設！而更重要的是，李贄的啟蒙，呼應的聲音極其微弱。

黃宗羲們無法設計出新制度

中國自古以來即是一個君主制政權，但對君權問題，許多「聖賢」們一直有著「理想化」的見解，史學著作《國語》裡就有：「天道無親，唯德是授。」——上天是最公平的，他只讓有

「德」者來擔任天子！墨子為此特別強調：「天子為善，天能賞之；天子為暴，天能罰之。」慎子說：「立天子以為天下，非立天下以為天子也；立國君以為國，非立國以為君也；立官長以為官，非立官以為長也。」韓非則反對「人主釋法用私」，主張以法治國可以「矯上之失，詰下之邪。」即便是被君主們所崇奉的儒家聖人，言論也與此類似。《孟子》說：「君之視臣如手足，則臣視君如腹心；君之視臣如犬馬，則臣視君如國人；君之視臣如土芥，則臣視君如寇仇。」《荀子》說：「君者，舟也；庶人者，水也。水則載舟，水則覆舟。」主張「窮天理，明人倫」的理學家朱熹也斷言：「天下者，天下之天下，非一人之私有故也。」在他注釋《孟子》的「聞誅一夫紂矣，未聞弒君也。」說：「一夫，言眾叛親離，不復以為君也。《書》曰：『獨夫紂』。蓋四海歸之，則為天子；天下叛之，則為獨夫。」

明朝皇帝借儒學教義，推行君主集權，卻又利用這種至高無上的權力，荒淫貪暴，並達到了前所未有的高峰。到了明朝中後期，一些有識之士們便憑著這些「典籍」，開始了對君權的質疑。我們大體上可以將之分為四大類，一是官員們對君權不合理之處的的認識；二是儒生們對君權合理性的思考；三是民間的質疑聲；四是以黃宗羲為代表提出的系統的「非君論」。

明朝的那些官員們整日生活在滿口「奉天承運」卻鎮日自私變態的君主身邊，稍一思考，就發現了「不對勁」。好在儒家經義裡要求臣子在皇帝有問題時，要及時提出批評，於是乎，諍言紛至沓來。眾所周知的「海瑞罵皇帝」的史實就發生在這個時期。其實，海瑞的行為不是孤立的，官員「罵皇帝」的現象在明朝中期相當普遍，其中以萬曆皇帝（明神宗）時期最為突出。萬曆在位四十五年，繼位前因為張居正的改革，明朝已經出現中興的希望，可是，這位皇帝一邊怠政（三十年不上朝）、一邊利用國家賦予的權力肆行一己之私欲，他無視朝廷的法定系統，由宦官另立中使衙門，凌駕在地方官府之上，強取豪奪，殺人越貨，逍遙法外。那些忠於職守的地方官、奉法的士大夫，自然就成為他們橫行不法的障礙，受到空前的迫害。特別是在派宦官下去亂收「礦使稅」時，發生了民變，官員們的批評達到頂峰，田大益說：「臣觀十數年來，亂政亟行不可枚舉，而病根總在貨利一念。」又說：「陛下驅率虎狼，飛而食人，使天下之人，剝膚而吸髓，重足而累息，以致天災地坼，山崩川竭。釁自上開，憤由怨積，奈何欲塗民耳目，以自解釋，謾曰權宜哉！」王德完指責：「（皇上）祗知財利之多寡，不問黎元之死生。民何負於君？而魚肉蠶食至於此極耶！」李三才疏陳礦稅之害說：「陛下愛珠玉，民亦慕溫飽；陛下愛子孫，民亦戀妻孥。奈何陛下欲崇聚財賄，而不使小民享升斗之需；欲綿祚萬年，而不使小民適朝夕之樂。自古未有朝廷之政令、天下之情形一至於斯，而可幸無亂者。今闕政猥多，而陛下病源則在溺志貨財。」並警告皇帝：「天人共憤，大難將作。」「一旦眾畔土崩，小民皆為敵國。」有的歷數皇帝猶如夏桀、商紂、周幽王、宋徽宗等六大昏君，並說：「陛下邇來亂政，不減六代之季。」有的痛斥神宗「酗酒」、「戀色」、「貪財」、「尚氣」，「四毒俱全」，其言詞之激烈、情緒之憤慨，簡直到了破口大罵的地步。這些慷慨激昂的奏疏已超出一般的諷諫，它所起的效果已不僅僅是規勸帝王的過失，而是對君主肆虐的揭露和控訴，客觀上成為與皇帝離心的力量而匯入社會性的非君思潮。

可是，這些人無論怎麼批評、甚至攻擊君主，也提不出如何對付君主集權、朝政腐敗的新辦法，他們要麼做忠臣拚死一諫，要麼做權臣獨攬朝綱，要麼乾脆造反——造反者也只能建立一個相似或者還可能更差的政權，如李自成、如張獻忠。

終於，朝廷完蛋了，先是被「反賊」推翻，繼而又被滿清代替。

面對「亡國之禍」，還有些知識的文人，開始了大反思，這樣，在清末明初，中國居然出了「三個大思想家」，即顧炎武、王夫之、黃宗羲，他們的思想都具有相當的啟蒙意識。

顧炎武，人稱亭林先生，他一反宋明理學的唯心意識和玄學思想，特別強調客觀的調查研究，在學術上開一代之新風。他提出「君子為學，以明道也，以救世也。徒以詩文而已，所謂雕蟲篆刻，亦何益哉？」表面上仍然是繼承儒學精神，實則是對當時儒生追求不切實際的學風和清議、空談行為的一種反動，強調學以致用，解決實際問題。他提倡「利國富民」，並認為「善為國者，藏之於民」——這種民本主義思想本來是很容易發展成相當於西方古典政治經濟學的。他大膽懷疑君權，並提出了「眾治」的主張，即認為「天下，乃天下人之天下」，由此提出了一個最有名的口號——「天下興亡，匹夫有責」！可惜，他沒有把這種「民權」思想系統地發揮下去、闡述開來，以致於他的這句口號常被後來的統治者歪曲為「國家興亡、匹夫有責」，而這裡的「國家」，已經被曲解成某個統治者所擁有的「江山」了。

另一個大思想家王夫之，如果按西方的標準，可以說是中國歷史上唯一夠格的學院派哲學家（雖然他沒有在學院任教授），他對宇宙和歷史形成與發展做了很深入的思考和研究，其著作充滿哲學語言。他強調世界是物質的，一切道理（規律）皆產生於物質運動，因此，歷史是前進的，僅此一點，他將沉寂已久的先秦荀子的進化歷史觀發展到頂峰。有了這種哲學觀，他提出一切知識來源於實踐（「行」是「知」的基礎）便是必然的了。在治國理論上，他也因此提出了工商業和農業一樣，都是可以創造財富的觀點，並認為「大賈富民」是「國之司命」——差一點就可以提出「私有產權保護法」了。可惜他這種經濟學思想沒有發揮開來，他的學術研究畢竟專注於哲學方面，注定他成不了亞當・斯密、大衛・李嘉圖那樣的人。

三個人中，最值得一說的是黃宗羲，他同樣是個少有的學問淵博之人，思想深邃，著作宏富，現代很多人把他稱做「中國思想啟蒙之父」。原因是他能從「民本」的立場來抨擊君主專制制度，其政治思想主要集中在《明夷待訪錄》一書中，「非君論」相當成體系。

《明夷待訪錄》一書共十三篇。「明夷」本為《周易》中的一卦，其爻辭有曰：「明夷於飛垂其翼，君子於行三日不食。人攸往，主人有言。」為六十四卦中第三十六卦，卦象為「離下坤上」，即地在上，火在下。「明」即是太陽（離），「夷」是損傷之意。從卦象上看，太陽處「坤」即大地之下，是光明消失，黑暗來臨的情況，即「光明受到傷害」。這暗含作者對當時黑暗社會的憤懣和指責，也是對太陽再度升起照臨天下的希盼。「待訪」是等待賢者來訪，讓此書成為後人之師的意思。另外，「明」就是太陽，亦稱為「大明」，暗合「大明朝」；「夷」有「誅鋤」之解，又有「視之不見」之解，暗含作者的亡國之痛。該書通過抨擊「家天下」的專制君主制度，向世人傳遞了光芒四射的「民主」思想，這在當時黑暗無比社會環境下是極其難能可貴的！

〈原君〉是《明夷待訪錄》的首篇。黃宗羲在開篇就闡述人類設立君主的本來目的，他說：設立君主的本來目的是為了「使天下受其利」、「使天下釋其害」，也就是說，產生君主，是要君主負擔起「抑私利、興公利」的責任。對於君主，他的義務是首要的，權力是從屬於義務之後為履行其義務服務的。君主只是天下的公僕而已，「古者以天下為主，君為客，凡君之畢世而經營者，為天下也」。然而，後來的君主卻「以為天下利害之權益出於我，我以天下之利盡歸於己，以天下之害盡歸於人」，並且更「使天下之人不敢自私，不敢自利，以我之大私，為天下之大公」，「視天下為莫大之產業，傳之子孫，受享無窮」。對君主「家天下」的行為從根本上否定了其合法性。

黃宗羲更進一步地指出：中國歷史從周朝中後期開始，都是亂世，並指斥這社會中擁有至高無上權威的專制君主是「屠毒天下之肝腦，離散天下之子女，以博我一人之產業」，「敲剝天下之骨髓，離散天下之女子，以奉我一人之淫樂」的「天下之大害者。」他從多方面對君主專制制度展開系統批判，如斥責法制是「一家之法，而非天下之法」，是「藏天下於筐篋」的「非法之法」；指出官吏制度的最大弊害，在於它是以一種「臣為君而設」的錯誤認識，不僅要求各級各類官吏絕對效忠專制君主，而且更使其皆「視天下人民為人君囊中之私物」，自覺充任幫助專制君主統治（所謂「治之」、「牧之」）人民的「僕妾」；又對鼓吹「君臣之義無所逃於天地之間」的「小儒」們進行嚴厲批評，認為：「今也天下之人怨惡其君，視之如寇仇，名之為獨夫，固其所也！」他希望不以專制君主，而以作為社會公正輿論和社會良知之體現者的知識群體來擔當天下「是非」的裁判者。他更提出要以「萬民之憂樂」和生活之平等為出發點來考慮問題，說「天下之治亂，不在一姓之興亡，而在萬民之憂樂。……為臣者輕視斯民之水火，即能輔君而興、從君而亡，其於臣道固未嘗不背也。」「三代之法，藏天下於天下者也，山澤之利不必其盡取，刑罰之權不疑其旁落，貴不在朝廷也，賤不在草莽也。」他在批判的同時，對如何立君、選臣、辦學、立法、富國、富民等都提出了系統的方式。

整個一部《明夷待訪錄》，在體例上是可以與盧梭的《論人類不平等的起源和基礎》、《社會契約論》相比美的。只可惜，他對民主論述還不夠明確，對如何實現民主也就無從談起。他的參照系還是「上三代」。既然「復興時代」沒有很好地復興「上三代」時期的民主、科學思想，那麼，黃宗羲的「啟蒙」，也就不可能將「民主」發揚光大。看完他的書，似乎最好的制度，也只能來源於「天生一個明君」。

果然，在「三大家」之後，入主中原的滿清出了兩個「聖明天子」——康熙和乾隆，中國迎來了所謂的「康乾盛世」。在此近一百五十年的時光裡，天子勤政、大興儒學、重用文人，他們軟硬兼施地剝奪了知識分子的獨立思考權，使得明末清初時出現的一點點啟蒙之光，迅速熄滅。於是乎，中國學術思想上「萬馬齊喑」、經濟上「重農抑商」、「閉關鎖國」、政治上獨裁專制、軍事上腐朽無能。東西方文明從此交錯而過：一面是衰敗、一面是強盛，挨打的命運終於降臨到中華民族的頭上。

方以智無法創立新知識體系

十七世紀，西方已經基本完成工業革命，大航海、宗教改革、啟蒙運動、大革命正如火如荼，而此時的中國，正處在明亡清興時期，一個腐朽黑暗的王朝結束了，另一個專制腐敗的王朝又粉墨登場。在這個歷史的當兒，一方面，對過去進行反思，另一方面，西學東漸，前者似乎有啟蒙思想的閃光，後者，更有新知識體系的發現。但是，當時吸收「西學」營養，比反思出新思想，更難，更讓人忽略！前者，傑出者，還有黃宗羲等「三大家」；後者，似乎只有一個方以智。前者在清代有名，是他們的「儒學」成果；後者默默無聞，則是因為它是「夷人之學」。而方以智之所以載之於史，也還是因為他的「儒學」成就和忠於舊王朝的傳奇經歷。

至今，傳統的史家在談到明末清初的學術大家時，仍然犯了談春秋戰國諸子百家一樣的錯誤——捨棄知識的另一面、而且是極重要的一面。他們只談「三大家」，而忽視了方以智。

如果說，王夫之想建立哲學體系、顧炎武想建立學術體系、黃宗羲想建立制度體系的話，方以智則想建立一個新知識體系。

建立一個新知識體系，這是何等艱巨的工程、何等浩大的工程，一個人的力量，如何能為之?!

更何況，還有一個更大的殭屍體系在面前橫亙著呢！

我們來看看方以智的境遇。

方以智（一六一一～一六七一），字密之，桐城人，其祖父曾與東林黨人有交往，父親是典型的士大夫。方以智自幼秉承家學，關心時事變化，少年時，在四川嘉定、福建福寧、河北、京師等地遊歷，給他授業的名師甚多，詩賦經史之外，對醫學、地理、軍事知識也多有精攻，特別在他成年後，曾長期在淮吳越之間漫遊，遍訪藏書大家，四處結交名流，其中就包括西洋傳教士畢方濟與湯若望。我們知道，此前的徐光啟，曾與西洋傳教士交流最深，翻譯過《幾何原本》和《泰西水法》，方以智對徐光啟十分崇敬，因此，對西方學術表現了極大的興趣與關注，他大量注釋、闡述了徐光啟、利瑪竇的翻譯作品。

但，方以智本質上是一名儒生，還是要以「帝王」為中心，為此，在明末「山雨欲來風滿樓」的時際，他開始了「為帝王謀」，不斷地給朝廷上建議書，同時，與陳貞慧、吳應箕、侯方域等主盟「復社」，裁量人物，諷議朝局，決心以襄扶明朝中興為己任。他曾在《書鹿十一傳後》中表示要「挹東海之澤、洗天下之垢」。

崇禎十三年（一六四〇），三十歲的方以智中進士，雖然在崇禎召見時，得到賞識，無奈，四年後，明朝廷就垮臺了。崇禎十七年（一六四四），李自成農民軍攻入北京，崇禎皇帝自縊，方以智在崇禎靈前痛哭，被農民軍俘獲，農民軍對他嚴刑拷打，「兩髁骨見」，但他始終不肯投降。不久，李自成兵敗山海關，方以智僥倖乘亂南逃，輾轉投奔過南明的南京弘光政權、參與過擁立永曆政權的活動、聯絡過東南抗清力量。西元一六五〇年，清兵攻陷廣西平樂，方以智被捕，清軍在方以智的左邊放了一件清軍的官服，右邊放了一把明晃晃的刀，讓方以智選擇，方以智則毫不猶豫，立即奔到右邊，表示寧死不降。滿清將領相當欣賞他的氣節，竟然將他釋放。就在這一年，四十歲的方以智披緇為僧，改名弘智，字無可，別號大智、藥地、浮山、愚者大師等，並從此開始了他另一種生活，即投身學術研究，包括對西學、對自然科學的研究與實驗。方以智理論著作有一百多種，我們重點來看看他在構建新知識體系方面的建樹。

西元一六五二年，方以智在廬山開始寫他的哲學著作《東西均》，將中國傳統文化中的「儒、釋、道」三家融會貫通，形成了他學說的哲學基石；接著，他先後完成了《物理小識》、《切韻聲原》、《醫學會通》、《刪補本草》等專業著作；最後，他寫作了創建新知識體系的《通雅》這部綜合性的名詞彙編書。

所謂「物理」，就是一切事物的原理，在《物理小識》中，他說自己「有窮理極物之僻」。為此，他在《通雅》一書中，首先將天下學術分為三大類：質測、宰理與通幾，他說：「寂感之蘊，深究其所自來，是曰通幾；物有其故，實考究之，大而元會，小而草木蠢蠕，類其性情，征其好惡，推其常變，是曰質測。」「考測天地之家，象數、律曆、音聲、醫藥之說，皆質之通者也，皆物理也。專言治教，則宰理也。專言通幾，則所以為物之至理也。」由此可知，他所說的「質測」，就是自然科學；宰理，就是社會科學（人文科學）；通幾，則是哲學，是一切關於學問的學問、道理的道理。他認為，西學偏重於質測、中國偏重於宰理，而他自己則重通幾與質測。他除了研究哲學外，在醫學、天文學、光學等方面，成就絲毫不亞於西方啟蒙牛頓之前的那些科學家們。

《通雅》共五十五卷，分疑始、釋詁、天文、地輿、身體、稱謂、姓名、官制、事制、禮儀、樂曲、樂舞、樂器、器用、衣服、宮室、飲食、算數、植物、動物、金石、顏原、切韻、聲原、脈考、古方等四十四門，是當時學術、科學成果的大總結。其中，該書內容又以中國比較忽視的「質測」為主，這一點，超邁一切古人。如果清朝學術朝這一條路子走下去，也未必不能開創啟蒙新時代。

可是，這麼一部「大百科全書」且有著建立新知識體系意味的煌煌巨著，卻只能由這個和尚一個人去完成。我們知道：清朝廷編著《四庫全書》，用了幾千名學者，十年編成；西方啟蒙時代，狄德羅編制《百科全書》，號召了一百多名學者參加，用了二十年時間。方以智本來也立志邀請多位專家來做這個巨大的工程，但沒有找到回應者。於是，他只能憑著當年佛教徒的狂熱精神，花了三十年時間獨自為之，而書成之後，反響極小，影響當然也就談不上。

方以智另一個不同於中國傳統知識分子的地方，是他在研究所謂「質測」時，進行實驗，這一點，與西方哲學大師斯賓諾莎至為相似。例如，他從氣一元論自然觀出發，提出一種樸素的光波動學說，認為光的產生是由於氣受到激發的緣故，由於氣彌漫分布於所有空間，彼此間無任何空隙，被激發的氣必然要與周圍靜止的氣發生相互作用，「摩蕩噓吸」，將激發傳遞出去，這就形成了光的傳播。從「氣光波動」說的角度出發，方以智進一步提出了光不走直線的主張，他把它叫做「光肥影瘦」，認為光在傳播過程中，總要向幾何光學的陰影範圍內侵入，使有光區擴大，陰影區縮小。他還指出，由於「光肥影瘦」現象的存在，使得基於光線直進性質進行的測量得到的結果都不準確。為了證實自己的觀點，他就做了小孔成像實驗，並且努力用自己的理論去解釋常見光學現象。另外，他對於光的反射和折射，對於聲音的發生、傳播、反射、隔音效應，對於色散，對於煉焦、比重、磁效應等諸多問題，都一邊進行理論思考，一邊進行實驗。

科學的天空，獨木不成林；新知識體系，一個和尚怎麼能完成得了?!

四大救國存亡運動必然失敗

鴉片戰爭一聲炮響，皇帝開始暈頭轉向、朝臣們慌了手腳、百姓們更加遭殃：一個個不平等條約的簽訂，於統治者而言，是喪權辱國；於天下百姓而言，是雙重的負擔。於是乎，素有以「治國平天下」為己任、聲言「國家興亡、匹夫有責」的中國知識分子們，「救亡圖存」自然成了他們的首要任務。他們都在想：「問題為什麼會這樣？應該如何面對和解決這個問題？」

第一個看透這個問題、提出了最大膽想法並全力實踐的人是洪秀全。以他為代表的一班造反者認識到：中國的問題是出在統治者身上，那是一群只知剝削壓榨老百姓的的吸血鬼。在他們心目中，滿清人和外國人沒有區別，都是異族，都是「妖」，前者叫「清妖」，後者叫「洋妖」。所以有這樣的結果，在文化上，這個落第的秀才還看到了實質——儒教統治。於是，他們把孔子也列為「妖」。他們對統治者的反對，是「政」與「教」一致地反對。於是，他們構想、設計出來的新統治結構，自然也是政教合一型的。大約是他出身於沿海（廣西）又長期在外，受到了西方傳教士的影響非常深，於是，他借用了天主教的一些概念，設計了一種叫做「太平天國」的人間理想國。他用的仍然是當年陳勝、張角們的辦法，通過傳教，來組織民眾。那時，也正好遇到天災，天災人禍使得很多百姓們「亡亦死、舉大計亦死」，更何況起義於國而言，是打擊「妖人；於己而言，是建立一個美好的理想國呢。另一方面，朝廷正是內憂外患之時，腐敗的八旗兵們根本沒有戰鬥力了。於是乎，洪秀全的人馬和地盤迅速擴大。可是，當他攻下南京城時，便以為革命即將成功，不僅理想可以實現，個人也可以好好享受了。於是，他與歷代開國皇帝沒有任何本質區別地登上君主之位，只是他一改自秦始皇開始的「皇帝」稱呼而叫「天王」，然後又大分同黨功臣兄弟們為「東、西、南、北」等王。對治理天下，他的理想是耕者有其田的「天朝田畝制度」，這個制度其實在中國文化裡一直是一種理想，自然不可能實現。而他的作威作福，也使人看出他的王朝並不能拯救天下黎民於水火之中，於是，民眾基礎就此失去了大半。這時，清朝廷也在積極地想辦法，他們從國外借軍費、買洋槍洋炮，更其要者，他們改變了策略，大用漢人、大用地方武裝，非常時期，也不再搞軍事集權。這樣，崛起的曾國藩們，就有了戰勝洪秀全的可能性。洪的政治策略之短見，於此全部暴露出來：他樹敵太多，朝廷、地方、洋人以及意識形態方面的儒生們都成了打擊對象；政治手段有限，駕馭能力有限，內部非常不穩定直到引起內訌；政治修養也很缺乏，其在宮中糜爛的程度，似乎也不比歷史上腐朽的帝王好多少；再加上他政治政策也太理想化，所以，軍事上的失敗也是必然的。太平天國表面上提出了一種全新的政治制度構想，實質上卻與歷朝歷代沒有區別，因為在思想根基上，洪秀全及其追隨者是不可能產生新思想的。但值得注意的是，他借用了西方神學的一些知識，並將其中國化。這個方式，為後來者所繼承。

在內憂外患當頭之日，皇帝和大臣們也在構想著「救亡圖存」之計，他們實施的第一個最有影響的方法，仍然是表面的，即認為中國所以如此挨打，是「器械」不如人，直接表現在軍事上便是武器裝備的落後，而中國文化當然是沒有問題的，制度也應該就是合理的。以張之洞為代表的一班所謂改革派們提出了一個自認為非常得當的口號：「中學為體，西學為用」。於是乎，大辦工業特別是軍工業成了他們的首先要任務，這就是喧囔一時的洋務運動——辦工廠、開礦山、修鐵路、建碼頭、練水兵、造槍炮。李鴻章們苦心創辦、訓練三十年，終於打造出來一支「世界第六、亞洲第一」的海軍——北洋水師。可是，在西元一九〇五年，這個強大的水師遇到日本「世界第十三」的海軍進攻時，竟然全軍覆沒！直接的原因一目瞭然：腐敗者所辦的軍工廠裡，生產的絕大部分是啞彈！

洋務運動的破產，終於使統治者們看到政治制度有問題。在血的教訓面前，他們的思考自然會深一些。年輕的光緒皇帝就想到改革。這時，康有為們及時提出了「變法」。但中國的戊戌變法，在理想上，仍然是儒家的「大同世界」，康有為就用他的《大同書》作為號召，這種玩藝，自然找不出好途徑，於是，只有生搬硬套外國的辦法，即「立憲」。可西方的立憲是虛君制，中國的立憲竟然是實君制，因為那時帝權（光緒皇帝的權力）幾乎沒有，后權（慈禧太后的權力）

籠罩天下。光緒的想法是通過立憲，自己名副其實地當著皇帝，哪怕權力比列祖列宗們小很多，但能「救亡圖存」，豈不公私兩利。所以，他是極力支持立憲的，與英國、日本當年的立憲正好相反。在策略上，他們更是書生之見，一點謀略的影子也找不到：急切地下詔變法，僅關於「廢科舉」一項，就幾乎不知得罪了多少讀書人。更重要的是，他們根本沒有啟蒙的基礎，也沒有工業階層的支持。有人把他們定義為「資產階級」，真不知他們有什麼「資本家階級」的影子。他們唯一的支持者，可能是部分外國人，原因是那些列強們才是真正的資產階級，他們希望中國出現和他們一樣的政權。但在權力社會中，權力最大的支撐是暴力，即所謂槍桿子決定政權，軍事決定政治。所以，太后一翻牌，變法者們便死得死、逃得逃，有點像一場鬧劇，只是充滿了血腥味而已。因為政治是不允許你「鬧」的。

其實，太后也不是一味地反對變法，因為她也想「救亡圖存」，只是在國家利益和個人權力、利益發生衝突時，他們會毫不猶豫地選擇後者。在自己的政治對手被打下去後，他們也開始思考加強統治了。於是乎，在世紀之初，一系列改革政策頒布、實施，改革的力度比當年的戊戌變法時，是有過之而無不及。但已經沒有用了，這個帝國的統治集團實在太腐朽了，稍稍推一下，他就會倒。西元一九一一年（辛亥年）十月十日，武昌城裡有一枝槍走了一下火，大清帝國的大廈便在頃刻之間忽啦啦地倒塌。

領導辛亥革命的人叫孫中山，他和他的一些同志受西方思想影響，並結合中國實際做了一些創新，提出了建立一個「民權」的共和國。他們打出的旗幟是「三民主義」——民族、民權、民生。民族包括反對列強的侵略和推翻滿清統治兩方面；民權是建立國民當家做主的國家政權；民生則是發展經濟，包括建立工業化體系以及解決農村裡的土地問題。他設想的國家制度可能比西方更為完善，但實行的方式，卻仍然是由政府代辦。因為他把實現一個強大、富裕、民主的中國，分為「三個階段」，即軍政、訓政、憲政。軍政階段無疑是指要依靠軍事力量來達到國家獨立、統一以及政令暢通之目的；此目標實現後，按他們的理解，國民還是沒有能力去當家做主的，怎麼辦呢？辦法是靠政府來教導、引領乃至領導民眾去建立一個獨立、民主、富強的國家；直到最後，才能由國民來立憲，以憲治國。

毫無疑問，中華民國成立伊始，只能實現「軍政」，但這批革命者於軍事上，能力是相當有限的。當時中國最有軍事實力的人是清政府的北洋大臣袁世凱。袁世凱利用了這一點，一邊逼清帝退位、一邊逼孫中山讓位。結果，民國的總統位置落到了這個清朝廷的遺臣身上。袁世凱是個深受中國智謀文化和帝國文化影響的人，他對民主既不理解、也不會贊成。當他發現民國政府風雨飄搖時，他想到的是恢復帝制，文化因素加個人野心，終於釀成了「復辟」。有意思的是，袁世凱在當上皇帝之前所走過的道路，與法國的拿破崙驚人的相似：從一個士兵，進而元帥、進而總統、進而皇袍加身；但此後的聲名，卻是天壤之別：袁世凱是賣國賊、竊國大盜，拿破崙是民族英雄、歷史巨人。原因是袁世凱當皇帝後，不僅沒能為中華民族獨立、富強做一點點貢獻，反而向列強們搖尾乞憐、喪權辱國。

袁世凱在一片唾罵聲中病死，一批「小袁世凱」們開始依靠各自的軍事力量以及不同的西方強國做後臺，紛紛做起總統夢，他們或各霸一方、或你方唱罷我登場，中國政治上一片混亂，再一次出現相當於春秋戰國、五代十國的「亂世」。但從西元一九一一年之後，由於沒有發生較大規模的外敵入侵戰爭，中國知識分子們在文化上的所謂「復興」與「啟蒙」，一直沒有停止。

新文化運動的實質只是複製，而不是復興

西元一八七二年，西太后主政的晚清朝廷為了實行新政，對外派出第一批留學生，以達到學成歸國，來一個「中學為體、西學為用」。此後，中國不斷向外派出留學生，他們歸國後，提出了「實業救國」、「教育救國」、「科技救國」、「強兵救國」、「憲政救國」等一系列大政方針，且多數付諸實施，但結果無一不是以失敗而告終。

孫中山領導的辛亥革命在形式上取得成功後，以留學生為主體的中國知識分子們，聚集在北京、上海等大城市的大學和報社裡，開始構想著「西學為體」的救國學術思想體系。隨之，一場被叫做「新文化」的運動，逐漸風起雲湧起來。

這場「新文化運動」，可以分為四個階段：第一個時期，以梁啟超倡導「少年中國說」為代表，表明知識分子們力圖打破舊的思想、知識體系，創立一種新思想、新知識體系。第二個階段，以陳獨秀〈敬告青年〉為代表，從西方舶來「民主」與「科學」，作為新文化運動的核心思想，以建立梁啟超提出的新思想、新知識體系，其中，以李大釗為代表的一班人，重點提出制度

建設；以胡適為代表的一班人，重點提出文學建設。第三個階段，是「五四」運動，將新文化運動推向一個高峰，從此，「新文化」成為知識界的主流。第三個階段，姑且稱為「建設期」，其實是大量輸入西方思想，而所謂新文化運動，不過是西方文化的複製運動。下面，我們擇其要點略述之。

西元一九一五年，留學歸來的北大教授陳獨秀在北京創辦了一本叫做《青年雜誌》的刊物，他在創刊號上發表〈敬告青年〉一文，明確提出「民主」和「科學」的口號（稱為「德先生」和「賽先生」，分別是英文Democracy和Science的音譯）。他認為：人權就是民主，包括政治民主、信仰民主、經濟民主、社會民主和倫理民主；不論什麼事物，如果經科學和理性判定為不合於現今社會的，即令它是祖宗所遺留的、聖賢所深愛的、政府所提倡的，都一文不值。陳獨秀還向青年提出六項希望，即「自主的而非奴隸的」、「進步的而非保守的」、「進取的而非退隱的」、「世界的而非鎖國的」、「實利的而非虛文的」、「科學的而非想像的」。他期望培養出一代「意志頑狠，善於不屈，體魄強健，力抗自然，信賴本能，不依他人為活，順性率真，不飾偽自文」的新國民。陳獨秀的號召立即引來一大片呼應聲，他們多數是從小受中國傳統文化教育（其實是讀「四書五經」的底子）、青少年時代前往歐美日等國留學的「學貫中西」的大知識分子。其中最有名的有蔡元培（時任北大校長）、李大釗、胡適、錢玄同、魯迅等，他們或高標教育救國、或以文學為武器、或介紹西方政治哲學思想，總的目的是要徹底改造中國文化。因為他們認為，舊制度改良沒有能救國、新制度建立也沒能救國，原因當然在文化。他們要提倡一種

「新文化」，是大眾的而非貴族的、是科學的而非迷信的、是時代的而非復古的，其中尤其以白話文運動影響最為深遠。在思想上（包括倫理道德上），當然是對以孔子為代表的儒家文化批評最為激烈。有人甚至提出「全盤西化」的主張。

陳獨秀舉起了新文化的大旗，就這樣揭開了一場規模空前的新文化運動的序幕。所謂民主和科學，實則是西方文藝復興和啟蒙運動中的所張揚的人本主義和理性主義在中國的翻版！而《新青年》和北京大學能成為宣傳新文化運動的主要陣地，主要是因為北大出了個蔡元培校長。蔡元培是著名民主革命家和教育家，他在學術上實行「相容並包、百家爭鳴」的方針。

西元一九一九年五月四日，因巴黎和會引發的一場學生運動，很快波及全國，聲勢浩大，從而將新文化運動推向高峰。有人說，從「五四運動」到「七七」盧溝橋事變的近二十年時間裡，是中國文化最豐富多采的一個時代，可能只有春秋戰國時的「百家爭鳴」可以與之相提並論。這些新文化的倡導者們，似乎要將西方的文藝復興、啟蒙運動、浪漫主義運動、工業革命以及中國八十年來的救亡圖存運動畢其功於一役。但是，他們拿起的武器基本上都是西方的，在政治和哲學思想上，有所謂的無政府主義、空想主義、實證主義、社會進化論甚至馬克思主義；在文學藝術上有浪漫主義、現實主義、自然主義、現代主義（象徵派、意象派、抽象派等等）；在治國主張上有教育救國、科技救國、實業救國甚至軍事救國等等，不一而足。他們不僅對守舊派大加抨擊，互相之間也爭論得不可開交。從這個現象裡，我們已然看出，新文化運動在學術上與春秋戰國時代的百家爭鳴氣象是有著本質區別的：前者只是想將西方學術運用到中國來，最多叫嫁接，相對於「復古」，也可以稱之為「複製」；後者則是創建。你看：陳獨秀、胡適、魯迅、郭沫若、馮友蘭、梁漱溟，哪一個身上沒有西方相應的學問家、文藝家的影子；而老子、孔子、墨子、公孫龍、鄒衍、韓非，哪一個不是自成一家?!

與春秋戰國相似的還有戰亂不斷：北方政府是城頭變幻大王旗，南方政府已經開始北伐了，西南地區正在暗搞獨立，大上海則被列強們用「租界」割裂得七零八碎，而江西福建的貧困農村裡，紅色政權正在「武裝割據」以建立「蘇維埃政府」。

這其中，引起我們注意的是，也有人妄圖從中國傳統文化裡，找「民主」與「科學」的源泉，以便「復興」。比如，陳獨秀、胡適等一批學者，就在《墨子》裡找民主、找民權，在《管子》裡找經濟、找實業，在元劇、明清小說裡找平民文學。然而，他們都忽視了，這些東西，已經被傳統專制、守舊思想改造過、取捨過、曲解過，所以，最終，他們都是徒勞的。

複製，而不是復興，只是新文化運動的實質，還不是問題的癥結。問題的癥結是什麼呢？是這些「思想大家」們，骨子裡卻都是傳統士大夫的思想，他們研究、發表學術思想，出發點都是要「治國平天下」，因此，他們一個個都是一副孔子似的救世主面目。他們咒罵歷史，彷彿他已經是歐美人；他們對平民「哀其不幸、怒其不爭」，彷彿他們就是徹悟一切的大教主；他們對政府橫挑鼻子豎挑眼，彷彿正是孔子拿著刀在「筆削春秋」；他們之間爭爭吵吵，這個說，你太革命，就是太浮躁，那個說你研究問題，就是回避現實，彷彿稷下學宮裡的那些「百家」；他們將西方的文學史、哲學史、戲劇小說體例拿過來，將中國傳統資料往裡面重新一揣，彷彿就是司馬遷在「究天人之際、通古今之變、成一家之言」；他們也有投身到各黨派、各軍隊、各政府中，彷彿名士再世、策士再生、謀士重現。

這樣的新文化運動，焉能長久？焉能成功？

那我們還有希望嗎？當然有，希望在於知識分子的新生。復興的本義，原是新生。我們要站在時代的前沿，摒棄那些偽傳統，把曾經被毀棄、湮沒、歪曲的中國文化的真精義，恢復起來，再發揚光大！中國真正的知識分子，要在致力於這項偉大的復興事業中，獲得新生！